Programmation Python Débloquée pour Débutants

Première édition

Copyright © 2025 Cuantum Technologies

Première édition : Novembre 2025

Publié par Cuantum Technologies LLC

Plano, Texas (États-Unis)

ISBN: 979-8-90046-544-9

"Artificial intelligence is the new electricity."

- Andrew Ng, Co-founder of Coursera and Adjunct Professor at Stanford University

CUANTUM
TECHNOLOGIES

Qui nous sommes

Bienvenue dans ce livre créé par Cuantum Technologies. Nous sommes une équipe de développeurs passionnés, déterminés à créer des logiciels offrant des expériences créatives et résolvant des problèmes concrets. Notre objectif est de développer des applications web de haute qualité qui offrent une expérience utilisateur fluide et répondent aux besoins de nos clients.

Dans notre entreprise, nous croyons que la programmation ne se limite pas à écrire du code. Il s'agit de résoudre des problèmes et de créer des solutions qui ont un impact réel sur la vie des gens. Nous explorons en permanence de nouvelles technologies et techniques afin de rester à la pointe de l'industrie, et nous sommes ravis de partager nos connaissances et notre expérience avec vous à travers ce livre.

Notre approche du développement logiciel repose sur la collaboration et la créativité. Nous travaillons en étroite collaboration avec nos clients afin de comprendre leurs besoins et de créer des solutions adaptées à leurs exigences spécifiques. Nous pensons qu'un logiciel doit être intuitif, facile à utiliser et visuellement attrayant, et nous nous efforçons de créer des applications qui répondent à ces critères.

Ce livre vise à proposer une approche pratique et concrète pour débuter dans la **maîtrise du pouvoir créatif de l'IA**. Que vous soyez un débutant sans expérience en programmation ou un développeur expérimenté souhaitant élargir ses compétences, ce livre est conçu pour vous aider à développer vos aptitudes et à construire une base **solide en apprentissage profond génératif avec Python**.

Notre philosophie

Au cœur de Cuantum, nous croyons que la meilleure façon de créer des logiciels passe par la collaboration et la créativité. Nous valorisons les contributions de nos clients, et nous travaillons en étroite collaboration avec eux pour créer des solutions qui répondent à leurs besoins. Nous pensons également qu'un logiciel doit être intuitif, simple à utiliser et esthétiquement plaisant, et nous nous efforçons de créer des applications conformes à ces principes.

Nous croyons également que la programmation est une compétence qui peut s'apprendre et se développer avec le temps. Nous encourageons nos développeurs à explorer de nouvelles technologies et techniques, et nous leur fournissons les outils et les ressources nécessaires pour rester à l'avant-garde de l'industrie. Nous pensons aussi que programmer doit être une activité plaisante et gratifiante, et nous nous efforçons de créer un environnement de travail stimulant la créativité et l'innovation.

Notre expertise

Dans notre entreprise de logiciels, nous sommes spécialisés dans le développement d'applications web qui offrent des expériences créatives et résolvent des problèmes réels. Nos développeurs possèdent une expertise dans un large éventail de langages et de frameworks, notamment Python, l'intelligence artificielle, ChatGPT, Django, React, Three.js et Vue.js, entre autres. Nous explorons sans cesse de nouvelles technologies pour rester à la pointe de l'innovation et nous sommes fiers de notre capacité à créer des solutions adaptées aux besoins de nos clients.

Nous avons également une grande expérience dans l'analyse et la visualisation de données, l'apprentissage automatique et l'intelligence artificielle. Nous croyons que ces technologies ont le potentiel de transformer notre façon de vivre et de travailler, et nous sommes fiers de faire partie de cette révolution.

En conclusion, notre entreprise est dédiée à la création de logiciels web favorisant des expériences créatives et apportant des solutions concrètes. Nous privilégions la collaboration et la créativité, et nous nous engageons à développer des solutions intuitives, accessibles et visuellement attractives. Nous sommes passionnés par la programmation et impatients de partager avec vous nos connaissances et notre expérience à travers ce livre. Que vous soyez débutant ou développeur confirmé, nous espérons que ce livre sera pour vous une ressource précieuse dans votre parcours vers la maîtrise de votre domaine.

YOUR JOURNEY STARTS HERE...

Here are your free repository codes :D

You might also find these books interesting

Here, you can access free chapters, obtain additional information, or purchase any of our published books.

Get Unlimited Access

Get access to all the benefits of being one of our valuable readers through our new **eLearning Platform:**

1. Free code repository of this book

2. Access to a **free example chapter** of any of our books.

3. Access to the **free repository code** of any of our books.

4. Premium customer support by writing to **books@cuantum.tech**

And much more...

HERE IS YOUR
FREE ACCESS

www.cuantum.tech/books/python-programming-unlocked-for-beginners/code/

TABLE DES MATIÈRES

QUI NOUS SOMMES 5

    NOTRE PHILOSOPHIE 6
    NOTRE EXPERTISE 6

INTRODUCTION 17

CHAPITRE 1 : INTRODUCTION À PYTHON 21

    1.1 PYTHON : UN LANGAGE DE PROGRAMMATION POLYVALENT ET CONVIVIAL POUR LES DÉBUTANTS...............21
    1.2 UN APERÇU DE L'HISTOIRE DE PYTHON ET DU RÔLE DE GUIDO VAN ROSSUM DANS SON DÉVELOPPEMENT 22
    1.3 DIFFÉRENCES ENTRE PYTHON 2.x ET 3.x 24
    1.4 INSTALLATION DE PYTHON ET CONFIGURATION D'UN ENVIRONNEMENT DE DÉVELOPPEMENT 26
        1.4.1 Installation de Python...26
        1.4.2 Configuration d'un environnement de développement 29

CHAPITRE 2 : FONDAMENTAUX DE PYTHON 47

    2.1 SYNTAXE DE PYTHON..47
        2.1.1 Indentation 47
        2.1.2 Commentaires...47
        2.1.3 Variables...48
        2.1.4 Instructions et expressions...48
        2.1.5 Types de données de base et opérateurs.............................48
        Exercice 2.1.1 : Calculer l'aire d'un rectangle 49
        Exercice 2.1.2 : Afficher un triangle 50
        Exercice 2.1.3 : Afficher une table de multiplication................51
    2.2 VARIABLES ET TYPES DE DONNÉES 52
        2.2.1 Variables...52
        2.2.2 Types de données..52
        2.2.3 Conversion de types 53
        Exercice 2.2.1 : Convertisseur de Celsius en Fahrenheit................53
        Exercice 2.2.2 : Calculer l'aire et le périmètre d'un rectangle 54
        Exercice 2.2.3 : Calculatrice d'intérêt simple 55
    2.3 OPÉRATEURS 56
        2.3.1 Opérateurs arithmétiques...56
        2.3.2 Opérateurs de comparaison 57
        2.3.3 Opérateurs d'affectation 57
        2.3.4 Opérateurs logiques..58
        2.3.5 Opérateurs bit à bit 58
        Exercice 2.3.1 : Opérations arithmétiques simples 59
        Exercice 2.3.2 : Maximum de deux nombres 60
        Exercice 2.3.3 : Calculer la distance entre deux points 61

2.4 CONVERSION DE TYPES 62

    2.4.1 Fonctions de base de conversion de types 62

    2.4.2 Limitations de la conversion de types 63

    2.4.3 Conversion de types implicite 63

    Exercice 2.4.1 : Calculatrice de prix de la liste de courses 63

    Exercice 2.4.2 : Calculer la moyenne de trois nombres 64

    Exercice 2.4.3 : Convertir des secondes en heures, minutes et secondes 65

2.5 ENTRÉE ET SORTIE 66

    2.5.1 Sortie : La fonction print() 66

    2.5.2 Entrée : La fonction input() 67

    2.5.3 Formatage de la sortie : f-strings, str.format() et %-formatting 67

    Exercice 2.5.1 : Salutation personnalisée 68

    Exercice 2.5.2 : Formulaire d'informations personnelles 69

    Exercice 2.5.3 : Calculer l'aire et la circonférence d'un cercle 70

CHAPITRE 3 : STRUCTURES DE DONNÉES **71**

3.1 : LISTES 71

    Exercice 3.1.1 : Création et accès aux listes 73

    Exercice 3.1.2 : Manipulation de listes 73

    Exercice 3.1.3 : Découpage de listes 74

3.2 : TUPLES 74

    3.2.1 : Créer des tuples : 75

    3.2.2 : Accéder aux éléments du tuple : 75

    3.2.3 : Déballage de tuples : 76

    3.2.4 : Immuabilité : 76

    Exercice 3.2.1 : Création de tuples 76

    Exercice 3.2.2 : Accès aux éléments de tuples 77

    Exercice 3.2.3 : Déballage de tuples 78

3.3 : ENSEMBLES 78

    3.3.1 : Créer un ensemble : 79

    3.3.2 : Ajouter et supprimer des éléments : 79

    3.3.3 : Opérations sur les ensembles : 80

    Exercice 3.3.1 : Créer et modifier des ensembles 81

    Exercice 3.3.2 : Opérations sur les ensembles 81

    Exercice 3.3.3 : Compréhension d'ensembles 82

3.4 : DICTIONNAIRES 82

    Exercice 3.4.1 : Créer un dictionnaire 84

    Exercice 3.4.2 : Accéder et modifier les valeurs d'un dictionnaire 85

    Exercice 3.4.3 : Itérer sur un dictionnaire 85

CHAPITRE 4 : STRUCTURES DE CONTRÔLE **87**

4.1 : INSTRUCTIONS CONDITIONNELLES (IF, ELIF, ELSE) 87

Exercice 4.1.1 : Nombre pair ou impair...89

Exercice 4.1.2 : Classification des groupes d'âge...90

Exercice 4.1.3 : Calcul de la note alphabétique...90

4.2 : BOUCLES (FOR, WHILE) 91

4.2.1 Boucles for : 92

4.2.2 Fonction range() 92

4.2.3 Boucles while : 93

Exercice 4.2.1 : Somme de nombres 94

Exercice 4.2.2 : Inverser une chaîne 95

Exercice 4.2.3 : Minuteur de compte à rebours 95

4.3 : CONTRÔLE DE BOUCLES (BREAK, CONTINUE) 96

4.3.1 Instruction break : 97

4.3.2 Instruction continue : 97

Exercice 4.3.1 : Afficher les cinq premiers nombres pairs 98

Exercice 4.3.2 : Somme des nombres positifs 99

Exercice 4.3.3 : Trouver le premier facteur 100

4.4 : STRUCTURES DE CONTRÔLE IMBRIQUÉES...100

4.4.1 : Instructions conditionnelles imbriquées : 101

4.4.2 : Boucles imbriquées : 101

Exercice 4.4.1 : Calculateur de notes 102

Exercice 4.4.2 : Table de multiplication 103

Exercice 4.4.3 : Motif de triangle 104

CHAPITRE 5 : FONCTIONS **107**

5.1 : DÉFINIR DES FONCTIONS 107

Exercice 5.1.1 : Fonction de salutation simple 108

Exercice 5.1.2 : Somme de deux nombres 109

Exercice 5.1.3 : Aire d'un rectangle 109

5.2 : ARGUMENTS DE FONCTIONS 110

5.2.1 : Arguments positionnels : 111

5.2.2 : Arguments nommés :..112

5.2.3 : Arguments par défaut :...112

5.2.4 : Arguments de longueur variable : 113

Exercice 5.2.1 : Calculatrice simple 114

Exercice 5.2.2 : Salutation avec argument par défaut...115

Exercice 5.2.3 : Somme de nombres avec arguments de longueur variable............115

5.3 : VALEURS DE RETOUR 116

Exemple 1 : Fonction d'addition simple 117

Exemple 2 : Maximum de deux nombres 117

Exemple 3 : Renvoyer plusieurs valeurs 117

Exercice 5.3.1 : Calculer l'aire d'un rectangle 118

Exercice 5.3.2 : Vérifier si un nombre est pair ou impair 118

Exercice 5.3.3 : Obtenir la longueur d'une chaîne..119
5.4 : PORTÉE DES VARIABLES 119
5.4.1 : Portée globale : 119
5.4.2 : Portée locale : 120
Exercice 5.4.1 : Accéder aux variables globales à l'intérieur d'une fonction...........121
Exercice 5.4.2 : Modifier des variables globales à l'intérieur d'une fonction 121
Exercice 5.4.3 : Variables locales vs. variables globales 122
5.5 : FONCTIONS LAMBDA 123
Exercice 5.5.1 : Carré avec Lambda 124
Exercice 5.5.2 : Trier une liste avec Lambda 124
Exercice 5.5.3 : Filtrer avec Lambda 125

CHAPITRE 6 : TRAVAILLER AVEC LES FICHIERS **127**

6.1 : OUVRIR ET FERMER DES FICHIERS 127
Exercice 6.1.1 : Créer un nouveau fichier 129
Exercice 6.1.2 : Lire un fichier 129
Exercice 6.1.3 : Ajouter à la fin d'un fichier..130
6.2 : LECTURE ET ÉCRITURE DE FICHIERS 131
6.2.2 : Écriture de plusieurs lignes dans un fichier : 131
6.2.3 : Lecture et écriture de fichiers binaires : 131
Exercice 6.2.1 : Compter les lignes dans un fichier texte 132
Exercice 6.2.2 : Inverser les lignes dans un fichier texte 133
Exercice 6.2.3 : Lire et écrire un fichier binaire 133
6.3 : MODES ET OPÉRATIONS DE FICHIERS 134
Exercice 6.3.1 : Compter les lignes dans un fichier 136
Exercice 6.3.2 : Copier un fichier 137
Exercice 6.3.3 : Lire une ligne spécifique..137
6.4 : GESTION DES EXCEPTIONS DANS LES OPÉRATIONS SUR FICHIERS 138
Exercice 6.4.1 : Gestion de FileNotFoundError 140
Exercice 6.4.2 : Gestion de PermissionError 140
Exercice 6.4.3 : Utilisation du bloc Finally 141

CHAPITRE 7 : MODULES ET PAQUETS **143**

7.1 : IMPORTER DES MODULES 143
Exercice 7.1.1 : Générateur de nombres aléatoires 144
Exercice 7.1.2 : Date et heure actuelles 145
Exercice 7.1.3 : Calculer l'aire d'un cercle 145
7.2 : MODULES DE LA BIBLIOTHÈQUE STANDARD 146
7.2.1 : os 147
7.2.2 : sys 147
7.2.3 : re 147
7.2.4 : json 148

7.2.5 : urllib 148

Exercice 7.2.1 : Créer un module simple 149

Exercice 7.2.2 : Créer un module personnalisé de manipulation de texte 150

Exercice 7.2.3 : Créer un module avec des constantes 151

7.3 : Créer vos propres modules 152

7.3.1 : Pour créer un paquet Python, suivez ces étapes : 152

Exercice 7.3.1 : Création d'un paquet mathématique simple 154

Exercice 7.3.2 : Création d'un paquet de traitement de texte 155

Exercice 7.3.3 : Création d'un paquet de géométrie 156

7.4 Packages Python 157

7.4.1 : Créer un package : 158

7.4.2 : Ajouter des modules à un package : 158

7.4.3 : Importer et utiliser des packages : 158

Exercice 7.4.1 : Création et utilisation d'un paquet simple 159

Exercice 7.4.2 : Création d'un paquet 161

Exercice 7.4.3 : Utilisation de paquets tiers 162

CHAPITRE 8 : PROGRAMMATION ORIENTÉE OBJET **163**

8.1 Classes et Objets 163

Exercice 8.1.1 : Définir une classe de voiture 165

Exercice 8.1.2 : Définir une classe de cercle 165

Exercice 8.1.3 : Définir une classe de compte bancaire 166

8.2 : Attributs et Méthodes 167

8.2.1 : Attributes : 167

8.2.2 : Méthodes : 168

Exercice 8.2.1 : Attributs et méthodes d'une automobile 169

Exercice 8.2.2 : Compte Bancaire 170

Exercice 8.2.3 : Classe Cercle 171

8.3 : Héritage 171

Exercice 8.3.1 : Héritage Simple 173

Exercice 8.3.2 : Héritage et Surcharge de Méthodes 174

Exercice 8.3.3 : Héritage Multiple 175

8.4 : Polymorphisme 176

8.4.1 : Surcharge de méthodes : 177

8.4.2 : Redéfinition de méthodes : 177

8.4.3 : Typage canard (Duck Typing) : 178

Exercice 8.4.1 : Surcharge de méthodes 179

Exercice 8.4.2 : Redéfinition de méthodes 180

Exercice 8.4.3 : Typage canard (Duck Typing) 181

8.5 : Encapsulation 181

8.5.1 : Membres publics : 182

8.5.2 : Membres protégés : 182

8.5.3 : Membres privés : 182

Exercice 8.5.1 : Créer une classe simple Employé 184

Exercice 8.5.2 : Implémenter une classe Cercle 184

Exercice 8.5.3 : Création d'un compte protégé par mot de passe.......................185

CHAPITRE 9 : GESTION DES ERREURS ET DES EXCEPTIONS...............................**189**

9.1 ERREURS COURANTES EN PYTHON..189

9.1.1 : Erreurs de syntaxe :...190

9.1.2 : Exceptions :..190

Exercice 9.1.1 : Identifier les erreurs de syntaxe 191

Exercice 9.1.2 : Identifier les erreurs d'exception...192

Exercice 9.1.3 : Générer une exception personnalisée 192

9.2 : GESTION DES EXCEPTIONS AVEC TRY ET EXCEPT 193

Exercice 9.2.1 : Lecture sécurisée de fichiers 195

Exercice 9.2.2 : Division sécurisée 196

Exercice 9.2.3 : Indexation sécurisée de listes..196

9.3 : LEVER DES EXCEPTIONS 197

Exercice 9.3.1 : Lever des exceptions pour une entrée invalide 198

Exercice 9.3.2 : Lever des exceptions pour des mots de passe invalides............199

Exercice 9.3.3 : Lever des exceptions pour des adresses e-mail invalides..........200

9.4 : EXCEPTIONS PERSONNALISÉES 201

Exercice 9.4.1 : Créer une exception personnalisée pour les nombres négatifs...203

Exercice 9.4.2 : Créer une exception personnalisée pour les chaînes d'entrée vides 203

Exercice 9.4.3 : Créer une exception personnalisée pour les noms d'utilisateur invalides.....204

CHAPITRE 10 : MEILLEURES PRATIQUES PYTHON **207**

10.1 PEP 8 - GUIDE DE STYLE POUR LE CODE PYTHON 207

10.1.1 : Indentation : 207

10.1.2 : Longueur maximale de ligne :..208

10.1.3 : Importations : 208

10.1.4 : Espaces blancs : 209

10.1.5 : Conventions de nommage : 210

10.1.6 : Commentaires :..210

10.1.7 : Docstrings : 211

Exercice 10.1.1 : Indentation PEP 8...212

Exercice 10.1.2 : Importations PEP 8 212

Exercice 10.1.3 : Conventions de nommage PEP 8...213

10.2 : COMMENTAIRES ET DOCUMENTATION DU CODE.......................................213

10.2.1 : Commentaires en ligne :...214

10.2.2 : Commentaires de bloc : 214

10.2.3 : Docstrings : 215

Exercice 10.2.1 : Commentaires en ligne 216

Exercice 10.2.2 : Commentaires de bloc 216
Exercice 10.2.3 : Écrire des Docstrings 217
10.3 : CONVENTIONS DE NOMMAGE 218
10.3.1 : Variables et fonctions : 218
10.3.2 : Constantes : 218
10.3.3 : Classes : 219
10.3.4 : Modules : 219
10.3.5 : Variables et méthodes privées : 219
Exercice 10.3.1 : Identifier les conventions de nommage incorrectes......................220
Exercice 10.3.2 : Appliquer les conventions de nommage 220
Exercice 10.3.3 : Refactorisation de code avec des conventions de nommage appropriées .221
10.4 : RÉUTILISABILITÉ DU CODE ET MODULARISATION 222
10.4.1 : Réutilisabilité du code : 222
10.4.2 : Modularisation : 222
10.4.3 : Meilleures pratiques : 223
10.4.4 : Exemples de réutilisabilité du code : 223
Exemple 1 : Fonction réutilisable 223
Exemple 2 : Modularisation à l'aide de modules 224
Exemple 3 : Modularisation à l'aide de paquets 224
Exercice 10.4.1 : Fonction réutilisable pour la série de Fibonacci 225
Exercice 10.4.2 : Créer un module réutilisable pour la manipulation de chaînes de caractères
....226
Exercice 10.4.3 : Organiser un paquet pour les calculs de géométrie......................227

CHAPITRE 11 : PROJET : CONSTRUIRE UNE APPLICATION SIMPLE **229**
11.1 : PLANIFICATION DE VOTRE PROJET 229
11.1.1 : Application TaskMaster 230
11.2 : IMPLEMENTING THE TASKMASTER PROJECT 231
11.3 : TESTS ET DÉBOGAGE DU PROJET TASKMASTER 233
11.3.1 : Tests unitaires : 233
11.3.2 : Tests d'intégration : 234
11.3.3 : Tests manuels : 234
11.3.4 : Débogage : 234
11.3.5 : Refactorisation : 235
11.3.6 : Refaire les tests : 235
11.4 : DÉPLOIEMENT ET DISTRIBUTION : 236
11.4.1 : Distribuer le code source : 236
11.4.2 : Créer un package Python : 236
11.4.3 : Empaqueter l'application sous forme d'exécutable : 237
11.5 : CONCLUSION DU CHAPITRE 11 238

CHAPITRE 12 : PROCHAINES ÉTAPES DANS VOTRE VOYAGE AVEC PYTHON **239**

12.1 : Sujets Avancés de Python 240

12.2 : Bibliothèques Python Populaires...241

12.3 : Python dans le Développement Web, la Science des Données et Plus Encore 243

12.4 : Ressources en Ligne et Communautés 244

Conclusion du Chapitre 12 246

À BIENTÔT ! 249

OÙ CONTINUER ? 253

EN SAVOIR PLUS SUR NOUS...255

Introduction

Bienvenue dans votre aventure dans le monde de la programmation Python ! Ce livre est conçu pour être votre guide complet pour apprendre Python, l'un des langages de programmation les plus populaires et polyvalents d'aujourd'hui. Que vous soyez un débutant complet ou un programmeur expérimenté cherchant à élargir vos compétences, ce livre a quelque chose pour tout le monde. À la fin, vous aurez acquis une solide compréhension de Python et de ses applications, ainsi que la confiance nécessaire pour relever un large éventail de défis de programmation.

Python est réputé pour sa simplicité, sa lisibilité et sa facilité d'utilisation, ce qui en fait un choix idéal tant pour les novices que pour les développeurs chevronnés. C'est un langage puissant, de haut niveau et polyvalent qui est utilisé dans divers domaines, notamment le développement web, l'analyse de données, l'intelligence artificielle, le calcul scientifique et bien plus encore. Sa polyvalence et sa robustesse ont contribué à son immense popularité, qui ne cesse de croître année après année.

Ce livre commencera par vous présenter les concepts de base de la programmation Python. Vous découvrirez son histoire, ses caractéristiques clés et les raisons de son adoption généralisée. Ensuite, nous vous guiderons tout au long du processus de configuration de votre environnement de développement Python, en veillant à ce que vous disposiez de tous les outils nécessaires pour commencer à coder immédiatement.

Les premiers chapitres se concentreront sur la construction de bases solides en Python, en couvrant des concepts essentiels tels que les types de données, les variables, les opérateurs, les structures de contrôle et les boucles. Nous vous présenterons également la bibliothèque standard de Python, qui offre une multitude de fonctions et de modules intégrés pouvant considérablement simplifier vos tâches de programmation.

Une fois que vous aurez une solide compréhension des fondamentaux, nous passerons à des sujets plus avancés, tels que les fonctions, la gestion de fichiers et le travail avec des bibliothèques externes. Vous apprendrez à créer du code réutilisable en définissant vos propres fonctions, ainsi qu'à lire et écrire des fichiers, compétences essentielles pour tout programmeur.

Ensuite, nous plongerons dans le monde des structures de données et des algorithmes, en explorant les structures de données intégrées de Python telles que les listes, les tuples, les ensembles et les dictionnaires. Vous découvrirez également les algorithmes et techniques courants utilisés en programmation, vous donnant les outils pour résoudre efficacement des problèmes complexes.

Au fil de notre progression, nous vous initierons à la programmation orientée objet (POO), un paradigme de programmation qui vous permet de créer du code réutilisable et modulaire en définissant des classes et des objets. Vous découvrirez les concepts fondamentaux de la POO, tels que l'héritage, le polymorphisme et l'encapsulation, et comment les appliquer dans vos projets Python.

Un autre aspect crucial de la programmation est la gestion des erreurs et des exceptions, qui sera couvert en détail dans ce livre. Vous apprendrez à identifier, gérer et résoudre les erreurs dans votre code, en veillant à ce que vos programmes s'exécutent de manière fluide et fiable.

Pour vous assurer de devenir un développeur Python complet, nous couvrirons également les meilleures pratiques pour écrire du code propre et maintenable. Cela inclut le respect du guide de style PEP 8, l'utilisation de conventions de nommage appropriées, la documentation et le commentaire de votre code, et l'accent mis sur la réutilisation et la modularisation du code.

Vers la fin du livre, nous vous guiderons dans la construction d'une application réelle, un système de gestion de tâches appelé TaskMaster. Ce projet vous permettra d'appliquer les concepts et techniques que vous avez appris tout au long du livre, vous offrant une expérience pratique dans la conception, la mise en œuvre, les tests et le déploiement d'une application Python.

Enfin, nous aborderons certains sujets avancés de Python, des bibliothèques populaires et divers domaines où Python est largement utilisé, comme le développement web et la science des données. Nous vous fournirons également des ressources précieuses et des suggestions sur la façon de continuer à apprendre et à grandir en tant que programmeur Python.

Tout au long de ce livre, nous inclurons des exercices pratiques et des exemples pour vous aider à renforcer votre compréhension des concepts abordés. Ces exercices ne testeront pas seulement vos connaissances, mais vous donneront également l'occasion de pratiquer et d'appliquer ce que vous avez appris de manière concrète.

En conclusion, ce livre vise à vous fournir une introduction complète et captivante à la programmation Python, vous dotant des connaissances et compétences nécessaires pour devenir un développeur Python compétent. En suivant la progression des sujets, en complétant les exercices pratiques et en travaillant sur le projet réel, vous acquerrez une compréhension approfondie des capacités de Python et de ses applications dans divers domaines.

Notre objectif est de nous assurer que vous n'apprenez pas seulement la syntaxe et les constructions de Python, mais que vous développiez également un sens aigu de la logique de programmation, des techniques de résolution de problèmes et des meilleures pratiques qui vous seront très utiles dans votre carrière de programmeur. Au fur et à mesure que vous progressez dans le livre, vous vous sentirez de plus en plus confiant dans votre capacité à écrire du code Python propre, efficace et facile à maintenir, ainsi qu'à relever un large éventail

Chapitre 1 : Introduction à Python

1.1 Python : Un langage de programmation polyvalent et convivial pour les débutants

Python est un langage de programmation de haut niveau qui gagne en popularité depuis plus de trois décennies. Créé par Guido van Rossum en 1991, Python offre une combinaison parfaite de simplicité et de lisibilité, ce qui en fait un excellent choix pour les programmeurs allant des débutants aux experts.

En plus de sa simplicité et de sa lisibilité, Python est un langage polyvalent qui peut être utilisé dans divers domaines, notamment le développement web, l'analyse de données, l'intelligence artificielle, l'apprentissage automatique, le calcul scientifique et bien plus encore. Le langage a évolué d'un simple langage de script à un langage à usage général doté d'un riche écosystème de bibliothèques et de frameworks qui permettent aux développeurs de construire des applications et des systèmes complexes de manière rapide et efficace.

Outre les bibliothèques standard, Python dispose de nombreuses bibliothèques tierces, telles que NumPy, Pandas, TensorFlow, Django, Flask et PyTorch, qui ont gagné une immense popularité ces dernières années. Ces bibliothèques ont permis aux développeurs de créer des applications et des systèmes sophistiqués avec facilité. De plus, la communauté Python est connue pour sa participation active aux projets open source, ce qui a conduit au développement de plusieurs bibliothèques et outils innovants.

Voici quelques-unes des caractéristiques clés qui rendent Python convivial pour les débutants et polyvalent :

1. **Syntaxe facile à lire** : la syntaxe de Python est conçue pour être simple et facile à comprendre. Elle met l'accent sur la lisibilité, ce qui permet aux programmeurs d'écrire un code clair et concis. L'utilisation de l'indentation dans Python au lieu d'accolades ou de crochets pour les blocs de code le rend plus visuellement attrayant et plus facile à suivre.

2. **Langage de haut niveau** : Python est un langage de haut niveau, ce qui signifie qu'il abstrait de nombreuses complexités liées au travail avec des langages de programmation de bas niveau, comme la gestion de la mémoire. Cela permet aux

développeurs de se concentrer sur la logique de leur application plutôt que de s'occuper des détails complexes du matériel sous-jacent.

3. **Compatibilité multiplateforme** : Python s'exécute sur diverses plateformes, notamment Windows, macOS, Linux et Unix, ce qui en fait une option polyvalente pour les développeurs. Avec Python, vous pouvez écrire du code une fois et l'exécuter sur plusieurs plateformes sans avoir à effectuer de modifications importantes.

4. **Bibliothèque standard complète** : Python est livré avec une bibliothèque standard complète qui fournit un support intégré pour de nombreuses tâches de programmation courantes, comme le travail avec des fichiers, les expressions régulières, les réseaux et bien plus encore. Cela réduit le besoin d'écrire du code à partir de zéro ou de dépendre de bibliothèques externes pour des fonctionnalités de base.

5. **Fort soutien de la communauté** : Python dispose d'une communauté grande et active de développeurs qui contribuent à sa croissance et à son développement. Cette communauté crée et maintient une grande quantité de bibliothèques, d'outils et de frameworks open source, ce qui facilite pour les développeurs la recherche de solutions à leurs problèmes ou l'extension des capacités de Python.

6. **Large gamme d'applications** : la flexibilité et la polyvalence de Python le rendent approprié pour diverses applications, des tâches de script simples aux applications web complexes, en passant par l'analyse de données et l'apprentissage automatique. Son adaptabilité en a fait un choix populaire parmi les professionnels de différentes industries, telles que la finance, les soins de santé et la recherche scientifique.

En résumé, Python est un excellent choix tant pour les débutants que pour les développeurs expérimentés en raison de sa simplicité, de sa polyvalence et du fort soutien de sa communauté. Sa syntaxe facile à lire, sa compatibilité multiplateforme et sa vaste bibliothèque standard en font un outil puissant pour diverses applications dans le développement web, la science des données, l'intelligence artificielle et bien plus encore. Tout au long de ce livre, vous en apprendrez davantage sur les caractéristiques et les capacités de Python tout en construisant une base solide dans les concepts de programmation et les meilleures pratiques.

1.2 Un aperçu de l'histoire de Python et du rôle de Guido van Rossum dans son développement

L'histoire de Python remonte à la fin des années 1980, et Guido van Rossum a joué un rôle fondamental dans sa création et son développement. Né aux Pays-Bas, van Rossum était informaticien et membre du Centrum Wiskunde & Informatica (CWI), l'institut national de recherche en mathématiques et en informatique des Pays-Bas.

Le développement de Python a commencé en décembre 1989 lorsque van Rossum cherchait un projet de loisir pour s'occuper pendant les vacances de Noël. Inspiré par son travail sur le langage ABC, un langage d'enseignement développé au CWI, il s'est mis à créer un nouveau langage de script qui serait facile à utiliser, à comprendre et à maintenir. Il a nommé le langage « Python » en hommage à la série comique britannique « Monty Python's Flying Circus », qu'il appréciait pour son humour et son irrévérence.

La première version de Python, Python 0.9.0, a été publiée en février 1991. Cette version initiale présentait déjà plusieurs composants essentiels qui restent partie intégrante de Python aujourd'hui, comme l'utilisation de l'indentation pour les blocs de code, les types de données de base et le support pour définir des fonctions. Au fil des ans, Python a connu plusieurs itérations et améliorations, avec des jalons clés qui incluent :

- Python 1.0 (janvier 1994) : Cette version a introduit plusieurs fonctionnalités importantes, comme le support des modules, qui permettait aux développeurs d'organiser le code en composants réutilisables. Elle incluait également des outils comme les fonctions lambda, map et filter, qui permettaient des capacités de programmation fonctionnelle plus puissantes.

- Python 2.0 (octobre 2000) : Python 2.0 a été un pas en avant significatif dans le développement du langage, apportant de nouvelles fonctionnalités comme la compréhension de listes et le ramasse-miettes. Il a également introduit le support Unicode, facilitant le travail des développeurs avec des jeux de caractères internationaux.

- Python 3.0 (décembre 2008) : Python 3.0, également connu sous le nom de « Python 3000 » ou « Py3K », a été une version majeure qui visait à corriger plusieurs problèmes de longue date dans le langage. Il a introduit de nombreux changements, notamment une syntaxe révisée, des modules de bibliothèque standard améliorés et un meilleur support Unicode. Cependant, il n'était pas rétrocompatible avec Python 2.x, ce qui a initialement ralenti son adoption.

Depuis la publication de Python 3.0, le langage a continué d'évoluer, avec de nouvelles fonctionnalités et améliorations ajoutées régulièrement. Python 2.x a été officiellement retiré en janvier 2020, et Python 3.x est maintenant la version recommandée pour tous les nouveaux projets.

Guido van Rossum a occupé le poste de Benevolent Dictator For Life (BDFL) de Python, un titre décerné par la communauté Python, pendant près de trois décennies. Dans ce rôle, il était l'autorité finale sur les décisions liées à la conception et au développement du langage. En juillet 2018, van Rossum a annoncé sa retraite de la participation active à Python et a démissionné de son poste de BDFL. Depuis lors, la communauté Python a effectué une transition vers un modèle de gouvernance plus démocratique, avec un conseil de direction qui guide le développement futur du langage.

La croissance de Python peut être attribuée non seulement à la vision et au dévouement de Guido van Rossum, mais aussi à la communauté vibrante et active qui s'est développée autour du langage. Aujourd'hui, Python est l'un des langages de programmation les plus populaires au monde, avec une large gamme d'applications dans de multiples industries.

1.3 Différences entre Python 2.x et 3.x

Python a considérablement évolué au fil des ans, avec deux versions principales, Python 2.x et Python 3.x, comme les plus importantes. Python 3.x a été introduit en 2008 dans le but d'aborder et d'améliorer plusieurs défauts de conception et incohérences présents dans Python 2.x. Cependant, Python 3.x n'était pas rétrocompatible avec Python 2.x, ce qui a initialement provoqué une adoption lente de la nouvelle version. Néanmoins, Python 3.x est maintenant la version recommandée pour tous les nouveaux projets, et Python 2.x a atteint sa fin de vie en janvier 2020.

Voici quelques-unes des différences clés entre Python 2.x et 3.x, mettant l'accent sur les avantages de l'utilisation de Python 3.x :

1. **Fonction print :** En Python 2.x, print est une instruction, tandis qu'en Python 3.x, c'est une fonction. Ce changement favorise la cohérence avec les autres fonctions et nécessite l'utilisation de parenthèses autour des arguments en Python 3.x.

    Python 2.x :

    ```
    print "Hello, World!"
    ```

    Python 3.x :

    ```
    print("Hello, World!")
    ```

2. **Division entière :** En Python 2.x, diviser deux nombres entiers donne un nombre entier, et le résultat est tronqué. En Python 3.x, diviser deux nombres entiers donne un nombre décimal, ce qui est un comportement plus intuitif.

    Python 2.x :

    ```
    result = 5 / 2  # result is 2
    ```

    Python 3.x :

    ```
    result = 5 / 2  # result is 2.5
    ```

3. **Support Unicode :** Python 3.x a amélioré le support pour Unicode, facilitant le travail avec des jeux de caractères internationaux. En Python 3.x, toutes les chaînes de texte sont Unicode par défaut, tandis qu'en Python 2.x, les chaînes sont ASCII par défaut.

4. **Fonction range :** En Python 2.x, la fonction range() renvoie une liste, tandis qu'en Python 3.x, elle renvoie un objet range, qui est plus efficace en termes de mémoire, en particulier pour les grandes plages.

5. **Itérateurs au lieu de listes :** Python 3.x utilise des itérateurs pour de nombreuses fonctions intégrées qui renvoyaient auparavant des listes en Python 2.x, comme zip(), map() et filter(). Ce changement améliore l'efficacité de la mémoire, car les itérateurs génèrent des valeurs une par une au lieu de créer une liste complète en mémoire.

6. **Arguments à mot-clé uniquement :** Python 3.x a introduit les arguments à mot-clé uniquement, qui permettent de spécifier certains arguments de fonction comme étant à mot-clé uniquement, obligeant l'utilisateur à les fournir en utilisant la syntaxe de mot-clé. Cette fonctionnalité rend les appels de fonction plus lisibles et aide à prévenir les erreurs dues à un ordre incorrect des arguments.

7. **Gestion améliorée des exceptions :** Python 3.x a apporté des modifications à la syntaxe pour la gestion des exceptions, comme l'utilisation du mot-clé as pour assigner l'exception à une variable. Ce changement favorise un code plus cohérent et plus propre.

   Python 2.x :

```
try:
    # some code
except ValueError, e:
    # handle exception
```

   Python 3.x :

```
try:
    # some code
except ValueError as e:
    # handle exception
```

En conclusion, Python 3.x est une mise à jour significative par rapport à Python 2.x en termes de conception du langage, de cohérence et de performance. Parmi les améliorations clés figurent le support pour Unicode comme type de chaîne par défaut, un support amélioré pour les itérateurs et les générateurs, et une meilleure gestion des exceptions. De plus, Python 3.x introduit plusieurs nouvelles fonctionnalités, telles que le module « asyncio » pour la programmation asynchrone, des capacités avancées de type hinting et des optimisations de performance améliorées.

Compte tenu de ces avantages, il est fortement recommandé que les développeurs migrent de Python 2.x vers Python 3.x pour tous les nouveaux projets. De plus, en utilisant Python 3.x, les développeurs peuvent tirer parti des fonctionnalités les plus récentes et les plus à jour du langage, garantissant que leur code soit aussi efficace et performant que possible.

Tout au long de ce livre, nous nous concentrerons exclusivement sur Python 3.x, vous fournissant une compréhension complète du langage et de ses capacités. À la fin de ce livre, vous serez équipé des compétences et des connaissances nécessaires pour construire des applications robustes, évolutives et efficaces en utilisant Python 3.x.

1.4 Installation de Python et configuration d'un environnement de développement

Pour commencer avec la programmation Python, vous devez installer Python et configurer un environnement de développement en utilisant un Environnement de Développement Intégré (IDE) ou un éditeur de code. Dans cette section, nous vous guiderons à travers le processus d'installation de Python et la configuration d'IDEs populaires comme PyCharm, Visual Studio Code (VSCode) et Jupyter Notebook.

1.4.1 Installation de Python

Étape 1 : Rendez-vous sur www.python.org

Étape 2 : Sélectionnez « Téléchargements » dans la barre d'outils

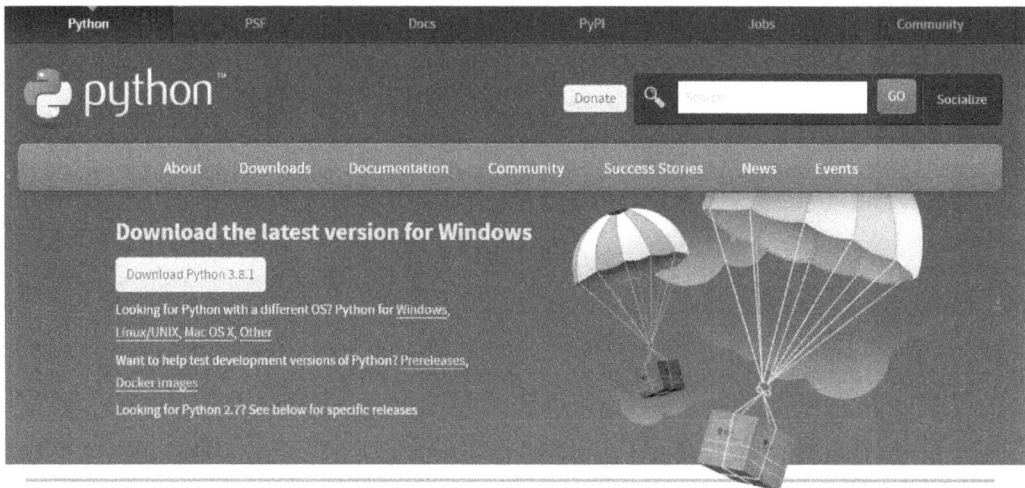

Étape 3 : Cliquez sur « Télécharger Python 3.8.1 » ou la dernière version disponible

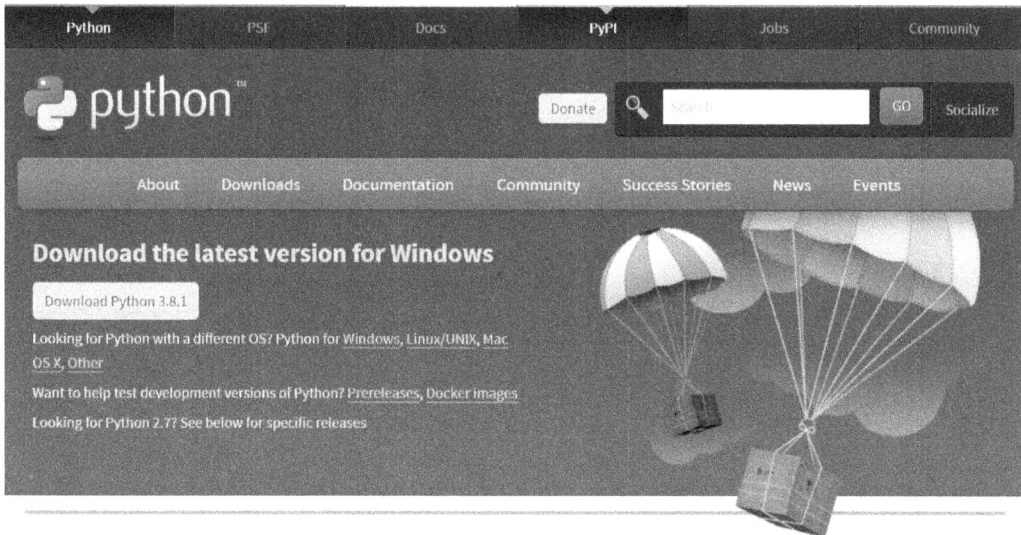

Looking for a specific release?
Python releases by version number:

Étape 4 : Ensuite, allez à l'option « Fichier ». Une boîte de dialogue de sécurité apparaîtra comme celle illustrée ci-dessous. Cliquez sur « Exécuter » pour continuer le processus d'installation

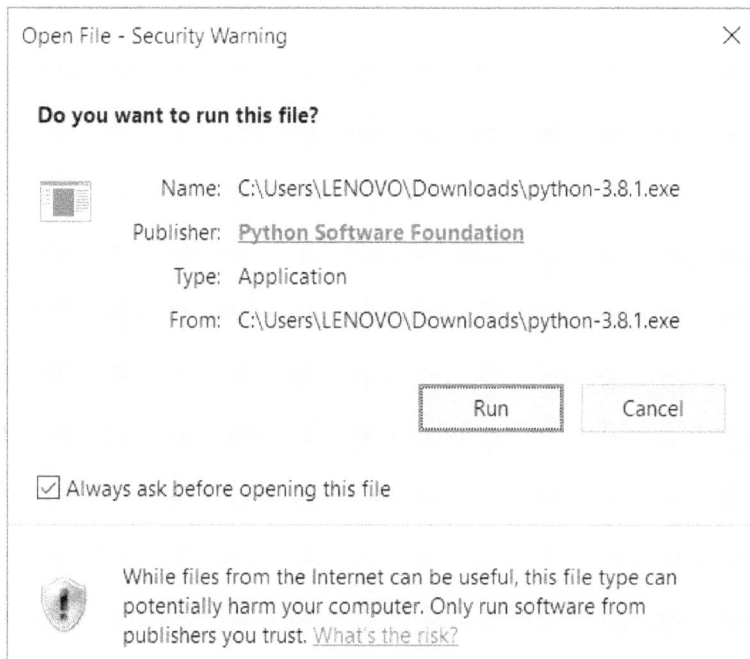

Étape 5 : Cliquez sur « Installer maintenant »

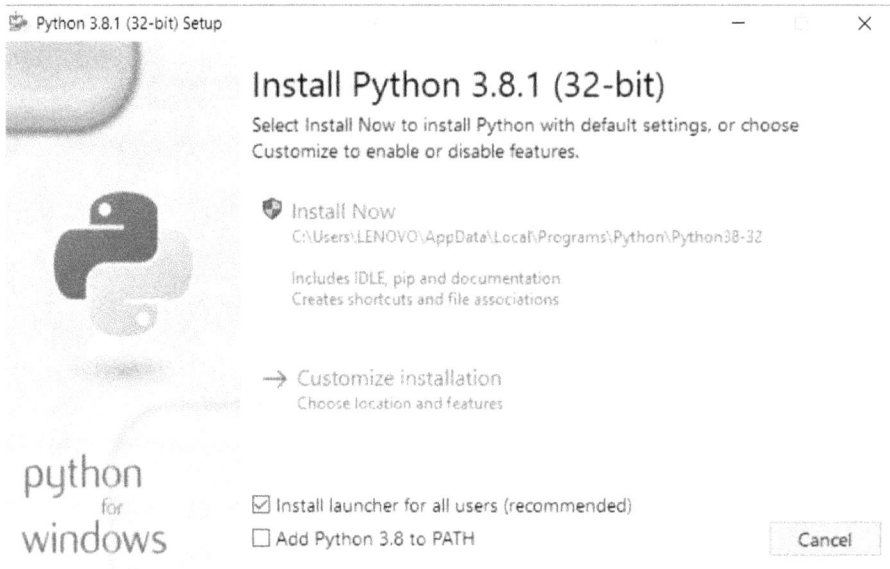

Une fois que vous l'aurez fait, vous verrez la configuration en cours comme dans la capture d'écran suivante :

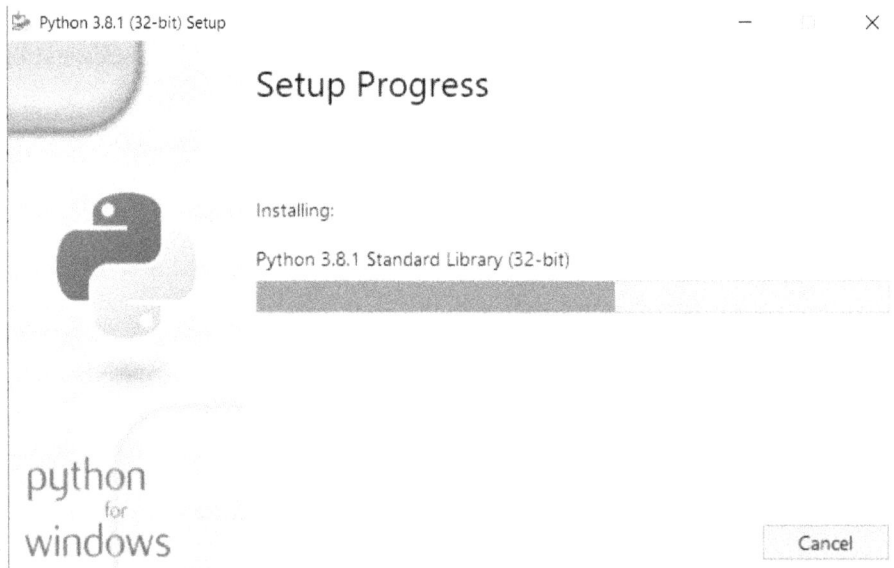

Étape 6 : Après l'installation de Python, lorsque vous voyez une fenêtre avec le message « La configuration a réussi », cliquez sur le bouton « Fermer »

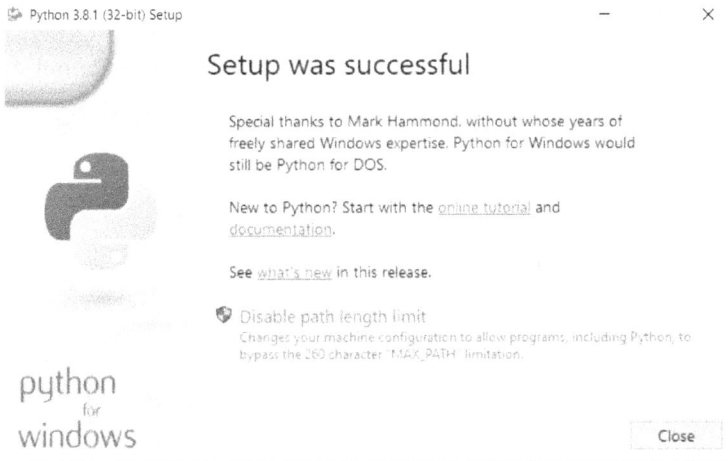

Vous avez maintenant Python 3.8.1 installé sur votre système

Ensuite, nous passerons à l'installation de PyCharm

1.4.2 Configuration d'un environnement de développement

Il existe plusieurs IDEs et éditeurs de code disponibles pour le développement Python. Ici, nous discuterons de la configuration de trois options populaires : PyCharm, Visual Studio Code (VSCode) et Jupyter Notebook.

PyCharm

Étape 1 : Pour télécharger PyCharm, visitez le site web officiel de JetBrains : http://www.jetbrains.com/pycharm/

Étape 2 : Cliquez sur le bouton « Télécharger »

Étape 3 : Après cela, vous verrez la fenêtre suivante avec deux options : **Professionnel** et **Communauté**

Étape 4 : Téléchargez la version **Communauté**

Remarque : Si vous êtes intéressé par l'utilisation de la version Professionnelle, alors vous pouvez télécharger la version **Professionnelle** et profiter d'un essai gratuit.

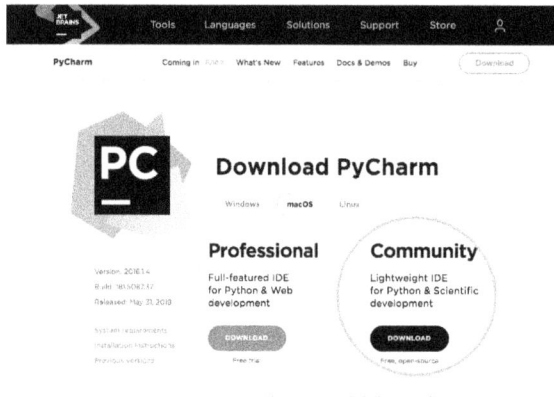

Étape 5 : Après avoir téléchargé le fichier, cliquez dessus

Étape 6 : Lorsque la fenêtre suivante apparaît, cliquez sur **Suivant** et le processus d'installation commencera

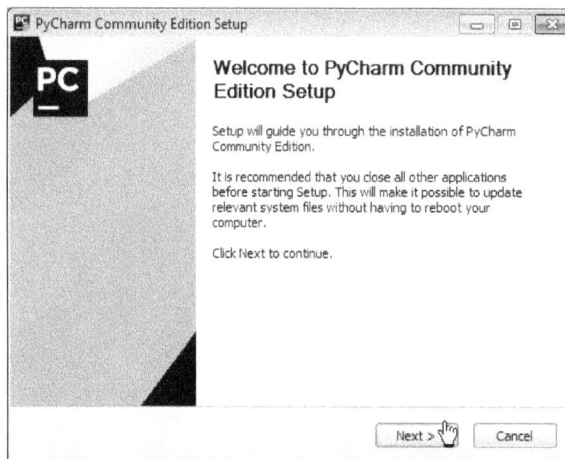

Étape 7 : Après avoir cliqué sur **Suivant**, une fenêtre apparaîtra d'abord pour configurer l'emplacement de l'installation.

Remarque : Vous pouvez sélectionner un dossier pour l'emplacement de l'installation ou conserver le chemin par défaut.

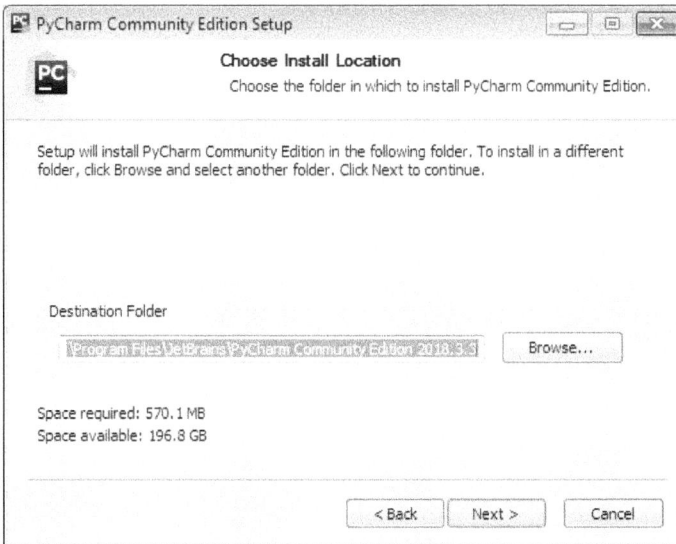

Étape 8 : Dans l'étape suivante, vous pouvez configurer les « Options d'installation » selon vos besoins, puis cliquer sur le bouton **Suivant** pour continuer

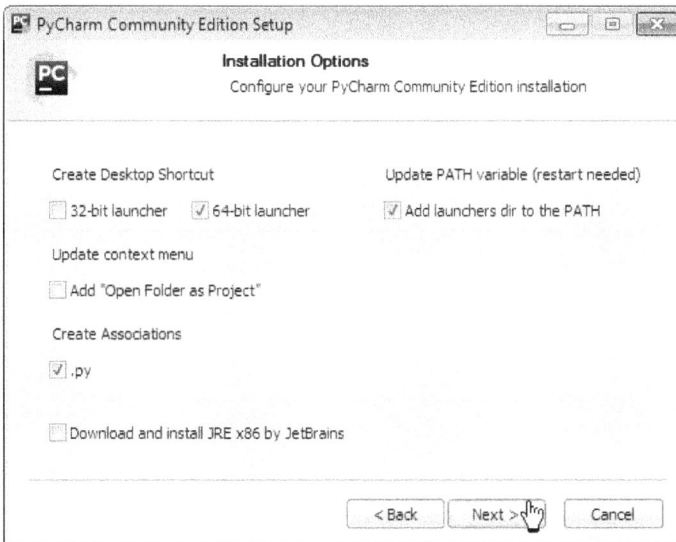

Étape 9 : Maintenant, vous devez sélectionner le dossier du menu démarrer, ou vous pouvez le laisser par défaut

Étape 10 : Après ces étapes, cliquez sur le bouton **Installer** comme précédemment pour démarrer le processus d'installation

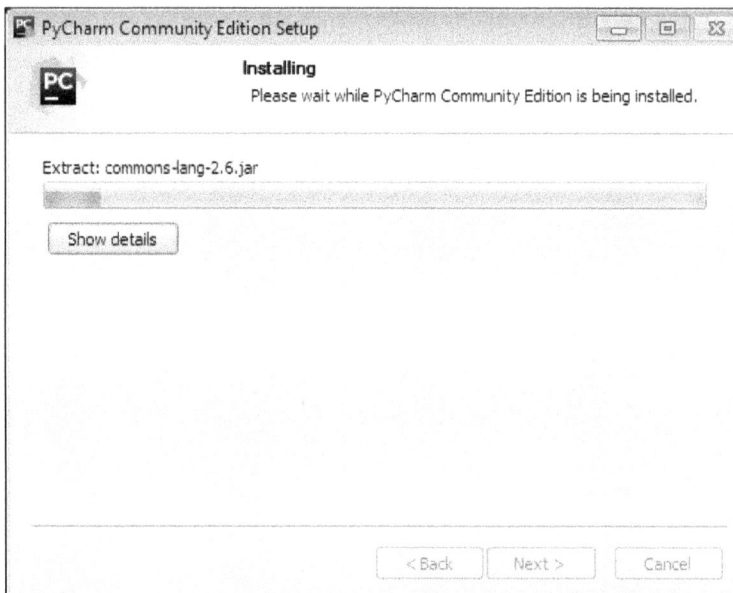

Étape 11 : Lorsque vous cliquerez sur le bouton **Terminer**, l'installation de PyCharm sera terminée

Maintenant, vous avez installé avec succès PyCharm et Python sur votre système.

Configuration de PyCharm

La première fois que vous exécuterez PyCharm, il vous offrira la possibilité d'importer d'anciens paramètres (d'une installation précédente de PyCharm).

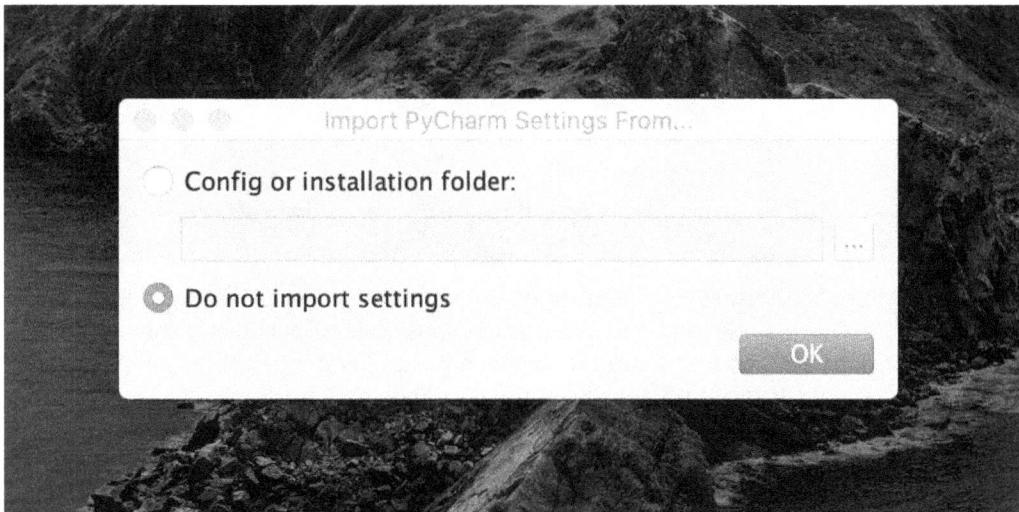

Si vous installez PyCharm pour la première fois, vous n'avez pas besoin d'importer de paramètres. L'écran suivant vous demandera de personnaliser PyCharm. La première question est de sélectionner un schéma de raccourcis clavier. Le schéma de raccourcis clavier fait référence aux raccourcis du clavier, vérifiez les différents exemples dans la figure. Vous pouvez le laisser tel quel si vous n'avez jamais utilisé PyCharm auparavant, et il est à jour pour les versions les plus récentes de Mac OS.

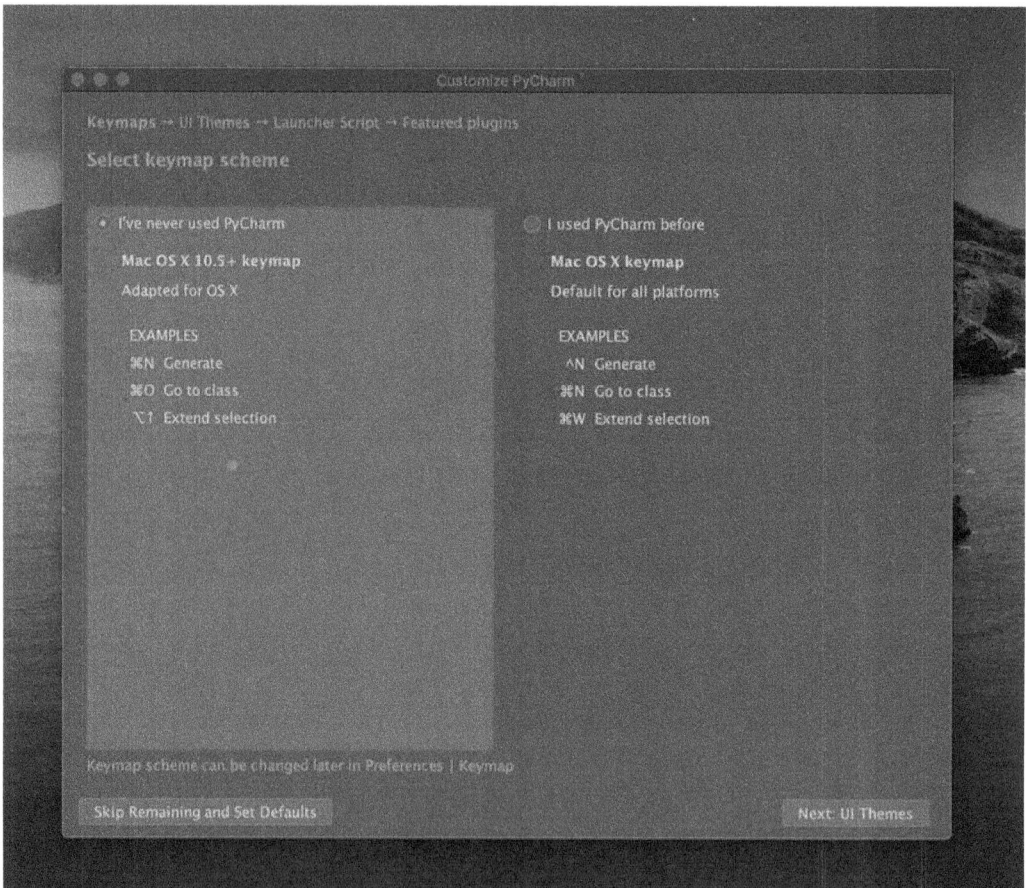

Je clique sur Suivant : Thèmes de l'interface utilisateur. Sur la page suivante, j'ai opté pour le thème sombre 'Darcula'. Ne vous inquiétez pas si vous n'aimez aucun des thèmes pour le moment. Plus tard, vous pouvez ajouter un plugin qui vous permet de choisir parmi plusieurs autres belles options (indice : il s'appelle Material UI Theme). Après avoir choisi, cliquez sur Suivant : Script de lancement. Un script de lancement ajoute un petit programme de terminal qui peut démarrer PyCharm depuis votre terminal dans n'importe quel répertoire donné. Ce que je veux dire, c'est qu'il vous permet de faire ce qui suit :

charm ~/DeveloperProjects/MyNewPythonApplication

Dans cette ligne, je démarre PyCharm dans le répertoire appelé 'MyNewPythonApplication' qui est un sous-répertoire de 'DeveloperProjects'. Si vous aimez cette fonctionnalité, cochez la case. Pour continuer, cliquez sur Suivant : Plugins en vedette.

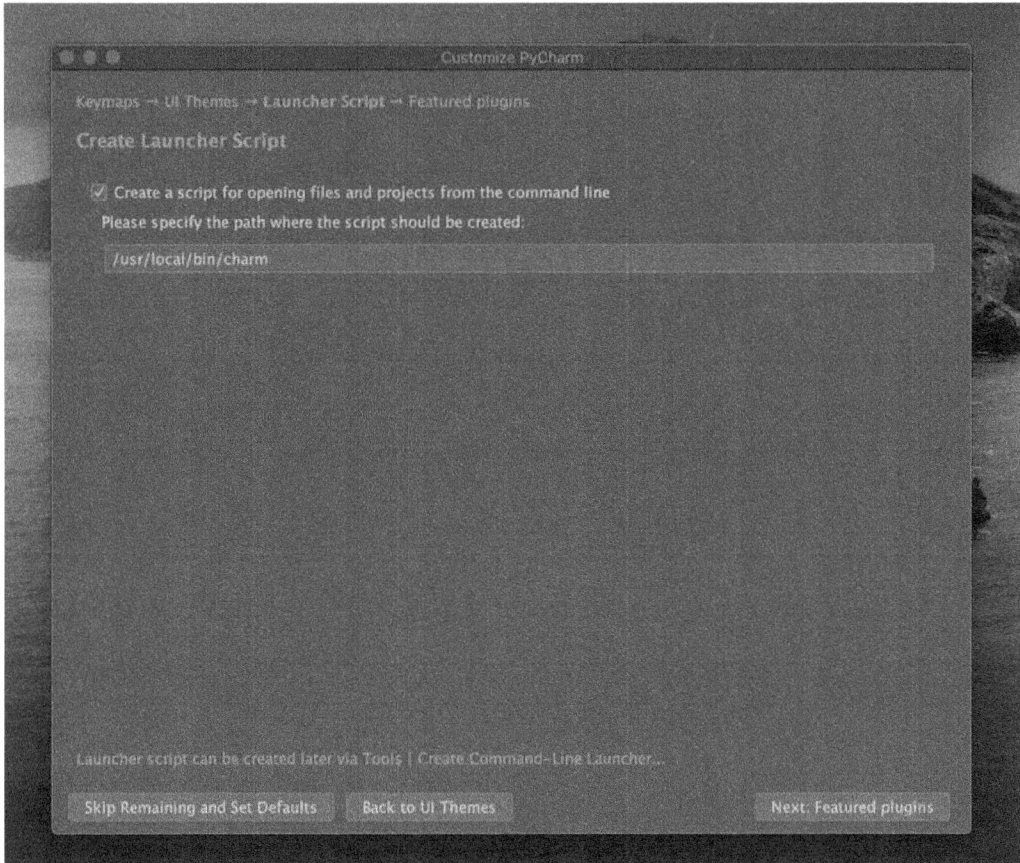

Sur l'écran suivant, PyCharm suggère des plugins populaires. C'est un choix personnel. La configuration est presque terminée, maintenant cliquez sur Commencer à utiliser PyCharm.

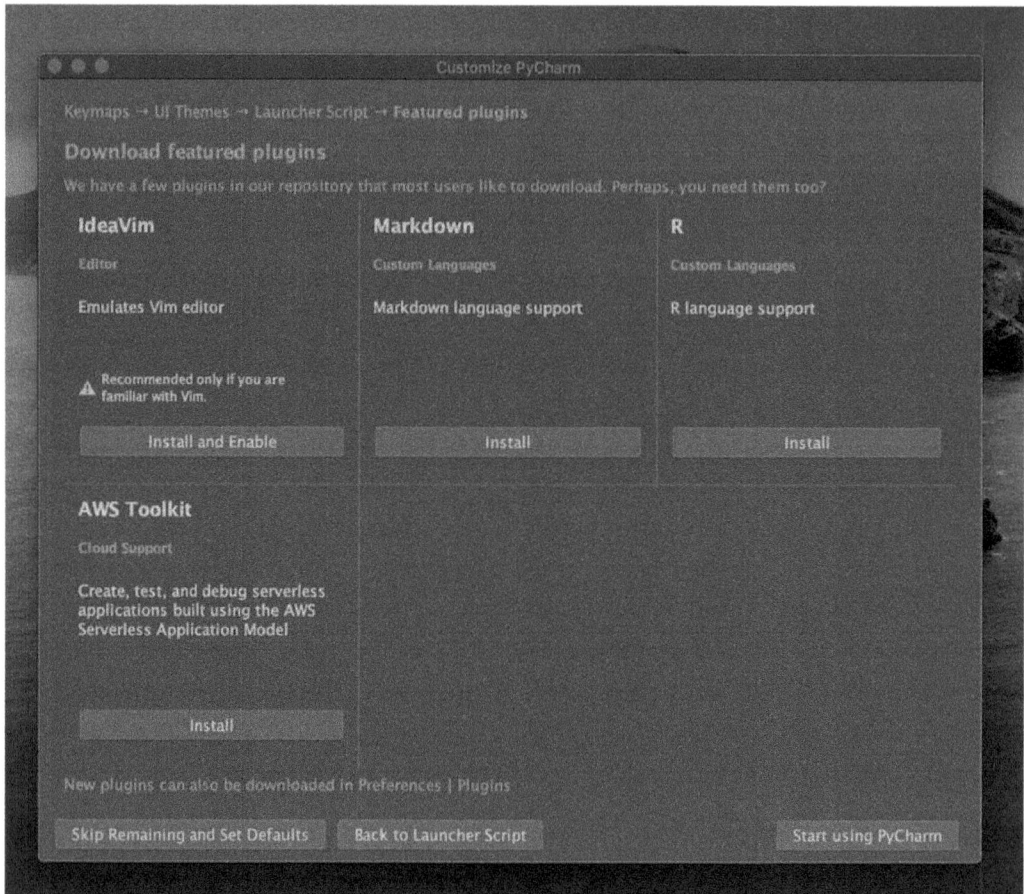

Création d'un nouveau projet dans PyCharm

Maintenant, l'étape suivante consiste à ouvrir un ancien projet (à partir d'un dépôt sur votre machine locale ou d'un système de contrôle de versions) ou à créer un nouveau projet. Supposons que vous souhaitiez démarrer un nouveau projet. Ensuite, cliquez sur + Créer un nouveau projet.

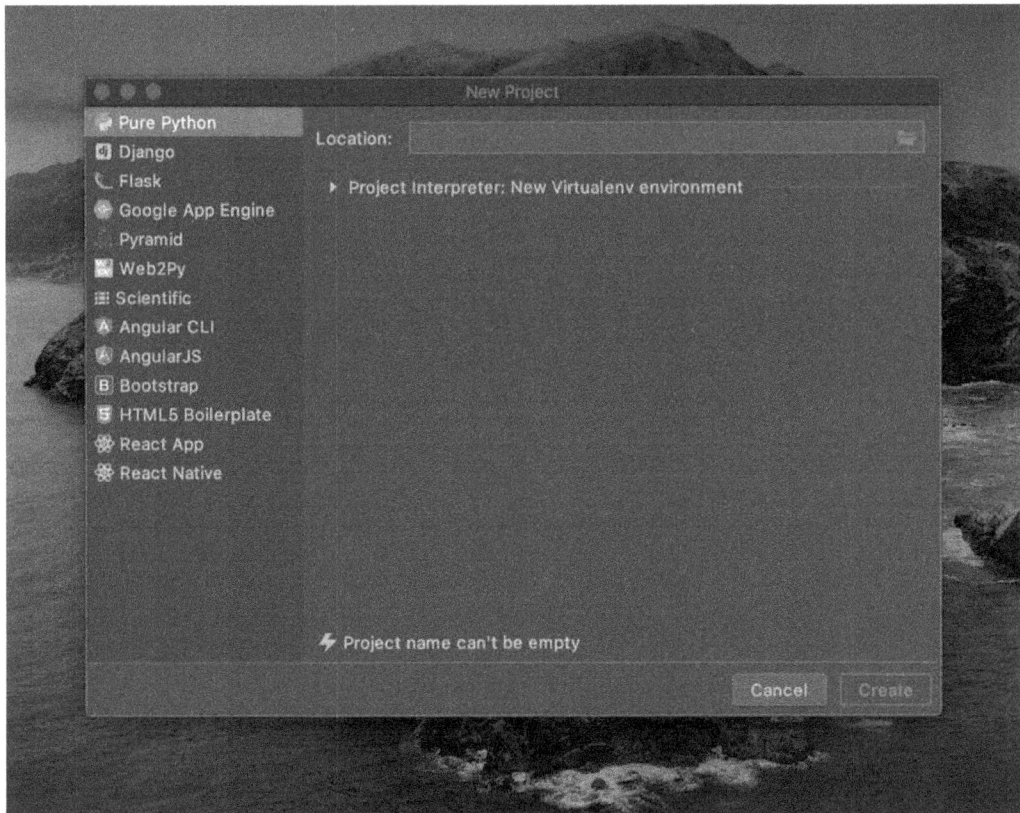

Si vous avez choisi la version professionnelle de PyCharm, vous pouvez sélectionner parmi plusieurs options de projet dans la barre latérale gauche. Ou, au cas où vous auriez la version gratuite, vous n'aurez pas ces options, vous ne pourrez donc ouvrir qu'un nouveau projet Pure Python. Cependant, vous pouvez créer un nouveau projet de la même manière. Choisissez l'emplacement (répertoire) où vous souhaitez enregistrer votre projet.

En cliquant sur Interpréteur de projet : Nouvel environnement virtualenv, vous pouvez choisir les options d'environnement pour votre nouveau projet. Lorsque vous programmez en Python, vous ferez probablement usage de plusieurs bibliothèques. L'environnement contiendra toutes les bibliothèques que vous installerez pour ce projet. Il y a deux options : 1) Nouvel environnement ou 2) Interpréteur existant.

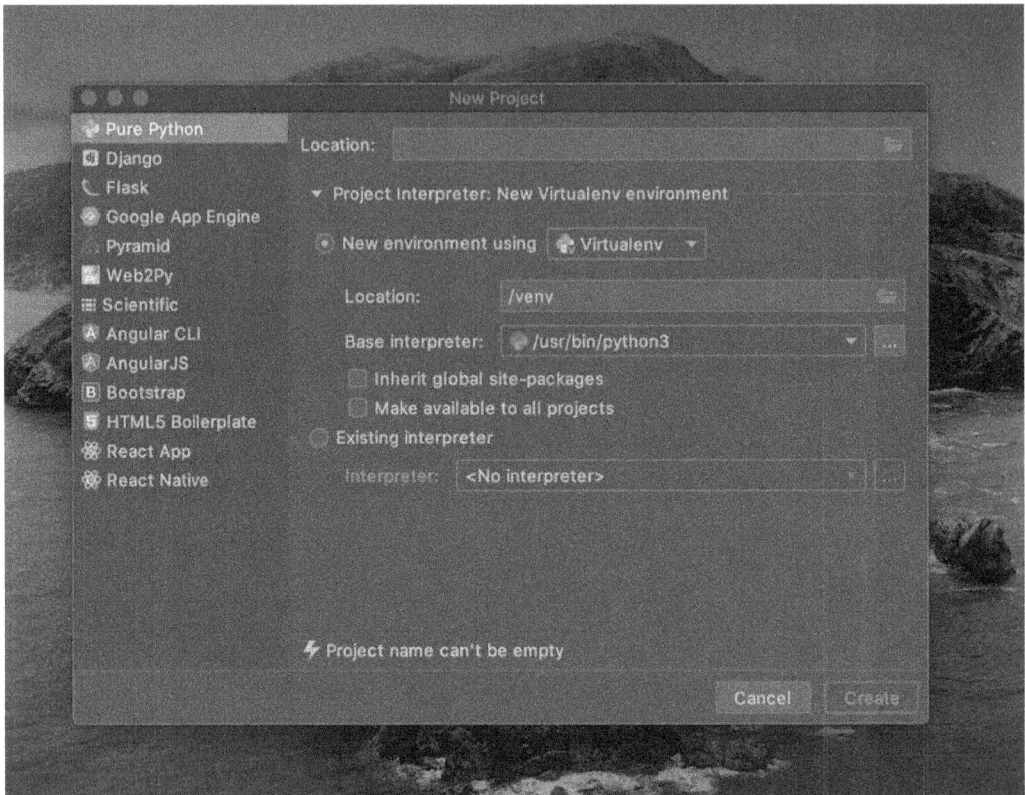

L'option de nouvel environnement (première) offre trois autres possibilités : Virtualenv, Pipenv ou Conda. Virtualenv est l'option par défaut. Pipenv est plus récent et est censé avoir des fonctionnalités supplémentaires. Pour utiliser Conda, vous devez avoir installé Anaconda ou Miniconda sur votre machine. Vous pouvez utiliser le Virtualenv par défaut. De plus, vous pouvez choisir l'interpréteur de base (Python 3 recommandé). Cliquez sur Créer pour continuer.

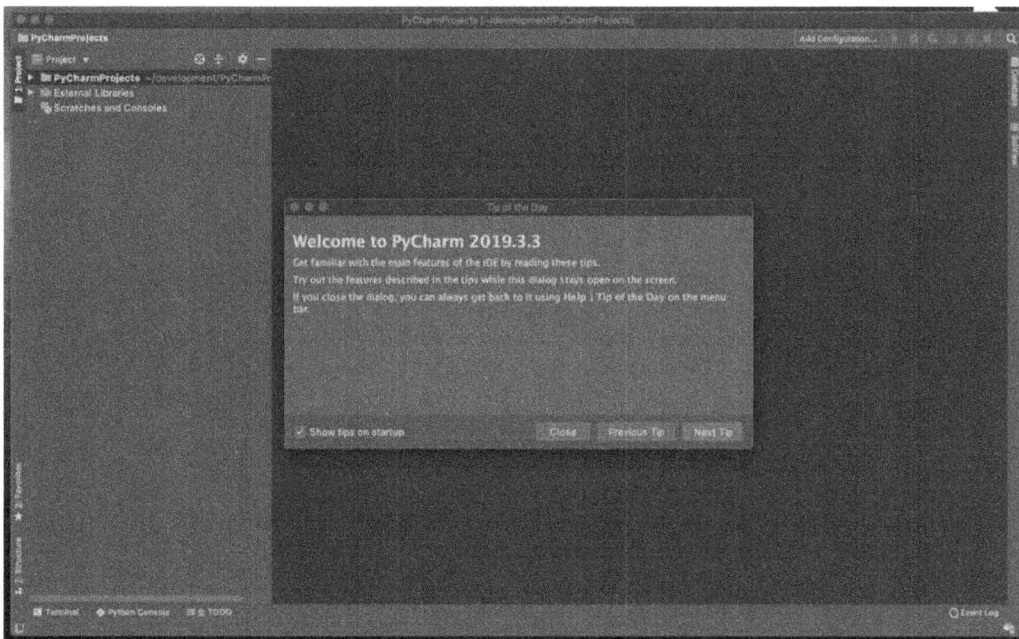

Avant de pouvoir commencer à programmer, PyCharm suggère une option « Conseil du jour » avec des astuces sur la façon d'augmenter votre productivité en utilisant des raccourcis clavier. Si vous pensez que vous n'en avez pas besoin, vous pouvez décocher cette option dans le coin inférieur gauche de la fenêtre contextuelle. Après cela, fermez la fenêtre contextuelle. Vous pouvez maintenant créer un nouveau fichier en cliquant sur Cmd + N (sur Mac) ou en cliquant sur Fichier > Nouveau > Fichier ou Fichier > Nouveau > Fichier Python (à partir de modèles). Si vous avez choisi la dernière option, PyCharm créera un fichier avec l'extension .py.

Vous pouvez enfin écrire votre code ! Une fois que vous êtes prêt, vous pouvez exécuter votre script en cliquant sur Exécuter dans le menu principal (la flèche verte dans le coin supérieur droit) ou en appuyant sur Ctrl + Option + R sur le clavier. PyCharm offre plusieurs fonctionnalités pour vous aider à programmer.

Visual Studio Code (VSCode)

Le démarrage de Visual Studio Code est rapide et simple. C'est un petit téléchargement pour que vous puissiez l'installer rapidement et essayer VS Code. VS Code est un éditeur de code gratuit. De plus, il fonctionne sur les systèmes d'exploitation macOS, Linux et Windows. Voyons comment nous pouvons configurer la même chose sur les différentes plateformes que nous utilisons.

La première étape est partagée sur toutes les plateformes quel que soit le système d'exploitation que vous utilisez.

Téléchargez Visual Studio Code :

Vous pouvez télécharger Visual Studio Code depuis l'URL «https://code.visualstudio.com/download» en sélectionnant la bonne plateforme :

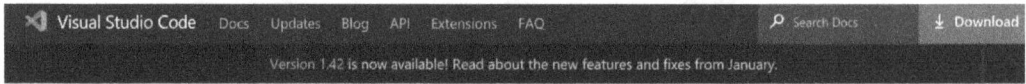

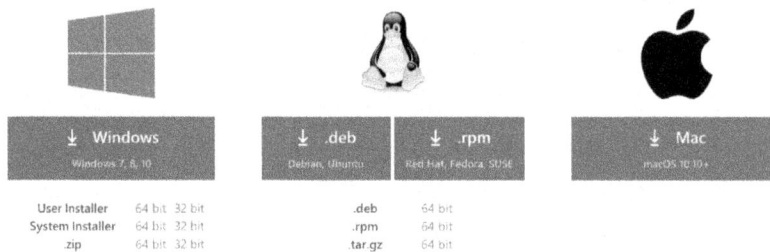

Cliquez sur l'une des icônes mentionnées ci-dessus, en fonction du système d'exploitation pour lequel vous prévoyez de télécharger l'éditeur de code Visual Studio Code.

Comment installer Visual Studio Code sur macOS ?

Suivez les étapes ci-dessous *(illustrées dans un fichier gif et mentionnées en puces)* pour installer VS Code sur macOS :

1. Téléchargez Visual Studio Code pour macOS.

2. Après avoir cliqué sur l'option Mac sur le site de téléchargement, un fichier zip sera téléchargé, comme indiqué ci-dessous.

3. Double-cliquez sur le fichier zip téléchargé pour extraire le contenu. Cela vous donnera un fichier, comme indiqué ci-dessous.

4. Glissez **« Visual Studio Code.app »** dans le dossier **« Applications »** afin qu'il soit disponible dans le **« Launchpad »**.

5. Double-cliquez sur **« Visual Studio Code »** pour l'ouvrir.

6. Ajoutez VS Code à votre Dock en faisant un clic droit sur l'icône pour ouvrir le menu contextuel et en choisissant **Options => Garder dans le Dock**.

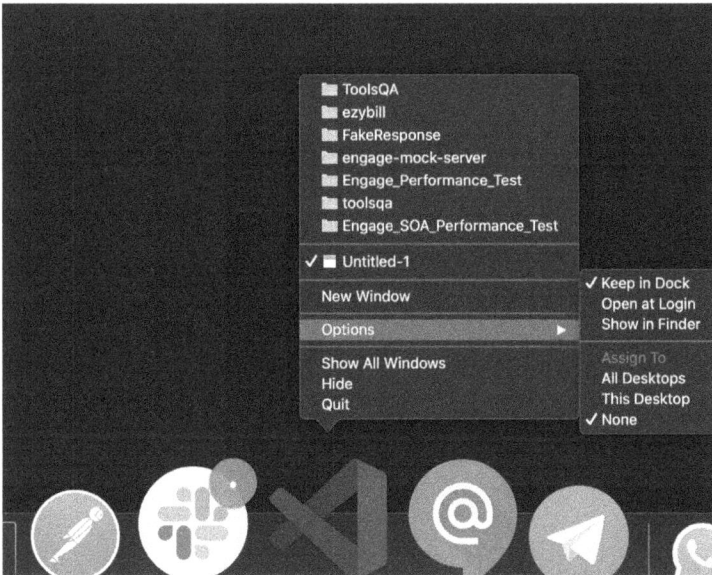

Comment installer Visual Studio Code sur Windows ?

Tout d'abord, téléchargez le programme d'installation de Visual Studio Code pour Windows. Une fois téléchargé, exécutez le programme d'installation **(VSCodeUserSetup-{version}.exe)**. Cela ne prendra qu'une minute.

Deuxièmement, acceptez l'accord et cliquez sur Suivant.

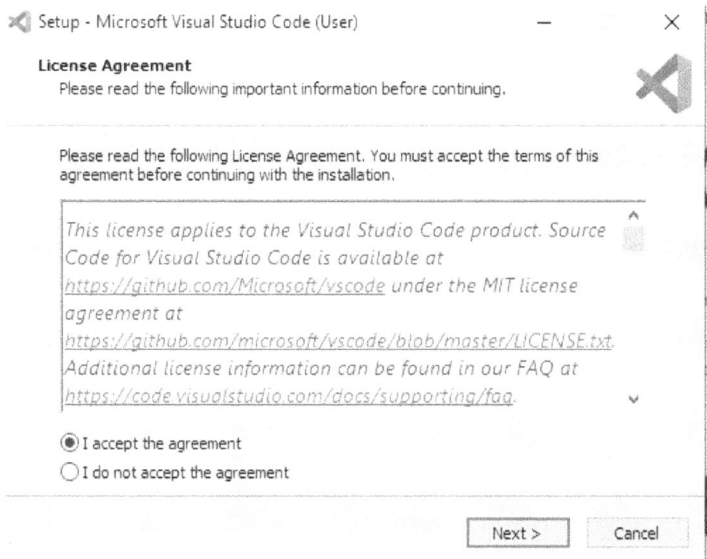

Troisièmement, cliquez sur **« créer une icône sur le bureau »** afin d'y accéder depuis le bureau et cliquez sur Suivant.

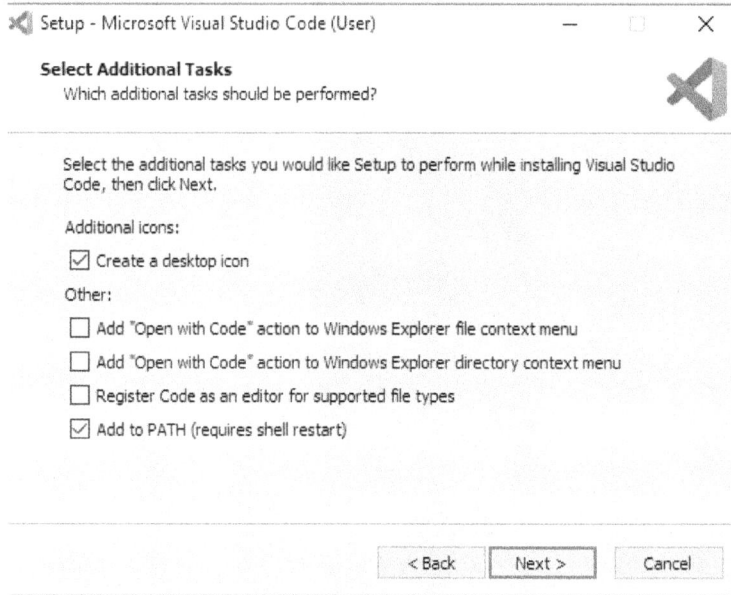

Après cela, cliquez sur le bouton **« Installer »**.

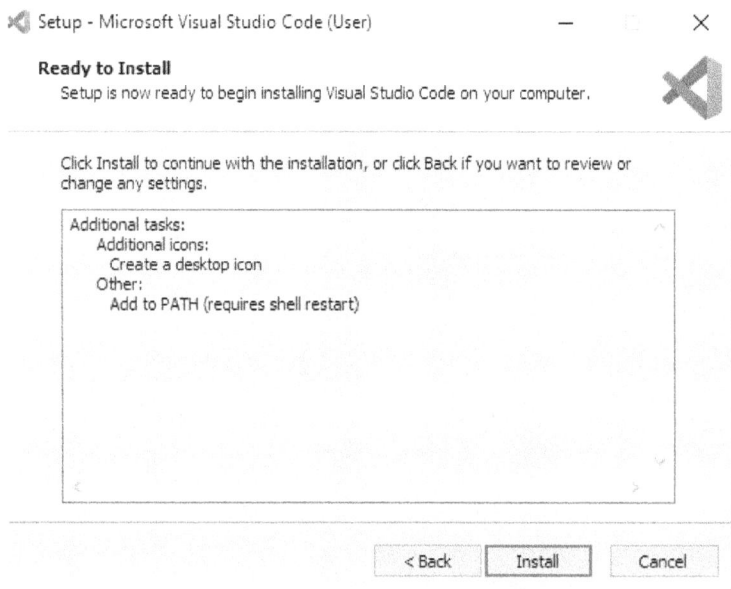

Enfin, une fois l'installation terminée, cliquez sur le bouton « Terminer » et Visual Studio Code s'ouvrira.

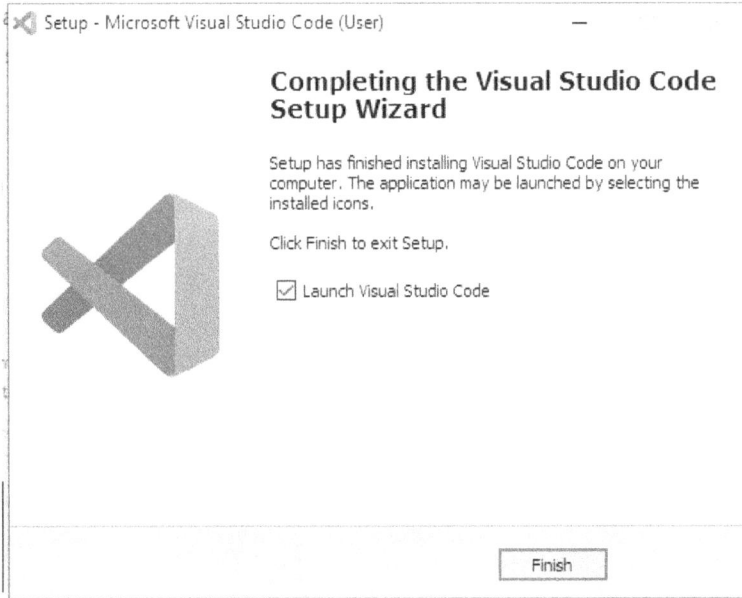

Par défaut, VS Code est installé dans C:\utilisateurs{nom d'utilisateur}\AppData\Local\Programs\Microsoft VS Code.

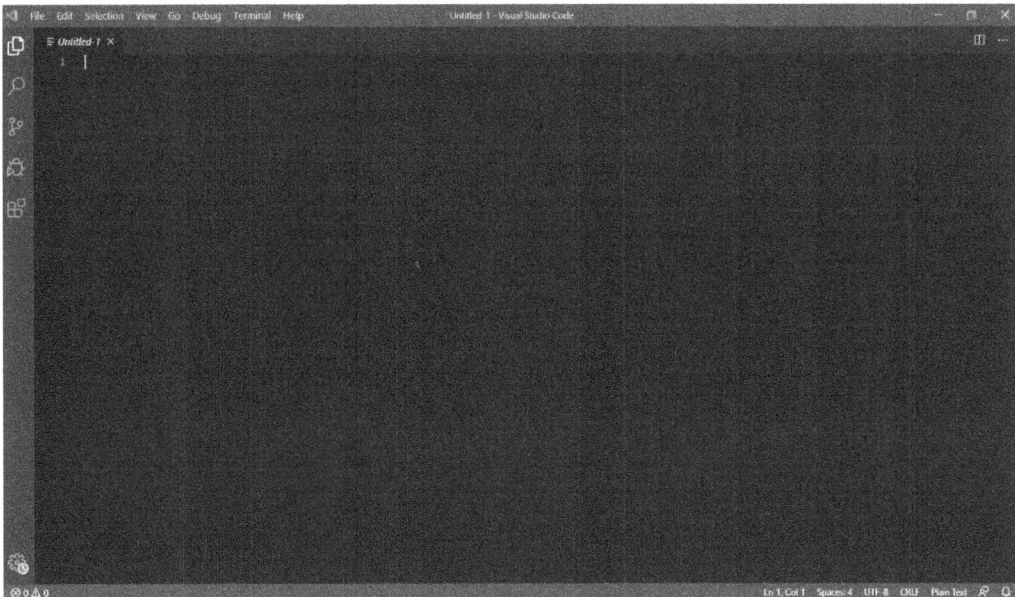

Après l'installation réussie, passons à la section suivante pour comprendre les différents composants de l'interface utilisateur de l'éditeur Visual Studio Code.

Quels sont les composants essentiels de VS Code ?

Visual Studio Code est un éditeur de code dans son essence. Comme de nombreux autres éditeurs de code, VS Code adopte une interface utilisateur et une disposition standard avec un explorateur à gauche, affichant tous les fichiers et dossiers auxquels vous avez accès. De plus, il dispose d'un éditeur à droite, affichant le contenu des fichiers que vous avez ouverts. Ci-dessous se trouvent quelques-uns des composants les plus critiques de l'éditeur VSCode :

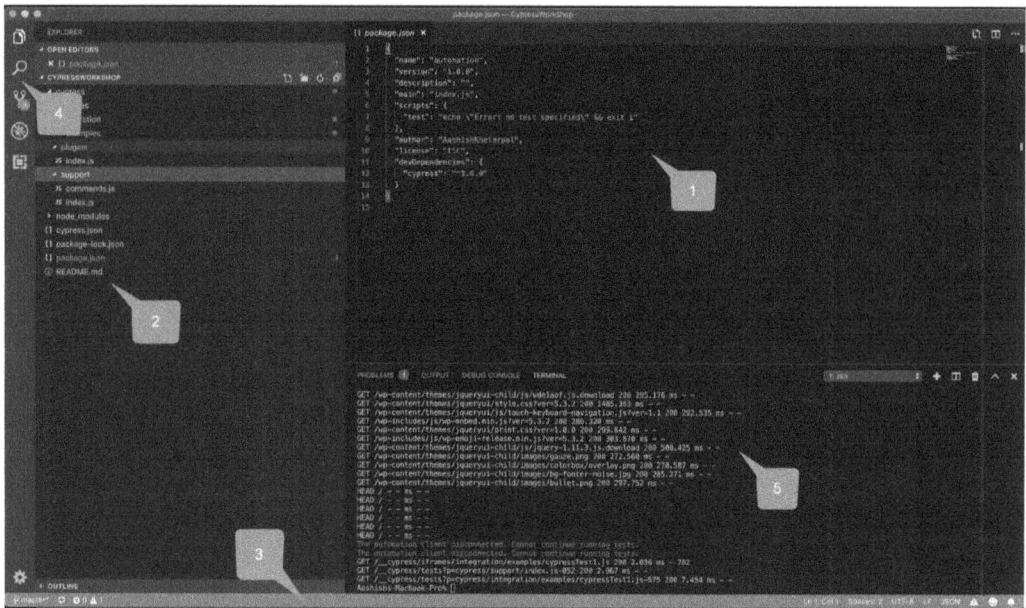

VS Code est livré avec une disposition simple et intuitive qui maximise l'espace fourni pour l'éditeur tout en laissant suffisamment d'espace pour naviguer. De plus, il permet d'accéder à tout le contexte de votre dossier ou projet. L'interface utilisateur est divisée en cinq zones, comme mis en évidence dans l'image ci-dessus.

1. **Éditeur :** C'est la zone principale pour éditer vos fichiers. Vous pouvez ouvrir autant d'éditeurs que possible les uns à côté des autres verticalement et horizontalement.

2. **Barre latérale :** Contient différentes vues comme l'Explorateur pour vous aider pendant que vous travaillez sur votre projet.

3. **Barre d'état :** Contient des informations sur le projet ouvert et les fichiers que vous éditez.

4. **Barre d'activité :** Se trouve à l'extrême gauche. Elle vous permet de basculer entre les vues et vous fournit des indicateurs supplémentaires spécifiques au contexte, comme le nombre de modifications sortantes lorsque Git est activé.

5. **Panneaux :** Affiche différents panneaux sous la zone de l'éditeur pour obtenir des informations de sortie ou de débogage, des erreurs et des avertissements, ou un terminal intégré. De plus, le panneau peut également être déplacé vers la droite pour obtenir plus d'espace vertical.

VS Code s'ouvre dans le même état qu'il était la dernière fois, chaque fois que vous le démarrez. Il conserve également le dossier, la disposition et les fichiers ouverts.

Jupyter Notebook

1. Pour installer Jupyter Notebook, ouvrez une invite de commandes (Windows) ou un terminal (macOS ou Linux) et exécutez la commande suivante :

2. pip install notebook

3. Une fois l'installation terminée, lancez Jupyter Notebook en exécutant la commande suivante :

4. jupyter notebook

Cela ouvrira une nouvelle fenêtre de navigateur avec l'interface de Jupyter Notebook.

5. Pour créer un nouveau carnet Python, cliquez sur « Nouveau » dans le coin supérieur droit et sélectionnez « Python 3 » (ou la version de Python correspondante) dans le menu déroulant.

6. Vous pouvez maintenant écrire du code Python dans les cellules du carnet et les exécuter en cliquant sur « Exécuter » ou en appuyant sur Shift+Entrée. Jupyter Notebook vous permet de mélanger code, texte et contenu multimédia, ce qui en fait un outil excellent pour l'exploration de données interactive et la documentation.

Avec Python installé et votre environnement de développement configuré, vous êtes maintenant prêt à commencer à écrire et à exécuter du code Python. Que vous soyez un programmeur expérimenté ou un débutant, la flexibilité du langage Python en fait un choix idéal pour un large éventail de projets. Tout au long de ce livre, vous pouvez choisir de travailler avec l'un de ces environnements de développement (PyCharm, Visual Studio Code ou Jupyter Notebook) selon votre préférence personnelle et la nature des projets sur lesquels vous travaillerez.

L'un des avantages de travailler avec Python est qu'il dispose d'une communauté large et active de développeurs qui créent constamment de nouvelles bibliothèques, modules et outils pouvant être utilisés pour étendre les capacités du langage. Avec autant de ressources disponibles, vous trouverez certainement les outils et les frameworks dont vous avez besoin pour aborder n'importe quel projet. De plus, Python est connu pour sa lisibilité et sa facilité d'utilisation, ce qui en fait un excellent choix pour les projets collaboratifs où plusieurs programmeurs travaillent sur la même base de code.

Chaque environnement de développement offre également des fonctionnalités et des avantages uniques pour vous aider à être plus productif et efficace dans votre programmation. Par exemple, PyCharm offre des outils de débogage avancés, tandis que Visual Studio Code dispose d'un puissant éditeur de code et Jupyter Notebook vous permet de créer des carnets interactifs qui combinent code, visualisations et documentation. Quel que soit l'environnement que vous choisissez, tous fournissent une base solide pour la programmation en Python et vous aideront à devenir un développeur plus compétent et efficace.

Chapitre 2 : Fondamentaux de Python

2.1 Syntaxe de Python

Python est connu pour sa syntaxe claire et facile à comprendre, ce qui en fait un langage idéal pour les programmeurs débutants. Au fur et à mesure que nous approfondissons la syntaxe de Python, vous remarquerez qu'elle met l'accent sur la lisibilité et la simplicité, vous permettant d'écrire du code efficace et facile à maintenir.

2.1.1 Indentation

L'un des aspects les plus importants de la syntaxe de Python est l'utilisation de l'indentation. Au lieu de s'appuyer sur des accolades {} ou d'autres symboles pour désigner les blocs de code, Python utilise l'indentation pour définir la structure du code. Cela impose un formatage cohérent et améliore la lisibilité du code.

En Python, vous devez indenter chaque niveau d'un bloc de code en utilisant des espaces ou des tabulations, avec une quantité constante d'espaces ou de tabulations pour chaque niveau. La convention la plus courante est d'utiliser 4 espaces par niveau d'indentation.

Considérez l'exemple suivant d'un bloc if-else :

```
x = 5

if x > 0:
    print("x is positive")
else:
    print("x is non-positive")
```

Ici, les instructions print("x est positif") et print("x est non positif") sont indentées pour indiquer qu'elles appartiennent aux blocs if et else, respectivement.

2.1.2 Commentaires

Les commentaires sont une partie essentielle de tout langage de programmation, car ils vous permettent d'ajouter des explications et des notes à votre code. En Python, vous pouvez créer des commentaires en utilisant le symbole dièse (#). Tout ce qui suit un # sur une ligne est considéré comme un commentaire et ne sera pas exécuté par l'interpréteur Python.

```
# This is a single-line comment

x = 5  # This is an inline comment

# You can also use comments to
# explain code over multiple lines
```

2.1.3 Variables

En Python, vous pouvez créer des variables en attribuant une valeur à un nom à l'aide du signe égal (=). Les noms de variables en Python doivent être descriptifs et respecter les règles suivantes :

- Ils doivent commencer par une lettre ou un trait de soulignement

- Ils ne peuvent contenir que des lettres, des chiffres ou des traits de soulignement

- Ils sont sensibles à la casse

Des exemples de noms de variables valides sont x, compteur, resultat et _temp.

```
name = "Alice"
age = 30
```

2.1.4 Instructions et expressions

Une instruction est une ligne de code unique qui effectue une action, tandis qu'une expression est une combinaison de valeurs, de variables et d'opérateurs qui peut être évaluée pour produire un résultat.

Exemples d'instructions :

```
x = 5  # assignment statement
print(x)  # function call statement
```

Exemples d'expressions :

```
3 + 4
x * 2
x > 0
```

2.1.5 Types de données de base et opérateurs

Python prend en charge plusieurs types de données intégrés, tels que les entiers, les flottants, les chaînes de caractères et les valeurs booléennes. Il fournit également une variété d'opérateurs pour effectuer des opérations arithmétiques, de comparaison et logiques.

Exemples :

```
# Arithmetic operations
x = 5 + 3  # addition
y = 7 - 2  # subtraction
z = 4 * 2  # multiplication
a = 9 / 3  # division

# Comparison operations
b = 5 > 3   # greater than
c = 4 < 2   # less than
d = 5 == 5  # equal to
e = 5 != 3  # not equal to

# Logical operations
f = True and False  # logical AND
g = True or False   # logical OR
h = not True        # logical NOT
```

Avec cette compréhension de base de la syntaxe Python, vous êtes maintenant équipé pour commencer à écrire des programmes et des expressions simples en Python. Au fur et à mesure que nous progresserons dans ce livre, nous développerons ces concepts fondamentaux pour explorer des sujets plus avancés, tels que les fonctions, les classes et les modules. Il est important de vous familiariser avec la syntaxe Python, car cela vous permettra d'écrire du code clair, efficace et facile à maintenir au fur et à mesure que vous développez des applications plus complexes.

N'oubliez pas que Python met l'accent sur la lisibilité et la simplicité, alors efforcez-vous toujours d'écrire du code facile à comprendre et à suivre. Cela rendra non seulement votre travail plus agréable, mais facilitera également la lecture et la collaboration d'autres personnes sur vos projets.

Exercice 2.1.1 : Calculer l'aire d'un rectangle

Dans cet exercice, vous allez écrire un programme Python simple qui calcule l'aire d'un rectangle. Vous allez pratiquer l'utilisation de la syntaxe Python, notamment les variables, les expressions et la fonction **print()**.

Instructions :

1. Créez un nouveau fichier Python ou ouvrez un interpréteur Python.

2. Déclarez une variable appelée longueur et attribuez-lui la valeur de la longueur du rectangle (par exemple, 10).

3. Déclarez une variable appelée largeur et attribuez-lui la valeur de la largeur du rectangle (par exemple, 5).

4. Calculez l'aire du rectangle en multipliant les variables longueur et largeur, et attribuez le résultat à une nouvelle variable appelée aire.

5. Utilisez la fonction print() pour afficher l'aire du rectangle.

Votre code final devrait ressembler à ceci :

```
length = 10
width = 5
area = length * width
print("The area of the rectangle is", area)
```

Lorsque vous exécutez votre programme, vous devriez voir une sortie similaire à la suivante :

```
The area of the rectangle is 50
```

N'hésitez pas à modifier les valeurs de longueur et de largeur pour tester votre programme avec différentes tailles de rectangle. Cet exercice vous aide à vous familiariser avec la syntaxe Python, y compris l'affectation de variables, les expressions arithmétiques et la fonction print().

Exercice 2.1.2 : Afficher un triangle

Dans cet exercice, vous allez écrire un programme Python qui affiche un motif de triangle simple en utilisant des astérisques. Vous allez pratiquer l'utilisation de la fonction print() et la syntaxe Python.

Instructions :

1. Créez un nouveau fichier Python ou ouvrez un interpréteur Python.

2. Utilisez la fonction print() pour afficher un motif de triangle avec la structure suivante :

```
  *
 ***
*****
```

Votre code final devrait ressembler à ceci :

```
print("  *  ")
print(" *** ")
print("*****")
```

Lorsque vous exécutez votre programme, vous devriez voir une sortie similaire à la suivante :

```
  *
 ***
*****
```

Exercice 2.1.3 : Afficher une table de multiplication

Dans cet exercice, vous allez écrire un programme Python qui affiche une table de multiplication pour un nombre donné. Vous allez pratiquer l'utilisation de la fonction print() et la syntaxe Python.

Instructions :

1. Créez un nouveau fichier Python ou ouvrez un interpréteur Python.

2. Déclarez une variable appelée nombre et attribuez-lui une valeur (par exemple, 7).

3. Utilisez la fonction print() pour afficher une table de multiplication pour le nombre donné, jusqu'à 10 fois le nombre donné.

Votre code final devrait ressembler à ceci :

```python
number = 7

print(f"{number} x 1 = {number * 1}")
print(f"{number} x 2 = {number * 2}")
print(f"{number} x 3 = {number * 3}")
print(f"{number} x 4 = {number * 4}")
print(f"{number} x 5 = {number * 5}")
print(f"{number} x 6 = {number * 6}")
print(f"{number} x 7 = {number * 7}")
print(f"{number} x 8 = {number * 8}")
print(f"{number} x 9 = {number * 9}")
print(f"{number} x 10 = {number * 10}")
```

Lorsque vous exécutez votre programme, vous devriez voir une sortie similaire à la suivante :

```
7 x 1 = 7
7 x 2 = 14
7 x 3 = 21
7 x 4 = 28
7 x 5 = 35
7 x 6 = 42
7 x 7 = 49
7 x 8 = 56
7 x 9 = 63
7 x 10 = 70
```

N'hésitez pas à modifier la variable nombre pour vous entraîner avec différentes tables de multiplication. Ces exercices vous aident à vous familiariser avec la syntaxe de Python et la fonction print().

2.2 Variables et Types de Données

Dans cette section, nous discuterons des variables et des types de données en Python. Les variables sont essentielles en programmation car elles vous permettent de stocker et de manipuler des données, tandis que les types de données définissent le type de donnée qui peut être stocké dans une variable.

2.2.1 Variables

Les variables en Python sont utilisées pour stocker des valeurs en vue d'une utilisation ultérieure dans votre programme. Une valeur est attribuée à une variable à l'aide de l'opérateur d'affectation (=). Le nom de la variable doit respecter certaines conventions de nomenclature :

- Commence par une lettre ou un trait de soulignement (_)
- Se compose de lettres, de chiffres ou de traits de soulignement
- Sensible à la casse

Exemples d'affectations de variables :

```
name = "John"
age = 25
_height = 175.5
```

Vous pouvez également effectuer plusieurs affectations sur une seule ligne :

```
x, y, z = 1, 2, 3
```

2.2.2 Types de données

Python possède plusieurs types de données intégrés qui vous permettent de travailler avec diverses formes de données. Voici quelques-uns des types de données les plus courants :

- **Entiers (int) :** Nombres entiers, comme 5, -3 ou 42.
- **Nombres à virgule flottante (float) :** Nombres décimaux, comme 3.14, -0.5 ou 1.0.
- **Chaînes de caractères (str) :** Séquences de caractères, comme "bonjour", 'monde' ou "Python est amusant !".
- **Booléens (bool) :** Valeurs logiques, soit True (Vrai) ou False (Faux).

Vous pouvez déterminer le type d'une valeur ou d'une variable en utilisant la fonction type() :

```
x = 42
print(type(x))  # Output: <class 'int'>

y = 3.14
```

```
print(type(y))  # Output: <class 'float'>

z = "Python"
print(type(z))  # Output: <class 'str'>

a = True
print(type(a))  # Output: <class 'bool'>
```

2.2.3 Conversion de types

Vous pouvez convertir entre différents types de données en utilisant les fonctions intégrées de Python, telles que int(), float(), str() et bool().

Exemples de conversion de types :

```
x = 5.5
y = int(x)  # Convert float to int, y becomes 5

a = 3
b = float(a)  # Convert int to float, b becomes 3.0

c = 42
d = str(c)  # Convert int to str, d becomes "42"

e = "123"
f = int(e)  # Convert str to int, f becomes 123
```

Il est important de noter que toutes les conversions ne sont pas possibles. Par exemple, convertir une chaîne non numérique en nombre entier ou décimal entraînera une ValueError.

Comprendre les variables et les types de données est crucial en programmation Python, car ils constituent la base pour manipuler les données et effectuer diverses opérations. Au fur et à mesure que vous progressez dans ce livre, vous rencontrerez des types de données plus avancés, tels que les listes, les dictionnaires et les tuples, qui vous permettront de travailler avec des structures de données plus complexes.

Exercice 2.2.1 : Convertisseur de Celsius en Fahrenheit

Dans cet exercice, vous allez écrire un programme Python qui convertit une température en degrés Celsius en degrés Fahrenheit. Vous allez pratiquer l'utilisation de variables, de types de données, d'expressions et de la fonction print().

Instructions :

1. Créez un nouveau fichier Python ou ouvrez un interpréteur Python.

2. Déclarez une variable appelée celsius et attribuez-lui la valeur de la température en degrés Celsius (par exemple, 30).

3. Calculez la température en degrés Fahrenheit en utilisant la formule fahrenheit = (celsius * 9/5) + 32, et attribuez le résultat à une nouvelle variable appelée fahrenheit.

4. Utilisez la fonction print() pour afficher la température en degrés Fahrenheit, formatée comme une chaîne de caractères avec le symbole de degré (°F).

Votre code final devrait ressembler à ceci :

```
celsius = 30
fahrenheit = (celsius * 9/5) + 32
print(f"{celsius}°C is equal to {fahrenheit}°F")
```

Lorsque vous exécutez votre programme, vous devriez voir une sortie similaire à la suivante :

```
30°C is equal to 86.0°F
```

N'hésitez pas à modifier la valeur de celsius pour tester votre programme avec différentes températures. Cet exercice vous aide à vous familiariser avec les variables, les types de données, les expressions arithmétiques et la fonction print() avec les f-strings pour la sortie formatée.

Exercice 2.2.2 : Calculer l'aire et le périmètre d'un rectangle

Dans cet exercice, vous allez écrire un programme Python qui calcule l'aire et le périmètre d'un rectangle. Vous allez pratiquer l'utilisation de variables et de types de données.

Instructions :

1. Créez un nouveau fichier Python ou ouvrez un interpréteur Python.

2. Déclarez deux variables : length et width. Attribuez-leur des valeurs appropriées (par exemple, 5 et 3, respectivement).

3. Calculez l'aire du rectangle en utilisant la formule aire = length * width, et attribuez le résultat à une variable appelée aire.

4. Calculez le périmètre du rectangle en utilisant la formule périmètre = 2 * (length + width), et attribuez le résultat à une variable appelée périmètre.

5. Utilisez la fonction print() pour afficher l'aire et le périmètre calculés du rectangle.

Votre code final devrait ressembler à ceci :

```
length = 5
width = 3

area = length * width
perimeter = 2 * (length + width)
```

```
print(f"The area of a rectangle with length {length} and width {width} is {area}")
print(f"The perimeter of a rectangle with length {length} and width {width} is {perimeter}")
```

Lorsque vous exécutez votre programme, vous devriez voir une sortie similaire à la suivante :

```
The area of a rectangle with length 5 and width 3 is 15
The perimeter of a rectangle with length 5 and width 3 is 16
```

N'hésitez pas de modifier les variables longueur et largeur pour vous entraîner avec différentes dimensions de rectangles. Cet exercice vous aide à vous familiariser avec les variables et les types de données en Python.

Exercice 2.2.3 : Calculatrice d'intérêt simple

Dans cet exercice, vous allez écrire un programme Python qui calcule l'intérêt simple gagné sur un investissement. Vous allez pratiquer l'utilisation de variables et de types de données.

Instructions :

1. Créez un nouveau fichier Python ou ouvrez un interpréteur Python.

2. Déclarez trois variables : **principal**, **rate** et **time**. Attribuez-leur des valeurs appropriées (par exemple, 1000, 0.05 et 3, respectivement).

3. Calculez l'intérêt simple en utilisant la formule **simple_interest = principal * rate * time**, et attribuez le résultat à une variable nommée **simple_interest**.

4. Utilisez la fonction **print()** pour afficher l'intérêt simple calculé.

Votre code final devrait ressembler à ceci :

Dans cet exercice, vous allez écrire un programme Python qui calcule l'intérêt simple gagné sur un investissement. Vous allez pratiquer l'utilisation de variables et de types de données.

Instructions :

1. Créez un nouveau fichier Python ou ouvrez un interpréteur Python.

2. Déclarez trois variables : principal, rate et time. Attribuez des valeurs appropriées (par exemple, 1000, 0.05 et 3, respectivement).

3. Calculez l'intérêt simple en utilisant la formule interêt_simple = principal *rate* time, et attribuez le résultat à une variable appelée simple_interest.

4. Utilisez la fonction print() pour afficher l'intérêt simple calculé.

Votre code final devrait ressembler à ceci :

```
principal = 1000
rate = 0.05
time = 3
```

```
simple_interest = principal * rate * time

print(f"The simple interest earned on an investment of ${principal} at a rate of {rate
* 100}% over {time} years is ${simple_interest}")
```

Lorsque vous exécutez votre programme, vous devriez voir une sortie similaire à la suivante :

```
The simple interest earned on an investment of $1000 at a rate of 5.0% over 3 years
is $150.0
```

N'hésitez pas de modifier les variables pour vous entraîner avec différents scénarios d'investissement. Ces exercices vous aident à vous familiariser avec les variables et les types de données en Python.

2.3 Opérateurs

Dans cette section, nous aborderons les différents opérateurs disponibles en Python. Les opérateurs sont des symboles spéciaux qui vous permettent d'effectuer des opérations sur des valeurs et des variables. Python prend en charge plusieurs types d'opérateurs, notamment arithmétiques, de comparaison, d'affectation, logiques et bit à bit.

2.3.1 Opérateurs arithmétiques

Les opérateurs arithmétiques sont utilisés pour effectuer des opérations mathématiques de base sur des valeurs.

- Addition (+) : additionne deux valeurs.

- Soustraction (-) : soustrait la valeur de droite de la valeur de gauche.

- Multiplication (**) : multiplie deux valeurs.*

- *Division (/) : divise la valeur de gauche par la valeur de droite, donnant comme résultat un float.*

- *Division entière (//) : divise la valeur de gauche par la valeur de droite, arrondissant vers le bas à l'entier le plus proche.*

- *Modulo (%) : renvoie le reste de la division de la valeur de gauche par la valeur de droite.*

- *Exponentiation (**) : élève la valeur de gauche à la puissance de la valeur de droite.*

```
x = 5
y = 2

print(x + y)   # Output: 7
print(x - y)   # Output: 3
```

```
print(x * y)  # Output: 10
print(x / y)  # Output: 2.5
print(x // y) # Output: 2
print(x % y)  # Output: 1
print(x ** y) # Output: 25
```

2.3.2 Opérateurs de comparaison

Les opérateurs de comparaison sont utilisés pour comparer des valeurs et renvoyer un résultat booléen (True ou False).

- Égal à (==) : vérifie si deux valeurs sont égales.

- Différent de (!=) : vérifie si deux valeurs ne sont pas égales.

- Supérieur à (>) : vérifie si la valeur de gauche est supérieure à la valeur de droite.

- Inférieur à (<) : vérifie si la valeur de gauche est inférieure à la valeur de droite.

- Supérieur ou égal à (>=) : vérifie si la valeur de gauche est supérieure ou égale à la valeur de droite.

- Inférieur ou égal à (<=) : vérifie si la valeur de gauche est inférieure ou égale à la valeur de droite.

```
x = 5
y = 2

print(x == y) # Output: False
print(x != y) # Output: True
print(x > y)  # Output: True
print(x < y)  # Output: False
print(x >= y) # Output: True
print(x <= y) # Output: False
```

2.3.3 Opérateurs d'affectation

Les opérateurs d'affectation sont utilisés pour affecter des valeurs aux variables. L'opérateur d'affectation de base est =, mais il existe également des opérateurs d'affectation composés qui effectuent une opération et une affectation en une seule étape.

- += : ajoute la valeur de droite à la variable de gauche et affecte le résultat à la variable de gauche.

- -= : soustrait la valeur de droite de la variable de gauche et affecte le résultat à la variable de gauche.

- *= : multiplie la variable de gauche par la valeur de droite et affecte le résultat à la variable de gauche.

- /= : divise la variable de gauche par la valeur de droite et affecte le résultat à la variable de gauche.

- //= : effectue une division entière de la variable de gauche par la valeur de droite et affecte le résultat à la variable de gauche.

- %= : calcule le modulo de la variable de gauche divisée par la valeur de droite et affecte le résultat à la variable de gauche.

- **= : élève la variable de gauche à la puissance de la valeur de droite et affecte le résultat à la variable de gauche.

```
x = 5

x += 3  # Same as x = x + 3, x becomes 8
x -= 2  # Same as x = x - 2, x becomes 6
x *= 4  # Same as x = x * 4, x becomes 24
x /= 3  # Same as x = x / 3, x becomes 8.0
x //= 2 # Same as x = x // 2, x becomes 4.0
x %= 3  # Same as x = x % 3, x becomes 1.0
x **= 2 # Same as x = x ** 2, x becomes 1.0
```

2.3.4 Opérateurs logiques

Les opérateurs logiques sont utilisés pour combiner des expressions booléennes et renvoyer un résultat booléen (True ou False).

- **and** : Renvoie **True** si les deux expressions sont vraies, sinon renvoie **False**.

- **or** : Renvoie **True** si au moins une des expressions est vraie, sinon renvoie **False**.

- **not** : Renvoie **True** si l'expression est fausse, et **False** si l'expression est vraie.

```
x = True
y = False

print(x and y)  # Output: False
print(x or y)   # Output: True
print(not x)    # Output: False
```

2.3.5 Opérateurs bit à bit

Les opérateurs bit à bit effectuent des opérations sur la représentation binaire des nombres entiers.

- AND bit à bit (&) : Effectue une opération AND au niveau des bits entre deux nombres entiers.

- OR bit à bit (|) : Effectue une opération OR au niveau des bits entre deux nombres entiers.

- XOR bit à bit (^) : Effectue une opération XOR au niveau des bits entre deux nombres entiers.

- NOT bit à bit (~) : Inverse les bits d'un nombre entier.

- Décalage à gauche (<<) : Décale les bits d'un nombre entier vers la gauche d'un nombre spécifique de positions.

- Décalage à droite (>>) : Décale les bits d'un nombre entier vers la droite d'un nombre spécifique de positions.

```
x = 5  # Binary: 0101
y = 3  # Binary: 0011

print(x & y)   # Output: 1 (Binary: 0001)
print(x | y)   # Output: 7 (Binary: 0111)
print(x ^ y)   # Output: 6 (Binary: 0110)
print(~x)      # Output: -6 (Binary: 1010)
print(x << 2)  # Output: 20 (Binary: 10100)
print(x >> 1)  # Output: 2 (Binary: 0010)
```

Comprendre les différents opérateurs en Python vous permettra d'effectuer des opérations complexes avec vos données et de créer des programmes plus sophistiqués. Au fur et à mesure que vous progresserez dans ce livre, vous découvrirez de nombreuses applications pratiques de ces opérateurs dans diverses tâches et défis de programmation.

Exercice 2.3.1 : Opérations arithmétiques simples

Dans cet exercice, vous écrirez un programme en Python qui effectue des opérations arithmétiques de base (addition, soustraction, multiplication et division) sur deux nombres. Vous pratiquerez l'utilisation des opérateurs et de la fonction print().

Instructions :

1. Créez un nouveau fichier Python ou ouvrez un interpréteur Python.

2. Déclarez deux variables, **num1** et **num2**, et assignez-leur des valeurs numériques (par exemple, 10 et 5).

3. Calculez la somme, la différence, le produit et le quotient de **num1** et **num2**, et assignez les résultats aux variables **sum**, **difference**, **product** et **quotient**, respectivement.

4. Utilisez la fonction print() pour afficher les résultats des opérations arithmétiques.

Votre code final devrait ressembler à ceci :

```
num1 = 10
num2 = 5

sum = num1 + num2
```

```
difference = num1 - num2
product = num1 * num2
quotient = num1 / num2

print(f"Sum: {sum}")
print(f"Difference: {difference}")
print(f"Product: {product}")
print(f"Quotient: {quotient}")
```

Lorsque vous exécutez votre programme, vous devriez voir une sortie similaire à la suivante :

```
Sum: 15
Difference: 5
Product: 50
Quotient: 2.0
```

Cet exercice vous aide à vous familiariser avec les opérateurs et la fonction print() en Python.

Exercice 2.3.2 : Maximum de deux nombres

Dans cet exercice, vous écrirez un programme en Python qui trouve le maximum de deux nombres saisis par l'utilisateur. Vous pratiquerez l'utilisation de l'entrée de données, de la sortie et des opérateurs.

Instructions :

1. Créez un nouveau fichier Python ou ouvrez un interpréteur Python.

2. Utilisez la fonction **input()** pour demander à l'utilisateur de saisir deux nombres et assignez les résultats aux variables **num1** et **num2**. N'oubliez pas de convertir l'entrée au type de données approprié (par exemple, float ou int).

3. Utilisez l'opérateur approprié pour trouver le maximum des deux nombres et assignez le résultat à une variable appelée **max_num**.

4. Utilisez la fonction **print()** pour afficher à l'écran le maximum des deux nombres.

Votre code final devrait ressembler à ceci :

```
num1 = float(input("Enter the first number: "))
num2 = float(input("Enter the second number: "))

max_num = num1 if num1 > num2 else num2

print(f"The maximum of {num1} and {num2} is {max_num}")
```

Lorsque vous exécutez votre programme, vous devriez voir une sortie similaire à la suivante (en fonction de l'entrée de l'utilisateur) :

```
Enter the first number: 6.5
Enter the second number: 4.2
The maximum of 6.5 and 4.2 is 6.5
```

Exercice 2.3.3 : Calculer la distance entre deux points

Dans cet exercice, vous écrirez un programme en Python qui calcule la distance entre deux points dans un plan 2D en utilisant leurs coordonnées. Vous pratiquerez l'utilisation de variables, de types de données et d'opérateurs.

Instructions :

1. Créez un nouveau fichier Python ou ouvrez un interpréteur Python.

2. Déclarez quatre variables : **x1**, **y1**, **x2** et **y2**. Assignez-leur des coordonnées appropriées (par exemple, 3, 4, 6 et 8, respectivement).

3. Calculez la distance entre les deux points en utilisant la formule de la distance **distance = ((x2 - x1) ** 2 + (y2 - y1) ** 2) ** 0.5**, et assignez le résultat à une variable nommée **distance**.

4. Utilisez la fonction **print()** pour afficher la distance calculée entre les deux points.

Votre code final devrait ressembler à ceci :

Instructions :

1. Créez un nouveau fichier Python ou ouvrez un interpréteur Python.

2. Déclarez quatre variables : x1, y1, x2, y2. Assignez les coordonnées appropriées (par exemple, 3, 4, 6 et 8, respectivement).

3. Calculez la distance entre les deux points en utilisant la formule de la distance : distance = ((x2 - x1) **2 + (y2 - y1)** 2) ** 0.5, et assignez le résultat à une variable appelée distance.

4. Utilisez la fonction print() pour afficher la distance calculée entre les deux points.

Votre code final devrait ressembler à ceci :

```
x1, y1 = 3, 4
x2, y2 = 6, 8

distance = ((x2 - x1) ** 2 + (y2 - y1) ** 2) ** 0.5

print(f"The distance between point A({x1}, {y1}) and point B({x2}, {y2}) is
{distance:.2f}")
```

Lorsque vous exécutez le programme, vous devriez voir une sortie similaire à la suivante :

```
The distance between point A(3, 4) and point B(6, 8) is 5.00
```

N'hésite pas à modifier les variables pour pratiquer avec différentes coordonnées. Ces exercices t'aident à te familiariser avec les opérateurs en Python.

2.4 Conversion de types

Dans cette section, nous aborderons la conversion de types en Python. La conversion de types, également connue sous le nom de transtypage, est le processus de conversion d'une valeur d'un type de données à un autre. En Python, tu peux utiliser des fonctions intégrées pour effectuer des conversions de types explicites. Il est important de comprendre comment convertir entre différents types de données car certaines opérations peuvent ne fonctionner qu'avec des types spécifiques, ou tu devras peut-être t'assurer que tes données sont dans un format approprié pour une fonction particulière.

2.4.1 Fonctions de base de conversion de types

Voici quelques-unes des fonctions de conversion de types les plus utilisées en Python :

- **int() :** Convertit une valeur en un entier. Cette fonction peut être utilisée pour convertir des flottants en entiers ou des chaînes numériques en entiers.

- **float() :** Convertit une valeur en un nombre à virgule flottante. Cette fonction peut être utilisée pour convertir des entiers en flottants ou des chaînes numériques en flottants.

- **str() :** Convertit une valeur en une chaîne de caractères. Cette fonction peut être utilisée pour convertir des entiers, des flottants ou d'autres types en chaînes.

- **bool() :** Convertit une valeur en un booléen. Cette fonction peut être utilisée pour convertir des entiers, des flottants, des chaînes ou d'autres types en valeurs booléennes.

Exemples de conversion de types :

```
x = 5.5
y = int(x)  # Convert float to int, y becomes 5

a = 3
b = float(a)  # Convert int to float, b becomes 3.0

c = 42
d = str(c)  # Convert int to str, d becomes "42"

e = "123"
f = int(e)  # Convert str to int, f becomes 123

g = "True"
h = bool(g)  # Convert str to bool, h becomes True
```

2.4.2 Limitations de la conversion de types

Toutes les conversions de types ne sont pas valides ou possibles. Par exemple, si vous essayez de convertir une chaîne qui n'est pas numérique en un entier ou un flottant, une 'ValueError' sera générée :

```
s = "hello"
i = int(s)  # Raises a ValueError: invalid literal for int() with base 10: 'hello'
```

Il est important d'être conscient des limitations et des restrictions des conversions de types pour éviter les erreurs dans votre code. Assurez-vous toujours que la valeur que vous essayez de convertir est compatible avec le type de données cible.

2.4.3 Conversion de types implicite

Python effectue également des conversions de types implicites, également connues sous le nom de "coercition de types", dans certaines situations. La conversion de types implicite se produit lorsque l'interpréteur convertit automatiquement un type de données en un autre sans que le programmeur ne demande explicitement la conversion.

Par exemple, lorsque vous effectuez des opérations arithmétiques entre des entiers et des flottants, Python convertit automatiquement l'entier en flottant avant d'effectuer l'opération :

```
x = 5    # int
y = 2.0  # float

result = x + y  # Python implicitly converts x to a float: 5.0 + 2.0
print(result)  # Output: 7.0
```

Dans certains cas, la conversion de types implicite peut entraîner des résultats inattendus ou une perte de précision, il est donc essentiel de comprendre comment Python gère les différents types de données dans divers contextes.

Comprendre la conversion de types en Python est fondamental pour travailler avec différents types de données et garantir que vos données sont dans le format approprié. Au fur et à mesure que vous progresserez dans ce livre, vous rencontrerez diverses situations où la conversion de types est nécessaire ou utile pour résoudre des défis de programmation et travailler avec des structures de données complexes.

Exercice 2.4.1 : Calculatrice de prix de la liste de courses

Dans cet exercice, vous écrirez un programme en Python qui calcule le prix total des articles dans une liste de courses. Vous pratiquerez l'utilisation de la conversion de types, des opérations arithmétiques et de la fonction print().

Instructions :

1. Créez un nouveau fichier Python ou ouvrez un interpréteur Python.

2. Déclarez trois variables, item1, item2 et item3, représentant les prix de trois articles dans la liste de courses (par exemple, 4.99, 2.75 et 1.25). Utilisez des valeurs flottantes pour les prix.

3. Calculez le prix total en additionnant les prix des trois articles et assignez le résultat à une variable appelée total_price.

4. Convertissez le total_price en une chaîne et arrondissez le résultat à deux décimales en utilisant la fonction round(). Assignez le résultat à une variable appelée formatted_total.

5. Utilisez la fonction print() pour afficher le prix total de la liste de courses.

Votre code final devrait ressembler à ceci :

```python
item1 = 4.99
item2 = 2.75
item3 = 1.25

total_price = item1 + item2 + item3
formatted_total = round(total_price, 2)

print(f"The total price of the shopping list is ${formatted_total}")
```

Lorsque vous exécutez votre programme, vous devriez voir une sortie similaire à la suivante :

```
The total price of the shopping list is $9.0
```

N'hésite pas à modifier les prix des articles pour tester ton programme avec différents articles de la liste de courses. Cet exercice t'aide à te familiariser avec la conversion de types, les opérations arithmétiques et la fonction print() en Python.

Exercice 2.4.2 : Calculer la moyenne de trois nombres

Dans cet exercice, tu écriras un programme en Python qui calcule la moyenne de trois nombres saisis par l'utilisateur. Tu pratiqueras l'utilisation de l'entrée, de la sortie, de la conversion de types et des opérateurs arithmétiques.

Instructions :

1. Crée un nouveau fichier Python ou ouvre un interpréteur Python.

2. Utilise la fonction input() pour demander à l'utilisateur de saisir trois nombres et assigne les résultats aux variables num1, num2 et num3. N'oublie pas de convertir l'entrée au type de données approprié (par exemple, float ou int).

3. Calcule la moyenne des trois nombres en utilisant la formule average = (num1 + num2 + num3) / 3, et assigne le résultat à une variable appelée average.

4. Utilise la fonction print() pour afficher la moyenne calculée.

Ton code final devrait ressembler à ceci :

```
num1 = float(input("Enter the first number: "))
num2 = float(input("Enter the second number: "))
num3 = float(input("Enter the third number: "))

average = (num1 + num2 + num3) / 3

print(f"The average of {num1}, {num2}, and {num3} is {average:.2f}")
```

Lorsque vous exécutez votre programme, vous devriez voir une sortie similaire à la suivante (en fonction de l'entrée de l'utilisateur) :

```
Enter the first number: 4
Enter the second number: 6
Enter the third number: 8
The average of 4.0, 6.0, and 8.0 is 6.00
```

Exercice 2.4.3 : Convertir des secondes en heures, minutes et secondes

Dans cet exercice, tu écriras un programme en Python qui convertit une quantité de secondes donnée en heures, minutes et secondes. Tu pratiqueras l'utilisation de variables, la conversion de types et les opérateurs arithmétiques.

Instructions :

1. Crée un nouveau fichier Python ou ouvre un interpréteur Python.

2. Utilise la fonction input() pour demander à l'utilisateur de saisir un nombre de secondes et assigne le résultat à une variable appelée total_seconds. N'oublie pas de convertir l'entrée au type de données approprié (par exemple, int).

3. Calcule le nombre d'heures, de minutes et de secondes restantes en utilisant les formules suivantes :

   o hours = total_seconds // 3600

   o minutes = (total_seconds % 3600) // 60

   o seconds = total_seconds % 60

4. Utilise la fonction print() pour afficher le résultat en heures, minutes et secondes.

Ton code final devrait ressembler à ceci :

```
total_seconds = int(input("Enter the number of seconds: "))

hours = total_seconds // 3600
minutes = (total_seconds % 3600) // 60
```

```
seconds = total_seconds % 60

print(f"{total_seconds} seconds is equal to {hours} hours, {minutes} minutes, and
{seconds} seconds.")
```

Lorsque vous exécutez votre programme, vous devriez voir une sortie similaire à la suivante (en fonction de la saisie de l'utilisateur) :

```
Enter the number of seconds: 3666
3666 seconds is equal to 1 hours, 1 minutes, and 6 seconds.
```

Ces exercices vous aident à vous familiariser avec la conversion de types en Python.

2.5 Entrée et sortie

Dans cette section, nous discuterons des opérations d'entrée et de sortie de base en Python. Être capable d'interagir avec les utilisateurs et d'afficher des informations est crucial pour créer des applications interactives et présenter les résultats de votre code.

2.5.1 Sortie : La fonction print()

La fonction print() est l'une des fonctions les plus utilisées en Python pour afficher la sortie. Elle écrit du texte dans la console, ce qui vous permet de présenter des informations aux utilisateurs ou de déboguer votre code. Vous pouvez passer un ou plusieurs arguments à la fonction print(), séparés par des virgules. Par défaut, la fonction print() ajoute un caractère de nouvelle ligne à la fin de la sortie.

Exemples d'utilisation de la fonction print() :

```
print("Hello, World!")  # Output: Hello, World!

x = 5
y = 3
print("The sum of", x, "and", y, "is", x + y)  # Output: The sum of 5 and 3 is 8
```

Vous pouvez également personnaliser la fonction print() en utilisant ses paramètres optionnels, tels que sep (séparateur) et end. Par exemple :

```
print("A", "B", "C", sep=", ")  # Output: A, B, C
print("Hello", end="! ")         # Output: Hello! (no newline)
```

2.5.2 Entrée : La fonction input()

La fonction input() est utilisée pour lire la saisie de l'utilisateur depuis la console. Elle accepte un seul argument optionnel, qui est le message qui sera affiché à l'utilisateur. La fonction renvoie la saisie de l'utilisateur sous forme de chaîne de caractères.

Exemples d'utilisation de la fonction input() :

```
name = input("Enter your name: ")
print("Hello, " + name + "!")  # Output: Hello, [user's input]!
```

Étant donné que la fonction input() renvoie toujours une chaîne de caractères, vous devrez peut-être effectuer une conversion de type si vous attendez un type de données différent. Par exemple :

```
age_str = input("Enter your age: ")
age = int(age_str)  # Convert the user input to an integer
print("In one year, you will be", age + 1, "years old.")  # Output: In one year, you
will be [age+1] years old.
```

2.5.3 Formatage de la sortie : f-strings, str.format() et %-formatting

Python fournit plusieurs méthodes pour formater les chaînes de sortie, ce qui facilite la création de messages bien formatés et lisibles.

- f-strings (Python 3.6 et versions ultérieures) : Les f-strings, ou « littéraux de chaîne formatés », vous permettent d'intégrer des expressions et des variables directement dans des littéraux de chaîne, en utilisant des accolades {}. Pour créer une f-string, ajoutez un préfixe f ou F avant le littéral de chaîne.

  Exemple d'utilisation des f-strings :

  ```
  name = "Alice"
  age = 30
  print(f"{name} is {age} years old.")  # Output: Alice is 30 years old.
  ```

- **str.format()** : La méthode **str.format()** vous permet d'insérer des marqueurs de position dans une chaîne, qui seront remplacés par des valeurs spécifiques lorsque la méthode est appelée. Les marqueurs de position sont entourés d'accolades **{}** et peuvent inclure des spécifications de format optionnelles.

  Exemple d'utilisation de **str.format()** :

  ```
  name = "Bob"
  age = 25
  print("{} is {} years old.".format(name, age))  # Output: Bob is 25 years old.
  ```

- **%-formatting :** L'opérateur **%** peut être utilisé pour le formatage de chaînes, de manière similaire à la syntaxe utilisée dans la fonction **printf()** du C. Cette méthode utilise des marqueurs de position dans la chaîne, qui sont remplacés par des valeurs spécifiques. Les marqueurs de position commencent par un caractère %, suivi d'un spécificateur de format.

Exemple d'utilisation du %-formatting :

```
name = "Charlie"
age = 22
print("%s is %d years old." % (name, age))  # Output: Charlie is 22 years old.
```

Quelques spécificateurs de format courants incluent :

- **%s** : Chaîne de caractères
- **%d** : Entier
- **%f** : Nombre à virgule flottante

Notez que le %-formatting est considéré comme moins lisible et moins flexible par rapport aux **f-strings** et à **str.format()**, et n'est pas recommandé pour le nouveau code Python.

Comprendre les opérations d'entrée et de sortie en Python est essentiel pour créer des applications interactives et présenter les résultats de votre code. Au fur et à mesure que vous progresserez dans ce livre, vous apprendrez des techniques plus avancées pour formater la sortie, gérer les fichiers et travailler avec des flux de données afin de créer des applications plus complexes et polyvalentes.

Exercice 2.5.1 : Salutation personnalisée

Dans cet exercice, vous écrirez un programme en Python qui demande à l'utilisateur son nom et son âge, puis affiche une salutation personnalisée. Vous pratiquerez l'utilisation de l'entrée, de la sortie et de la conversion de types.

Instructions :

1. Créez un nouveau fichier Python ou ouvrez un interpréteur Python.

2. Utilisez la fonction **input()** pour demander à l'utilisateur d'entrer son nom et assignez le résultat à une variable appelée **name**.

3. Utilisez à nouveau la fonction **input()** pour demander à l'utilisateur d'entrer son âge. N'oubliez pas de convertir l'entrée au type de données approprié (par exemple, int) et assignez le résultat à une variable appelée age.

4. Calculez l'année de naissance de l'utilisateur en utilisant l'année actuelle moins l'âge de l'utilisateur, et assignez le résultat à une variable appelée **birth_year**.

5. Utilisez la fonction **print()** pour afficher une salutation personnalisée, incluant le nom de l'utilisateur et l'année de naissance.

Votre code final devrait ressembler à ceci :

```python
name = input("Enter your name: ")
age = int(input("Enter your age: "))

current_year = 2023  # Replace with the current year
birth_year = current_year - age

print(f"Hello, {name}! You were born in {birth_year}.")
```

Lorsque vous exécutez votre programme, vous devriez voir une sortie similaire à la suivante (selon l'entrée de l'utilisateur) :

```
Enter your name: Jane
Enter your age: 25
Hello, Jane! You were born in 1998.
```

Exercice 2.5.2 : Formulaire d'informations personnelles

Dans cet exercice, vous écrirez un programme en Python qui demande à l'utilisateur de saisir ses informations personnelles, puis les affiche. Vous pratiquerez l'utilisation de l'entrée, de la sortie et du formatage de chaînes.

Instructions :

1. Créez un nouveau fichier Python ou ouvrez un interpréteur Python.

2. Utilisez la fonction input() pour demander à l'utilisateur de saisir son prénom, son nom, son âge et son adresse e-mail. Assignez les résultats aux variables first_name, last_name, age et email.

3. Utilisez la fonction print() et le formatage de chaînes pour afficher les informations saisies dans un format facile à lire.

Votre code final devrait ressembler à ceci :

```python
first_name = input("Enter your first name: ")
last_name = input("Enter your last name: ")
age = input("Enter your age: ")
email = input("Enter your email address: ")

print(f"Name: {first_name} {last_name}\\nAge: {age}\\nEmail: {email}")
```

Lorsque vous exécutez votre programme, vous devriez voir une sortie similaire à la suivante (selon l'entrée de l'utilisateur) :

```
Enter your first name: John
Enter your last name: Doe
Enter your age: 30
Enter your email address: john.doe@example.com
Name: John Doe
Age: 30
Email: john.doe@example.com
```

Exercice 2.5.3 : Calculer l'aire et la circonférence d'un cercle

Dans cet exercice, vous écrirez un programme en Python qui calcule l'aire et la circonférence d'un cercle en utilisant son rayon. Vous pratiquerez l'utilisation de l'entrée, de la sortie, des variables, des opérateurs arithmétiques et du module math.

Instructions :

1. Créez un nouveau fichier Python ou ouvrez un interpréteur Python.

2. Importez le module math en ajoutant la ligne import math au début de votre code.

3. Utilisez la fonction input() pour demander à l'utilisateur de saisir le rayon d'un cercle et assignez le résultat à une variable appelée radius. N'oubliez pas de convertir l'entrée au type de données approprié (par exemple, float).

4. Calculez l'aire et la circonférence du cercle en utilisant les formules suivantes :

   o **area = math.pi * radius ** 2**

   o **circumference = 2 * math.pi * radius**

5. Utilisez la fonction print() pour afficher l'aire et la circonférence calculées du cercle.

Votre code final devrait ressembler à ceci :

```
import math

radius = float(input("Enter the radius of the circle: "))

area = math.pi * radius ** 2
circumference = 2 * math.pi * radius

print(f"The area of a circle with radius {radius} is {area:.2f}")
print(f"The circumference of a circle with radius {radius} is {circumference:.2f}")
```

Lorsque vous exécutez votre programme, vous devriez voir une sortie similaire à la suivante (selon l'entrée de l'utilisateur) :

```
Enter the radius of the circle: 5
The area of a circle with radius 5.0 is 78.54
The circumference of a circle with radius 5.0 is 31.42
```

Chapitre 3 : Structures de données

Bienvenue au Chapitre 3, « Structures de données ». Dans ce chapitre, nous explorerons certaines des structures de données les plus utilisées en Python, telles que les listes, les tuples, les ensembles et les dictionnaires. Comprendre ces structures de données est essentiel pour organiser, traiter et stocker des données de manière efficace dans vos programmes Python.

Python fournit une variété de structures de données qui peuvent être utilisées pour stocker différents types de données, tels que des entiers, des chaînes de caractères et même d'autres structures de données. Les listes, par exemple, sont un type de structure de données séquentielle qui peut être utilisée pour stocker une collection de valeurs, comme les noms des élèves d'une classe ou les températures enregistrées dans une station météorologique. Les tuples, en revanche, sont similaires aux listes, mais ils sont immuables, ce qui signifie que leurs valeurs ne peuvent pas être modifiées une fois qu'elles sont définies. Les ensembles sont un autre type de structure de données qui peut être utilisé pour stocker une collection de valeurs uniques, tandis que les dictionnaires sont un type de structure de données qui peut être utilisé pour stocker des paires clé-valeur, comme les noms et les âges des personnes dans une base de données.

En apprenant sur ces structures de données, vous pourrez écrire du code Python plus efficace et plus performant, ainsi que comprendre comment les bibliothèques Python populaires, comme Pandas et NumPy, utilisent ces structures de données pour manipuler de grandes quantités de données. Alors, plongeons et explorons le monde fascinant des structures de données en Python !

3.1 : Listes

La liste Python est une structure de données puissante qui permet de créer des collections ordonnées et modifiables d'éléments. Les listes sont incroyablement polyvalentes et peuvent contenir des éléments de tout type, y compris des nombres, des chaînes de caractères, d'autres listes ou même des objets personnalisés. De plus, les listes sont à la base de nombreuses structures de données et algorithmes complexes en Python, ce qui les rend essentielles pour la programmation dans ce langage.

Par exemple, les listes peuvent être utilisées pour stocker et manipuler des données de diverses manières. L'une des utilisations les plus courantes des listes est de représenter des séquences de données, comme une liste de nombres ou de chaînes de caractères. De plus, les listes peuvent être utilisées pour stocker des éléments de différents types ou même d'autres listes, ce qui les rend particulièrement utiles dans les situations où les données doivent être regroupées ensemble. Parce que les listes sont modifiables, il est possible d'ajouter, de supprimer ou de modifier des éléments selon les besoins, ce qui les rend idéales pour les structures de données dynamiques.

De plus, les listes peuvent être triées, découpées et concaténées, ce qui permet d'effectuer une large gamme d'opérations sur elles. Par exemple, la fonction sorted() peut être utilisée pour trier les éléments d'une liste par ordre croissant ou décroissant, tandis que le découpage peut être utilisé pour extraire un sous-ensemble de la liste. De plus, les listes peuvent être concaténées en utilisant l'opérateur +, ce qui permet de combiner deux listes ou plus en une seule liste.

En général, la liste Python est une structure de données fondamentale qui joue un rôle important dans de nombreux aspects de la programmation. Sa polyvalence et sa flexibilité la rendent indispensable pour travailler avec des données en Python, ce qui en fait une compétence essentielle pour tout programmeur.

Pour créer une liste, vous pouvez simplement placer une séquence d'éléments séparés par des virgules entre crochets :

```python
my_list = [1, 2, 3, "hello", 4.5]
```

Vous pouvez accéder aux éléments individuels d'une liste en utilisant leur indice, en commençant par zéro pour le premier élément :

```python
first_element = my_list[0]   # 1
second_element = my_list[1]  # 2
```

Les listes prennent en charge diverses opérations, telles que l'ajout ou la suppression d'éléments, le découpage et la modification d'éléments sur place :

```python
# Adding an element to the end of the list
my_list.append(6)

# Removing an element by its index
del my_list[3]

# Slicing a list
sub_list = my_list[1:4]

# Modifying an element in place
my_list[2] = 42
```

Python fournit également plusieurs fonctions intégrées pour manipuler les listes, telles que len() pour obtenir la longueur d'une liste, sorted() pour renvoyer une version triée de la liste et sum() pour calculer la somme des éléments de la liste (s'ils sont numériques).

```
list_length = len(my_list)
sorted_list = sorted(my_list)
list_sum = sum(my_list)
```

Dans les prochaines sections de ce chapitre, nous approfondirons notre compréhension d'autres structures de données et de la manière dont elles peuvent être utilisées. En plus d'explorer ces concepts de manière plus approfondie, nous vous fournirons un large éventail d'explications détaillées et d'exercices pratiques, tous conçus pour développer davantage vos compétences et vous offrir une expérience pratique en travaillant avec les structures de données de Python.

À la fin de ce chapitre, vous aurez une compréhension complète de ces concepts et de la manière de les appliquer à des situations du monde réel.

Exercice 3.1.1 : Création et accès aux listes

Dans cet exercice, vous créerez une liste et accéderez à ses éléments en utilisant des indices.

Instructions :

1. Créez une liste contenant les nombres entiers de 1 à 5.

2. Affichez le premier, le troisième et le cinquième élément de la liste.

Code de solution :

```
my_list = [1, 2, 3, 4, 5]
print(my_list[0], my_list[2], my_list[4])
```

Sortie :

```
1 3 5
```

Exercice 3.1.2 : Manipulation de listes

Dans cet exercice, vous effectuerez diverses opérations sur une liste, telles que l'ajout, la suppression et la modification d'éléments.

Instructions :

1. Créez une liste avec les éléments ["pomme", "banane", "cerise"].

2. Ajoutez l'élément "orange" à la fin de la liste.

3. Supprimez l'élément "banane" de la liste.

4. Remplacez l'élément "cerise" par "raisin".

5. Affichez la liste modifiée.

Code de solution :

```
fruits = ["apple", "banana", "cherry"]
fruits.append("orange")
fruits.remove("banana")
fruits[1] = "grape"
print(fruits)
```

Sortie :

```
['apple', 'grape', 'orange']
```

Exercice 3.1.3 : Découpage de listes

Dans cet exercice, vous utiliserez le découpage pour extraire une sous-liste d'une liste donnée.

Instructions :

1. Créez une liste avec les éléments [1, 2, 3, 4, 5, 6, 7, 8, 9].

2. Extrayez une sous-liste contenant les éléments de l'indice 3 (inclus) à l'indice 7 (exclu).

3. Affichez la sous-liste extraite.

Code de solution :

```
numbers = [1, 2, 3, 4, 5, 6, 7, 8, 9]
sublist = numbers[3:7]
print(sublist)
```

Sortie :

```
[4, 5, 6, 7]
```

3.2 : Tuples

Dans cette section, nous explorerons le concept des tuples, qui sont un type de structure de données intégrée en Python. Comme les listes, les tuples sont utilisés pour stocker des collections de valeurs liées. Cependant, contrairement aux listes, les tuples sont immuables, ce qui signifie qu'une fois créés, leurs éléments ne peuvent pas être modifiés. Cette propriété rend les tuples utiles dans les situations où vous devez garantir que les données avec lesquelles vous travaillez restent statiques pendant l'exécution de votre programme.

Un cas d'usage courant pour les tuples est lorsque vous devez stocker un ensemble de valeurs qui sont liées entre elles, comme le nom, l'âge et l'adresse d'une personne. En regroupant ces valeurs dans un tuple, vous pouvez vous assurer qu'elles restent associées entre elles pendant l'exécution de votre programme. De plus, comme les tuples sont immuables, vous pouvez être sûr que les données avec lesquelles vous travaillez ne seront pas modifiées involontairement, ce qui peut aider à éviter des erreurs et d'autres problèmes dans votre code.

Un autre avantage des tuples est qu'ils peuvent être utilisés comme clés dans les dictionnaires, qui sont une autre structure de données importante en Python. Comme les tuples sont immuables, ils peuvent être utilisés en toute sécurité comme clés de dictionnaires, contrairement aux listes. Cela fait des tuples un outil précieux pour travailler avec des dictionnaires et d'autres structures de données qui reposent sur des paires clé-valeur.

Dans l'ensemble, les tuples sont un outil puissant et polyvalent en Python qui peut vous aider à stocker et à gérer efficacement des données liées dans vos programmes. Que vous travailliez sur un petit script ou sur une application à grande échelle, comprendre comment utiliser les tuples efficacement peut vous aider à écrire du code plus propre, plus efficace et moins sujet aux erreurs.

3.2.1 : Créer des tuples :

Pour créer un tuple, utilisez des parenthèses et séparez les éléments par des virgules :

```
my_tuple = (1, 2, 3)
```

Vous pouvez également créer un tuple sans parenthèses, en séparant simplement les éléments par des virgules :

```
my_tuple = 1, 2, 3
```

Un tuple avec un seul élément doit avoir une virgule à la fin :

```
single_element_tuple = (4,)
```

3.2.2 : Accéder aux éléments du tuple :

Pour accéder aux éléments d'un tuple, utilisez l'indexation, comme vous le feriez avec une liste :

```
my_tuple = (1, 2, 3)
print(my_tuple[0])  # Output: 1
print(my_tuple[1])  # Output: 2
print(my_tuple[2])  # Output: 3
```

N'oubliez pas que les indices des tuples commencent à 0, tout comme les indices des listes.

3.2.3 : Déballage de tuples :

Vous pouvez utiliser le déballage de tuples pour assigner les éléments d'un tuple à plusieurs variables :

```python
my_tuple = (1, 2, 3)
a, b, c = my_tuple
print(a)  # Output: 1
print(b)  # Output: 2
print(c)  # Output: 3
```

3.2.4 : Immuabilité :

Comme mentionné précédemment, les tuples sont immuables. Si vous essayez de modifier un tuple, vous obtiendrez une TypeError :

```python
my_tuple = (1, 2, 3)
my_tuple[1] = 4  # Raises a TypeError
```

Cependant, vous pouvez créer un nouveau tuple en concaténant deux tuples existants :

```python
tuple1 = (1, 2, 3)
tuple2 = (4, 5, 6)
new_tuple = tuple1 + tuple2
print(new_tuple)  # Output: (1, 2, 3, 4, 5, 6)
```

En conclusion, les tuples sont une structure de données très utile lorsque vous avez besoin d'une collection immuable de valeurs liées. Les tuples sont souvent le choix privilégié lorsque vous devez vous assurer que les valeurs qu'ils contiennent restent constantes, car ils ne peuvent pas être modifiés une fois créés.

De plus, les tuples peuvent être utilisés dans une grande variété de situations où vous utiliseriez normalement une liste. Par exemple, un tuple peut être utilisé pour représenter un ensemble fixe de valeurs, comme les coordonnées x et y d'un point sur un graphique.

En outre, les tuples peuvent être utilisés pour renvoyer plusieurs valeurs depuis une fonction. Cela fait des tuples un outil puissant pour la programmation en Python, car ils vous permettent de passer plusieurs valeurs entre les fonctions avec facilité.

Par conséquent, bien que les tuples puissent sembler être une structure de données relativement simple à première vue, ils sont en réalité assez puissants et polyvalents. Que vous travailliez avec des données qui doivent rester constantes ou que vous ayez simplement besoin d'un moyen de passer plusieurs valeurs entre les fonctions, les tuples sont un excellent choix.

Exercice 3.2.1 : Création de tuples

Dans cet exercice, vous allez créer des tuples pour stocker des informations sur différents fruits.

Instructions :

1. Créez un tuple appelé apple contenant les chaînes de caractères "rojo" et "dulce".

2. Créez un tuple appelé banana contenant les chaînes de caractères "amarillo" et "dulce".

3. Créez un tuple appelé limon contenant les chaînes de caractères "amarillo" et "agrio".

4. Affichez les trois tuples.

Solution :

```
apple = ("red", "sweet")
banana = ("yellow", "sweet")
lemon = ("yellow", "sour")

print(apple)
print(banana)
print(lemon)
Sortie :
('red', 'sweet')
('yellow', 'sweet')
('yellow', 'sour')
```

Exercice 3.2.2 : Accès aux éléments de tuples

Dans cet exercice, vous allez accéder et afficher des éléments spécifiques d'un tuple.

Instructions :

1. Créez un tuple appelé colores avec les éléments suivants : "rojo", "azul", "verde", "amarillo", "morado".

2. Affichez le premier, le troisième et le dernier élément du tuple.

Solution :

```
colors = ("red", "blue", "green", "yellow", "purple")

print(colors[0])
print(colors[2])
print(colors[-1])
```

Sortie :

```
red
green
purple
```

Exercice 3.2.3 : Déballage de tuples

Dans cet exercice, vous utiliserez le déballage de tuples pour assigner des éléments individuels du tuple à des variables distinctes.

Instructions :

1. Créez un tuple appelé coordenadas avec les éléments suivants : 35.6895, 139.6917.

2. Utilisez le déballage de tuples pour assigner les éléments du tuple à deux variables appelées latitud et longitud.

3. Affichez les variables latitud et longitud.

Solution :

```python
coordinates = (35.6895, 139.6917)

latitude, longitude = coordinates

print(latitude)
print(longitude)
```

Sortie :

```
35.6895
139.6917
```

3.3 : Ensembles

Un ensemble est un type de données de collection en Python qui est à la fois non ordonné et non indexé. En d'autres termes, les ensembles n'ont aucun ordre particulier et ne peuvent pas être accédés par index. Ce qui est intéressant avec les ensembles, c'est qu'ils stockent des éléments uniques, ce qui signifie qu'ils n'autorisent pas les valeurs dupliquées. Cette caractéristique les rend particulièrement utiles pour certaines tâches, comme éliminer les doublons d'une liste ou effectuer des opérations mathématiques d'ensembles telles que l'union, l'intersection et la différence.

De plus, les ensembles peuvent être modifiés en ajoutant ou en supprimant des éléments, ce qui peut être fait en utilisant des méthodes intégrées comme add() et remove(). En résumé, les ensembles sont un outil puissant en Python qui peut aider à rationaliser votre code et à le rendre plus efficace en vous permettant de travailler avec des éléments uniques de manière flexible et intuitive.

3.3.1 : Créer un ensemble :

Pour créer un ensemble, vous pouvez utiliser des accolades {} et séparer les éléments par des virgules, ou utiliser la fonction intégrée set(). N'oubliez pas que les ensembles ne peuvent pas contenir de valeurs dupliquées.

Exemple :

```python
my_set = {1, 2, 3, 4}
print(my_set)

# Creating a set using the set() function
my_set2 = set([1, 2, 3, 4])
print(my_set2)
```

Sortie :

```
{1, 2, 3, 4}
{1, 2, 3, 4}
```

3.3.2 : Ajouter et supprimer des éléments :

Pour ajouter un élément à un ensemble, vous pouvez utiliser la méthode add(). Pour supprimer un élément, vous pouvez utiliser les méthodes remove() ou discard(). La méthode remove() génère une KeyError si l'élément n'est pas trouvé, tandis que la méthode discard() ne génère aucune erreur.

Exemple :

```python
my_set = {1, 2, 3, 4}

# Add an element to the set
my_set.add(5)
print(my_set)

# Remove an element from the set
my_set.remove(5)
print(my_set)

# Discard an element from the set
my_set.discard(4)
print(my_set)
```

Sortie :

```
{1, 2, 3, 4, 5}
{1, 2, 3, 4}
{1, 2, 3}
```

3.3.3 : Opérations sur les ensembles :

Vous pouvez effectuer des opérations mathématiques sur les ensembles telles que l'union, l'intersection et la différence en utilisant des méthodes ou des opérateurs d'ensembles Python.

Exemple :

```python
set1 = {1, 2, 3, 4}
set2 = {3, 4, 5, 6}

# Union of two sets
print(set1.union(set2))   # Using the union() method
print(set1 | set2)        # Using the '|' operator

# Intersection of two sets
print(set1.intersection(set2))   # Using the intersection() method
print(set1 & set2)               # Using the '&' operator

# Difference of two sets
print(set1.difference(set2))   # Using the difference() method
print(set1 - set2)             # Using the '-' operator
```

Sortie :

```
{1, 2, 3, 4, 5, 6}
{1, 2, 3, 4, 5, 6}
{3, 4}
{3, 4}
{1, 2}
{1, 2}
```

Dans cette section, vous avez appris ce que sont les ensembles en Python et comment les créer. Les ensembles sont une structure de données qui vous permet de stocker une collection de valeurs uniques. Vous avez également appris comment ajouter et supprimer des éléments d'un ensemble, ainsi que comment effectuer diverses opérations sur les ensembles telles que l'union, l'intersection et la différence.

Les ensembles sont un outil puissant pour gérer des valeurs uniques et effectuer des opérations mathématiques sur des collections. Ils peuvent être utilisés pour éliminer les doublons d'une liste, trouver des éléments communs entre plusieurs listes et bien plus encore. De plus, les ensembles sont très efficaces pour tester l'appartenance d'un élément, ce qui en fait un bon choix lorsqu'il s'agit de grandes collections de données.

Dans l'ensemble, les ensembles sont un outil précieux à avoir dans votre boîte à outils Python et peuvent vous aider à résoudre de nombreux types de problèmes différents.

Exercice 3.3.1 : Créer et modifier des ensembles

Dans cet exercice, vous créerez et modifierez des ensembles pour stocker des éléments uniques.

Instructions :

1. Créez un ensemble appelé fruits qui contient les chaînes de caractères "apple", "banana", "orange" et "grape".

2. Ajoutez "mango" à l'ensemble.

3. Supprimez "grape" de l'ensemble.

4. Affichez l'ensemble fruits.

Solution :

```python
fruits = {"apple", "banana", "orange", "grape"}

fruits.add("mango")
fruits.remove("grape")

print(fruits)
```

Sortie :

```
{'orange', 'apple', 'mango', 'banana'}
```

Remarque : L'ordre des éléments dans la sortie peut varier.

Exercice 3.3.2 : Opérations sur les ensembles

Dans cet exercice, vous effectuerez des opérations sur les ensembles telles que l'union et l'intersection.

Instructions :

1. Créez un ensemble appelé set1 qui contient les nombres 1, 2, 3 et 4.

2. Créez un ensemble appelé set2 qui contient les nombres 3, 4, 5 et 6.

3. Trouvez l'union de set1 et set2 et affichez le résultat.

4. Trouvez l'intersection de set1 et set2 et affichez le résultat.

Solution :

```python
set1 = {1, 2, 3, 4}
set2 = {3, 4, 5, 6}
```

```
union_result = set1.union(set2)
intersection_result = set1.intersection(set2)

print(union_result)
print(intersection_result)
```

Sortie :

```
{1, 2, 3, 4, 5, 6}
{3, 4}
```

Exercice 3.3.3 : Compréhension d'ensembles

Dans cet exercice, vous utiliserez la compréhension d'ensembles pour créer un ensemble d'éléments uniques qui répondent à une condition spécifique.

Instructions :

1. Créez une liste appelée numbers qui contient les nombres 1, 2, 3, 2, 4, 3, 5, 6 et 5.

2. Utilisez la compréhension d'ensembles pour créer un ensemble appelé even_numbers qui contient les nombres pairs uniques de la liste numbers.

3. Affichez l'ensemble even_numbers.

Solution :

```
numbers = [1, 2, 3, 2, 4, 3, 5, 6, 5]

even_numbers = {num for num in numbers if num % 2 == 0}

print(even_numbers)
```

Sortie :

```
{2, 4, 6}
```

3.4 : Dictionnaires

Dans cette section, nous explorerons les dictionnaires, une autre structure de données importante en Python. Les dictionnaires sont un outil puissant pour stocker et organiser des données. Ils sont non ordonnés, ce qui signifie que les éléments ne sont pas stockés dans un ordre particulier. Ils sont également modifiables, ce qui signifie que vous pouvez ajouter, supprimer ou modifier des éléments selon vos besoins. Les dictionnaires stockent des paires clé-valeur, ce qui signifie que chaque élément du dictionnaire est accessible via une clé unique.

Cela rend les dictionnaires utiles lorsque vous devez stocker et récupérer des données en fonction d'un identifiant ou d'une clé spécifique.

De plus, les dictionnaires sont souvent utilisés en combinaison avec d'autres structures de données, comme les listes ou les ensembles, pour créer des structures de données complexes qui peuvent être utilisées pour un large éventail d'applications. Dans l'ensemble, les dictionnaires sont un outil essentiel pour tout développeur Python qui doit travailler avec de grandes quantités de données de manière efficace et organisée.

Pour créer un dictionnaire, vous pouvez utiliser des accolades {} et séparer les clés et les valeurs avec deux-points :. Voici un exemple :

```python
person = {
    "name": "John",
    "age": 30,
    "city": "New York"
}
```

Dans cet exemple, les clés sont "**name**", "**age**" et "**city**", et leurs valeurs correspondantes sont "**John**", 30 et "**New York**".

Accès aux valeurs : Pour accéder à la valeur associée à une clé, utilisez la clé entre crochets [] :

```python
name = person["name"]
print(name)  # Output: John
```

Ajout et mise à jour de paires clé-valeur : Pour ajouter une nouvelle paire clé-valeur ou mettre à jour une paire existante, utilisez la clé entre crochets [] et affectez la valeur en utilisant l'opérateur = :

```python
person["country"] = "USA"        # Adds a new key-value pair
person["city"] = "San Francisco" # Updates the value for the "city" key
```

Suppression de paires clé-valeur : Pour supprimer une paire clé-valeur du dictionnaire, utilisez le mot-clé del suivi de la clé entre crochets [] :

```python
del person["age"]
```

Méthodes pour les dictionnaires : Python fournit plusieurs méthodes intégrées pour travailler avec les dictionnaires, telles que keys(), values(), et items(). Ces méthodes retournent des vues des clés, des valeurs et des paires clé-valeur du dictionnaire, respectivement :

```python
keys = person.keys()
values = person.values()
items = person.items()
```

Itération sur un dictionnaire : Vous pouvez itérer sur un dictionnaire en utilisant une boucle for. Par défaut, itérer sur un dictionnaire itère sur ses clés :

```
for key in person:
    print(key, person[key])
```

Alternativement, vous pouvez utiliser la méthode items() pour itérer sur les clés et les valeurs :

```
for key, value in person.items():
    print(key, value)
```

Compréhension de dictionnaires : Tout comme avec les listes et les ensembles, vous pouvez également utiliser la compréhension de dictionnaires pour créer des dictionnaires de manière concise. Voici un exemple :

```
squares = {x: x * x for x in range(1, 6)}
print(squares)  # Output: {1: 1, 2: 4, 3: 9, 4: 16, 5: 25}
```

Dans cette section, nous avons couvert les bases des dictionnaires en Python. Les dictionnaires sont une structure de données utile qui nous permet de stocker des paires clé-valeur. Cela signifie que nous pouvons associer une valeur à une clé spécifique, ce qui facilite la recherche de valeurs en fonction de leurs clés correspondantes.

Nous avons discuté de la façon de créer des dictionnaires en Python en utilisant des accolades ou la fonction dict(), et de la façon d'accéder aux valeurs en utilisant la clé correspondante. De plus, nous avons exploré comment ajouter et mettre à jour des paires clé-valeur dans un dictionnaire par affectation, et comment supprimer des paires clé-valeur en utilisant le mot-clé del. Enfin, nous avons appris comment itérer sur les dictionnaires en utilisant des boucles, ce qui nous permet d'accéder à toutes les clés ou valeurs dans un dictionnaire.

Exercice 3.4.1 : Créer un dictionnaire

Dans cet exercice, vous créerez un dictionnaire pour stocker des informations sur un film.

Instructions :

1. Créez un dictionnaire appelé movie avec les clés et valeurs suivantes :

   o "title" avec la valeur "Inception"

   o "director" avec la valeur "Christopher Nolan"

   o "year" avec la valeur 2010

   o "rating" avec la valeur 8.8

2. Affichez le dictionnaire.

Solution :

```
movie = {
    "title": "Inception",
    "director": "Christopher Nolan",
    "year": 2010,
    "rating": 8.8
}

print(movie)
```

Sortie :

```
{'title': 'Inception', 'director': 'Christopher Nolan', 'year': 2010, 'rating': 8.8}
```

Exercice 3.4.2 : Accéder et modifier les valeurs d'un dictionnaire

Dans cet exercice, vous accéderez et modifierez les valeurs dans un dictionnaire.

Instructions :

1. En utilisant le dictionnaire movie de l'exercice précédent, affichez le titre du film.

2. Mettez à jour la note du film à 9.0.

3. Affichez le dictionnaire mis à jour.

Solution :

```
print(movie["title"])

movie["rating"] = 9.0

print(movie)
```

Sortie :

```
Inception
{'title': 'Inception', 'director': 'Christopher Nolan', 'year': 2010, 'rating': 9.0}
```

Exercice 3.4.3 : Itérer sur un dictionnaire

Dans cet exercice, vous itérerez sur les paires clé-valeur dans un dictionnaire.

Instructions :

1. En utilisant le dictionnaire movie de l'exercice précédent, itérez sur ses paires clé-valeur.

2. Affichez chaque paire clé-valeur au format "clé : valeur".

Solution :

```python
for key, value in movie.items():
    print(f"{key}: {value}")
```

Sortie :

```
title: Inception
director: Christopher Nolan
year: 2010
rating: 9.0
```

En conclusion, le chapitre 3 vous a présenté certaines des structures de données les plus utilisées en Python : listes, tuples, ensembles et dictionnaires. Ces structures de données sont des outils essentiels dans la boîte à outils d'un programmeur et peuvent être utilisées pour organiser, stocker et manipuler des données de manière efficace.

Tout au long de ce chapitre, vous avez appris à créer et manipuler ces structures de données, à effectuer des opérations courantes telles que l'ajout, la suppression et la mise à jour d'éléments, et à itérer à travers leur contenu. Chaque structure de données possède des propriétés et des cas d'usage uniques, il est donc crucial de comprendre leurs différences et de sélectionner celle qui convient pour un problème particulier.

En complétant les exercices fournis dans ce chapitre, vous avez acquis une expérience pratique dans le travail avec ces structures de données. Au fur et à mesure que vous poursuivrez votre apprentissage de la programmation Python, vous découvrirez que votre compréhension de ces structures de données vous permettra d'aborder des problèmes plus complexes et de créer des applications plus sophistiquées. Continuez à pratiquer et à expérimenter avec différents scénarios pour consolider davantage vos connaissances et compétences.

Avec les fondations des structures de données en place, vous êtes maintenant mieux préparé pour explorer des sujets et des techniques plus avancés en Python. Continuez ainsi et à bientôt dans le prochain chapitre !

Chapitre 4 : Structures de contrôle

Dans ce chapitre, nous explorerons les nombreuses structures de contrôle disponibles en Python, qui vous permettent de créer des programmes plus complexes et dynamiques. Les structures de contrôle sont la colonne vertébrale de tout langage de programmation, car elles vous permettent de contrôler le flux d'exécution de votre programme en fonction de conditions ou de boucles.

Tout d'abord, nous couvrirons les instructions conditionnelles, qui permettent à votre programme de prendre des décisions en fonction de certaines conditions. Ces instructions incluent if, elif et else, qui sont utilisées pour exécuter différents blocs de code en fonction du résultat de la condition.

Ensuite, nous passerons aux boucles, qui sont utilisées pour exécuter un bloc de code de manière répétée. Il existe deux types principaux de boucles en Python : les boucles for et les boucles while. Les boucles for sont utilisées pour itérer sur une séquence d'éléments, tandis que les boucles while sont utilisées pour exécuter un bloc de code de manière répétée tant qu'une certaine condition est vraie.

Enfin, nous explorerons l'utilisation des instructions break et continue, qui vous permettent de modifier le comportement de vos boucles. L'instruction break est utilisée pour sortir d'une boucle prématurément, tandis que l'instruction continue est utilisée pour sauter certaines itérations d'une boucle.

En général, comprendre les structures de contrôle est essentiel pour tout programmeur Python cherchant à créer des programmes plus avancés, et ce chapitre vous équipera des connaissances nécessaires pour faire exactement cela.

4.1 : Instructions conditionnelles (if, elif, else)

En Python, les instructions conditionnelles sont utilisées pour prendre des décisions en fonction de certaines conditions. Ces instructions vous aident à contrôler le flux de votre programme, lui permettant de réagir différemment selon l'entrée ou l'état actuel de vos données. Les principales instructions conditionnelles en Python sont if, elif et else.

L'instruction if est utilisée pour tester une condition. Si la condition est vraie, le bloc de code qui suit l'instruction if sera exécuté. La syntaxe générale d'une instruction if est la suivante :

```
if condition:
    # Code to be executed if the condition is true
```

Par exemple, supposons que nous voulions vérifier si un nombre est positif :

```
number = 5

if number > 0:
    print("The number is positive.")
```

L'instruction elif (abréviation de « else if ») est utilisée lorsque vous voulez tester plusieurs conditions. Elle est placée après une instruction if et n'est exécutée que si la condition précédente était fausse. La syntaxe générale d'une instruction elif est la suivante :

```
if condition1:
    # Code to be executed if condition1 is true
elif condition2:
    # Code to be executed if condition1 is false and condition2 is true
```

Par exemple, supposons que nous voulions vérifier si un nombre est positif, négatif ou zéro :

```
number = 0

if number > 0:
    print("The number is positive.")
elif number < 0:
    print("The number is negative.")
```

L'instruction else est utilisée pour exécuter du code lorsqu'aucune des conditions précédentes n'est remplie (c'est-à-dire que toutes sont fausses). Elle est placée après les instructions if et/ou elif. La syntaxe générale d'une instruction else est la suivante :

```
if condition1:
    # Code to be executed if condition1 is true
elif condition2:
    # Code to be executed if condition1 is false and condition2 is true
else:
    # Code to be executed if all conditions are false
```

Pour poursuivre l'exemple précédent, ajoutons une instruction else pour gérer le cas où le nombre est zéro :

```
number = 0

if number > 0:
    print("The number is positive.")
```

```
elif number < 0:
    print("The number is negative.")
else:
    print("The number is zero.")
```

En résumé, les instructions conditionnelles en Python sont un concept fondamental de programmation qui vous permettent de contrôler le flux de votre programme en fonction de conditions spécifiques. En utilisant les instructions if, elif et else, vous pouvez exécuter différents blocs de code en fonction des conditions données. C'est un outil puissant que vous pouvez utiliser pour créer des programmes complexes avec un comportement dynamique.

De plus, maîtriser les structures de contrôle est essentiel pour tout programmeur. Au-delà des instructions conditionnelles, les boucles sont une autre structure de contrôle importante que vous rencontrerez fréquemment. Avec les boucles, vous pouvez itérer à travers un ensemble d'instructions de manière répétée jusqu'à ce qu'une certaine condition soit remplie. Cela peut être utile pour des tâches telles que le traitement de données ou la validation de l'entrée utilisateur.

Une autre structure de contrôle avancée est l'utilisation des instructions break et continue. Ces instructions vous permettent de modifier le comportement des boucles en fonction de certaines conditions. Par exemple, vous pouvez utiliser une instruction break pour terminer une boucle prématurément si une condition spécifique est remplie. D'autre part, une instruction continue peut être utilisée pour sauter une certaine itération de la boucle si une condition est remplie.

Dans les sujets suivants, nous discuterons de ces structures de contrôle et d'autres plus en détail, afin que vous puissiez devenir un programmeur Python plus compétent.

Exercice 4.1.1 : Nombre pair ou impair

Dans cet exercice, vous écrirez un programme Python qui détermine si un nombre donné est pair ou impair. Vous pratiquerez l'utilisation des instructions if et else. Instructions :

1.   Créez un nouveau fichier Python ou ouvrez un interpréteur Python.

2.   Assignez une valeur entière à une variable appelée nombre.

3.   Utilisez une instruction if pour vérifier si le nombre est pair (c'est-à-dire divisible par 2) et imprimez un message indiquant qu'il s'agit d'un nombre pair.

4.   Utilisez une instruction else pour gérer le cas où le nombre est impair et imprimez un message indiquant qu'il s'agit d'un nombre impair.

Votre code final devrait ressembler à ceci :

```
number = 7

if number % 2 == 0:
```

```
    print(f"{number} is an even number.")
else:
    print(f"{number} is an odd number.")
```

Exemple de sortie :

```
7 is an odd number.
```

Exercice 4.1.2 : Classification des groupes d'âge

Dans cet exercice, vous écrirez un programme Python qui classifie le groupe d'âge d'une personne en fonction de son âge. Vous pratiquerez l'utilisation des instructions if, elif et else.

Instructions :

1. Créez un nouveau fichier Python ou ouvrez un interpréteur Python.

2. Assignez une valeur entière à une variable appelée **age**.

3. Utilisez les instructions if, elif et else pour classifier le groupe d'âge comme « Child » (0-12), « Teenager » (13-19), « Adult » (20-59) ou « Senior » (60 ou plus), et imprimez la classification correspondante.

Votre code final devrait ressembler à ceci :

```
age = 25

if age >= 0 and age <= 12:
    print("Child")
elif age >= 13 and age <= 19:
    print("Teenager")
elif age >= 20 and age <= 59:
    print("Adult")
else:
    print("Senior")
```

Exemple de sortie :

```
Adult
```

Exercice 4.1.3 : Calcul de la note alphabétique

Dans cet exercice, vous écrirez un programme Python qui attribue une note alphabétique en fonction du score d'un étudiant à un examen. Vous pratiquerez l'utilisation des instructions if, elif et else.

Instructions :

1. Créez un nouveau fichier Python ou ouvrez un interpréteur Python.

2. Assignez une valeur entière (0-100) à une variable appelée score.

3. Utilisez les instructions if, elif et else pour attribuer une note alphabétique (A, B, C, D ou F) en fonction du score, et imprimez la note correspondante.

Le barème de notation est le suivant :

- A : 90-100

- B : 80-89

- C : 70-79

- D : 60-69

- F : 0-59

Votre code final devrait ressembler à ceci :

```python
score = 85

if score >= 90 and score <= 100:
    print("A")
elif score >= 80 and score < 90:
    print("B")
elif score >= 70 and score < 80:
    print("C")
elif score >= 60 and score < 70:
    print("D")
else:
    print("F")
```

Exemple de sortie :

```
B
```

Ces exercices vous aideront à vous familiariser avec l'utilisation des instructions conditionnelles en Python pour contrôler le flux de vos programmes.

4.2 : Boucles (for, while)

Les boucles sont une structure de contrôle essentielle en Python car elles offrent la possibilité de répéter un bloc de code plusieurs fois, en fonction de certaines conditions ou d'une plage spécifiée. En utilisant des boucles, vous pouvez effectuer des tâches répétitives, comme parcourir une liste ou exécuter un bloc de code un nombre spécifique de fois.

Dans ce sujet, nous explorerons deux types de boucles disponibles en Python : les boucles for et les boucles while. Une boucle for est utilisée pour parcourir une séquence, comme une liste, un tuple ou une chaîne. La boucle for exécute le bloc de code qu'elle contient pour chaque élément de la séquence. D'autre part, une boucle while est utilisée pour exécuter un bloc de code de manière répétée tant qu'une certaine condition est remplie.

Les boucles for et while peuvent être imbriquées les unes dans les autres, ce qui signifie que vous pouvez avoir une boucle à l'intérieur d'une autre boucle. Cela peut être utile lorsque vous devez parcourir plusieurs séquences ou effectuer une tâche répétitive avec une condition changeante.

Les boucles sont un élément essentiel de la programmation en Python car elles permettent d'effectuer des tâches répétitives de manière efficace. En comprenant les différents types de boucles et leur syntaxe, vous pouvez écrire des programmes plus complexes qui accomplissent une variété de tâches.

4.2.1 Boucles for :

Une boucle for est utilisée pour itérer sur une séquence, comme une liste, un tuple, une chaîne ou tout autre objet itérable. Elle exécute le bloc de code pour chaque élément dans la séquence. La syntaxe générale d'une boucle for est la suivante :

```
for variable in sequence:
    # Code to be executed for each item in the sequence
```

Par exemple, supposons que nous voulons itérer à travers une liste de nombres et imprimer chaque nombre :

```
numbers = [1, 2, 3, 4, 5]

for number in numbers:
    print(number)
```

Sortie :

```
1
2
3
4
5
```

4.2.2 Fonction range()

La fonction range() est couramment utilisée avec les boucles for lorsque vous souhaitez itérer sur une plage de nombres. La fonction génère une séquence de nombres commençant à partir de 0 (par défaut) et allant jusqu'à (mais sans inclure) le nombre spécifié. La syntaxe de la fonction range() est :

```
range(stop)
```

Vous pouvez également spécifier un nombre de départ et une valeur de pas comme arguments facultatifs :

```
range(start, stop[, step])
```

Par exemple, supposons que nous voulons imprimer les nombres de 0 à 4 :

```
for i in range(5):
    print(i)
```

Sortie :

```
0
1
2
3
4
```

4.2.3 Boucles while :

Une boucle while est utilisée pour exécuter de manière répétée un bloc de code tant qu'une condition donnée est vraie. La syntaxe générale d'une boucle while est la suivante :

```
while condition:
    # Code to be executed while the condition is true
```

Par exemple, supposons que nous voulons imprimer les nombres de 1 à 5 en utilisant une boucle while :

```
number = 1

while number <= 5:
    print(number)
    number += 1
```

Sortie :

```
1
2
3
4
5
```

En résumé, les boucles sont un aspect essentiel de Python car elles permettent d'exécuter un bloc de code plusieurs fois en fonction de conditions ou de plages spécifiques. Cela facilite l'automatisation de tâches répétitives et l'écriture de code avec moins de lignes. Grâce aux boucles for, vous pouvez itérer sur des séquences, comme des listes ou des tuples, et effectuer des opérations sur chaque élément. Cela est utile pour des tâches telles que la somme ou le filtrage d'éléments dans une liste. D'autre part, les boucles while vous permettent d'exécuter du code tant qu'une condition déterminée est vraie. Cela est utile pour des tâches répétitives ou des situations dans lesquelles vous ne savez pas combien de fois vous devez exécuter le code.

Dans les sujets suivants, nous approfondirons l'utilisation des instructions break et continue dans les boucles. Une instruction break vous permet de sortir d'une boucle prématurément, tandis qu'une instruction continue saute l'itération actuelle et passe à la suivante. Ces instructions peuvent être utilisées pour contrôler le comportement des boucles et les rendre plus efficaces. Nous discuterons également des boucles imbriquées, qui impliquent l'utilisation d'une boucle à l'intérieur d'une autre. Les boucles imbriquées sont couramment utilisées dans des tâches telles que la multiplication de matrices ou la recherche dans une liste de listes. Enfin, nous couvrirons les techniques de contrôle de boucles, comme l'utilisation de compteurs ou de drapeaux pour contrôler le flux d'exécution dans une boucle. Ces techniques peuvent rendre votre code plus lisible et plus facile à maintenir.

Exercice 4.2.1 : Somme de nombres

Dans cet exercice, vous allez écrire un programme Python qui calcule la somme de tous les nombres de 1 jusqu'à un nombre donné (inclus) en utilisant une boucle for.

Instructions :

1. Créez un nouveau fichier Python ou ouvrez un interpréteur Python.

2. Assignez une valeur entière à une variable appelée n.

3. Utilisez une boucle for et la fonction range() pour itérer à travers les nombres de 1 jusqu'à n (inclus).

4. Calculez la somme des nombres et stockez-la dans une variable appelée total.

5. Imprimez la valeur de total après que la boucle soit terminée.

Votre code final devrait ressembler à ceci :

```
n = 10
total = 0

for i in range(1, n + 1):
    total += i

print(total)
```

Sortie :

```
55
```

Exercice 4.2.2 : Inverser une chaîne

Dans cet exercice, vous allez écrire un programme Python qui inverse une chaîne donnée en utilisant une boucle for.

Instructions :

1. Créez un nouveau fichier Python ou ouvrez un interpréteur Python.

2. Assignez une valeur de chaîne à une variable appelée text.

3. Utilisez une boucle for pour itérer à travers les caractères de la chaîne dans l'ordre inverse.

4. Ajoutez chaque caractère à une nouvelle chaîne appelée reversed_text.

5. Imprimez la valeur de reversed_text après que la boucle soit terminée.

Votre code final devrait ressembler à ceci :

```python
text = "Python"
reversed_text = ""

for char in reversed(text):
    reversed_text += char

print(reversed_text)
```

Sortie :

```
nohtyP
```

Exercice 4.2.3 : Minuteur de compte à rebours

Dans cet exercice, vous allez écrire un programme Python qui agit comme un minuteur de compte à rebours en utilisant une boucle while.

Instructions :

1. Créez un nouveau fichier Python ou ouvrez un interpréteur Python.

2. Importez le module time.

3. Assignez une valeur entière à une variable appelée countdown.

4. Utilisez une boucle while pour compter à partir du nombre donné jusqu'à 0 (inclus).

5. Imprimez la valeur actuelle du compte à rebours à chaque itération.

6. Utilisez la fonction time.sleep() du module time pour mettre en pause le programme pendant 1 seconde entre chaque étape du compte à rebours.

Votre code final devrait ressembler à ceci :

```python
import time

countdown = 5

while countdown >= 0:
    print(countdown)
    time.sleep(1)
    countdown -= 1

print("Time's up!")
```

Sortie :

```
5
4
3
2
1
0
Time's up!
```

Ces exercices vous aident à vous entraîner à utiliser les boucles for et while en Python pour contrôler le flux de vos programmes et accomplir diverses tâches.

4.3 : Contrôle de boucles (break, continue)

Lorsque vous travaillez avec des boucles, il peut y avoir des situations où vous avez besoin de plus de contrôle sur le flux d'exécution. Parfois, vous pouvez vouloir terminer la boucle prématurément ou sauter certaines itérations de la boucle en fonction de certaines conditions.

En Python, vous pouvez utiliser les instructions break et continue pour modifier le comportement des boucles for et while. L'instruction break permet de terminer la boucle prématurément lorsqu'une certaine condition est remplie. Par exemple, si vous recherchez une valeur particulière dans une liste, vous pouvez utiliser l'instruction break pour terminer la boucle dès que la valeur est trouvée, au lieu de continuer à itérer à travers le reste de la liste.

D'autre part, l'instruction continue permet de sauter certaines itérations de la boucle en fonction d'une certaine condition. Par exemple, si vous itérez à travers une liste de nombres et que vous souhaitez seulement traiter les nombres pairs, vous pouvez utiliser l'instruction continue pour sauter les nombres impairs.

Dans ce sujet, nous discuterons de l'utilisation de ces instructions de contrôle de boucles et de la façon dont elles peuvent être utilisées efficacement dans différents scénarios. À la fin de ce sujet, vous devriez avoir une meilleure compréhension de la façon d'utiliser les instructions break et continue dans vos programmes Python pour obtenir un contrôle plus précis sur le flux d'exécution de vos boucles.

4.3.1 Instruction break :

L'instruction break est utilisée pour sortir d'une boucle prématurément, c'est-à-dire avant que la condition de la boucle ne devienne fausse ou avant d'itérer sur tous les éléments d'une séquence. Lorsque l'instruction break est rencontrée à l'intérieur d'une boucle, la boucle se termine immédiatement et le programme continue à exécuter le code qui suit la boucle.

Par exemple, supposons que nous voulons rechercher un nombre spécifique dans une liste et arrêter la boucle une fois que le nombre est trouvé :

```python
numbers = [1, 2, 3, 4, 5]
search = 3

for number in numbers:
    if number == search:
        print("Found:", number)
        break
```

Sortie :

```
Found: 3
```

Dans cet exemple, la boucle cesse d'itérer dès que le nombre recherché est trouvé, économisant du temps et des ressources.

4.3.2 Instruction continue :

L'instruction continue est utilisée pour sauter le reste du code à l'intérieur d'une boucle pour l'itération actuelle et passer à l'itération suivante. En d'autres termes, lorsque l'instruction continue est rencontrée, Python saute le code restant dans la boucle et passe à l'élément suivant dans la séquence ou évalue à nouveau la condition de la boucle.

Par exemple, supposons que nous voulons imprimer tous les nombres de 1 à 10, sauf les multiples de 3 :

```python
for i in range(1, 11):
    if i % 3 == 0:
        continue
    print(i)
```

Sortie :

```
1
2
4
5
7
8
10
```

En résumé, les instructions de contrôle de boucles comme break et continue peuvent offrir des avantages significatifs en termes de contrôle de flux à l'intérieur des boucles. L'instruction break, par exemple, peut être utilisée pour sortir d'une boucle prématurément si certaines conditions sont remplies. Cela peut être particulièrement utile dans des situations où vous souhaitez arrêter d'itérer à travers une boucle dès qu'une condition spécifique est remplie, ou si vous souhaitez sortir complètement de la boucle. De la même manière, l'instruction continue peut être utilisée pour sauter des itérations spécifiques d'une boucle, ce qui peut aider à optimiser les performances de la boucle en évitant des calculs inutiles. En incorporant ces structures de contrôle dans vos boucles, vous pouvez rendre votre code plus efficace et lisible, tout en obtenant un plus grand contrôle sur la façon dont vos programmes s'exécutent.

Exercice 4.3.1 : Afficher les cinq premiers nombres pairs

Dans cet exercice, vous allez écrire un programme Python qui affiche les cinq premiers nombres pairs en utilisant une boucle for et l'instruction continue.

Instructions :

1. Créez un nouveau fichier Python ou ouvrez un interpréteur Python.

2. Utilisez une boucle for pour itérer à travers les nombres de 1 à 10 (inclus).

3. Utilisez une instruction if pour vérifier si le nombre actuel est impair.

4. Si le nombre est impair, utilisez l'instruction continue pour sauter le reste du code dans la boucle et passer à l'itération suivante.

5. Affichez le nombre pair et incrémentez un compteur.

6. Lorsque le compteur atteint 5, utilisez l'instruction break pour sortir de la boucle.

Votre code final devrait ressembler à ceci :

```
counter = 0

for i in range(1, 11):
    if i % 2 != 0:
        continue
    print(i)
    counter += 1
```

```
    if counter == 5:
        break
```

Sortie :

```
2
4
6
8
10
```

Exercice 4.3.2 : Somme des nombres positifs

Dans cet exercice, vous allez écrire un programme Python qui calcule la somme de tous les nombres positifs dans une liste en utilisant une boucle for et l'instruction continue.

Instructions :

1. Créez un nouveau fichier Python ou ouvrez un interpréteur Python.

2. Assignez une liste d'entiers (positifs et négatifs) à une variable appelée numbers.

3. Initialisez une variable appelée total avec la valeur 0.

4. Utilisez une boucle for pour itérer à travers les nombres de la liste.

5. Utilisez une instruction if pour vérifier si le nombre actuel est négatif.

6. Si le nombre est négatif, utilisez l'instruction continue pour sauter le reste du code dans la boucle et passer à l'itération suivante.

7. Ajoutez le nombre positif à la variable total.

8. Affichez la valeur de total après que la boucle soit terminée.

Votre code final devrait ressembler à ceci :

```
numbers = [1, -2, 3, -4, 5, -6, 7]
total = 0

for number in numbers:
    if number < 0:
        continue
    total += number

print(total)
```

Sortie :

```
16
```

Exercice 4.3.3 : Trouver le premier facteur

Dans cet exercice, vous allez écrire un programme Python qui trouve le premier facteur d'un nombre donné en utilisant une boucle for et l'instruction break.

Instructions :

1. Créez un nouveau fichier Python ou ouvrez un interpréteur Python.

2. Assignez une valeur entière à une variable appelée n.

3. Utilisez une boucle for pour itérer à travers les nombres de 2 à n (inclus).

4. Utilisez une instruction if pour vérifier si le nombre actuel est un facteur de n.

5. Si le nombre est un facteur, affichez-le et utilisez l'instruction break pour sortir de la boucle.

Votre code final devrait ressembler à ceci :

```python
n = 20

for i in range(2, n + 1):
    if n % i == 0:
        print("First factor:", i)
        break
```

Sortie :

```
First factor: 2
```

Ces exercices vous aident à vous entraîner à utiliser les instructions break et continue pour contrôler le flux de vos programmes Python et accomplir diverses tâches.

4.4 : Structures de contrôle imbriquées

Au fur et à mesure que vous progressez dans vos compétences en programmation Python, vous rencontrerez des problèmes qui nécessitent de combiner plusieurs structures de contrôle pour trouver une solution. Les structures de contrôle imbriquées en sont un exemple, où vous placez une structure de contrôle à l'intérieur d'une autre.

L'utilisation de structures de contrôle imbriquées est essentielle pour aborder des opérations plus complexes ou manipuler des données multidimensionnelles. Elles vous aident à créer du code plus efficace et compact qui est plus simple à comprendre et à maintenir. De plus, l'utilisation de structures de contrôle imbriquées peut vous aider à éviter que des blocs de code similaires ne se répètent tout au long de votre programme, ce qui conduit à moins de duplication et à un code plus optimisé.

En général, maîtriser l'utilisation des structures de contrôle imbriquées est indispensable pour tout programmeur Python sérieux qui cherche à faire passer ses compétences au niveau supérieur.

4.4.1 : Instructions conditionnelles imbriquées :

Vous pouvez placer un bloc if, elif ou else à l'intérieur d'un autre bloc if, elif ou else. Cela crée des instructions conditionnelles imbriquées, qui vous permettent d'évaluer plusieurs conditions et de choisir l'action appropriée en fonction des résultats.

Par exemple, supposons que nous voulions vérifier l'âge et le statut de citoyenneté d'une personne pour déterminer si elle est éligible pour voter :

```python
age = 25
is_citizen = True

if age >= 18:
    if is_citizen:
        print("You are eligible to vote.")
    else:
        print("You must be a citizen to vote.")
else:
    print("You must be at least 18 years old to vote.")
```

Dans cet exemple, nous vérifions d'abord si l'âge de la personne est supérieur ou égal à 18 ans. Si c'est le cas, nous vérifions ensuite si elle est citoyenne. Selon les résultats de ces deux conditions, le message correspondant est affiché.

4.4.2 : Boucles imbriquées :

Vous pouvez également imbriquer des boucles à l'intérieur d'autres boucles. Cela est utile lorsque vous devez itérer sur des structures de données multidimensionnelles, comme des listes de listes ou des matrices. Dans les boucles imbriquées, la boucle interne itère à chaque itération de la boucle externe.

Par exemple, supposons que nous voulions afficher les éléments d'une matrice :

```python
matrix = [
    [1, 2, 3],
    [4, 5, 6],
    [7, 8, 9]
]

for row in matrix:
    for element in row:
        print(element, end=" ")
    print()
```

Sortie :

```
1 2 3
4 5 6
7 8 9
```

Dans cet exemple, la boucle externe itère à travers chaque ligne de la matrice, tandis que la boucle interne itère à travers chaque élément de la ligne actuelle. Cela nous permet d'accéder et d'afficher chaque élément de la matrice.

Les structures de contrôle imbriquées sont un concept fondamental et crucial dans la programmation en Python. En utilisant des instructions conditionnelles imbriquées et des boucles imbriquées, il est possible de créer une logique complexe qui peut traiter et gérer des données multidimensionnelles. De plus, comprendre et pratiquer les structures de contrôle imbriquées est essentiel pour atteindre la maîtrise de la programmation Python.

Au fur et à mesure que vous vous familiariserez davantage avec Python, vous obtiendrez la capacité d'utiliser des structures de contrôle imbriquées de manières innovantes, comme dans le développement d'algorithmes plus efficaces ou dans la création de structures de données avancées qui peuvent être utilisées dans une variété d'applications.

Cette connaissance vous permettra de créer des programmes plus robustes et évolutifs qui peuvent gérer des tâches complexes et résoudre des problèmes du monde réel. De plus, maîtriser les structures de contrôle imbriquées vous permettra également d'approfondir le fonctionnement interne de Python et d'obtenir une compréhension plus approfondie du fonctionnement du langage. Cette compréhension peut également s'appliquer à d'autres langages de programmation, ce qui en fait une compétence précieuse pour tout programmeur.

Dans l'ensemble, apprendre et pratiquer les structures de contrôle imbriquées est une étape cruciale pour quiconque souhaite devenir un programmeur Python compétent, et c'est un outil essentiel pour créer du code de haute qualité et efficace.

Exercice 4.4.1 : Calculateur de notes

Dans cet exercice, vous allez écrire un programme Python qui calcule la note en lettres pour un score en pourcentage donné en utilisant des instructions conditionnelles imbriquées.

Instructions :

1. Créez un nouveau fichier Python ou ouvrez un interpréteur Python.

2. Assignez un score en pourcentage à une variable appelée score.

3. Utilisez des instructions conditionnelles imbriquées pour déterminer la note en lettres selon les critères suivants :

    o   A : 90-100

- B : 80-89
- C : 70-79
- D : 60-69
- F : 0-59

4. Affichez la note en lettres.

Votre code final devrait ressembler à ceci :

```
score = 85

if score >= 90:
    grade = "A"
elif score >= 80:
    grade = "B"
elif score >= 70:
    grade = "C"
elif score >= 60:
    grade = "D"
else:
    grade = "F"

print("Your grade is:", grade)
```

Sortie :

```
Your grade is: B
```

Exercice 4.4.2 : Table de multiplication

Dans cet exercice, vous allez écrire un programme Python qui affiche une table de multiplication en utilisant des boucles for imbriquées.

Instructions :

1. Créez un nouveau fichier Python ou ouvrez un interpréteur Python.

2. Utilisez une boucle for pour itérer à travers les nombres de 1 à 10 (inclus) comme boucle externe.

3. Utilisez une autre boucle for à l'intérieur de la boucle externe pour itérer à travers les nombres de 1 à 10 (inclus) comme boucle interne.

4. Multipliez les nombres actuels des boucles externe et interne et affichez le résultat.

5. Formatez la sortie de manière appropriée pour afficher la table de multiplication.

Votre code final devrait ressembler à ceci :

```
for i in range(1, 11):
    for j in range(1, 11):
        print(i * j, end="\\t")
    print()
```

Sortie :

1	2	3	4	5	6	7	8	9	10
2	4	6	8	10	12	14	16	18	20
3	6	9	12	15	18	21	24	27	30
...									
10	20	30	40	50	60	70	80	90	100

Exercice 4.4.3 : Motif de triangle

Dans cet exercice, vous allez écrire un programme Python qui affiche un motif de triangle en utilisant des boucles for imbriquées.

Instructions :

1. Créez un nouveau fichier Python ou ouvrez un interpréteur Python.

2. Assignez une valeur entière à une variable appelée n, représentant le nombre de lignes dans le motif de triangle.

3. Utilisez une boucle for pour itérer à travers les nombres de 1 à n (inclus) comme boucle externe.

4. Utilisez une autre boucle for à l'intérieur de la boucle externe pour itérer à travers les nombres de 1 au nombre actuel de la boucle externe (inclus) comme boucle interne.

5. Affichez un astérisque (*) pour chaque itération de la boucle interne.

6. Après chaque itération de la boucle externe, affichez un saut de ligne pour créer une nouvelle ligne dans le motif.

Votre code final devrait ressembler à ceci :

```
n = 5

for i in range(1, n + 1):
    for j in range(i):
        print("*", end=" ")
    print()
```

Sortie :

```
*
* *
* * *
* * * *
* * * * *
```

Ces exercices vous aident à pratiquer les structures de contrôle imbriquées en Python, vous permettant de créer une logique plus complexe et de gérer des données

Chapitre 5 : Fonctions

Au fur et à mesure que vous progressez dans votre apprentissage de Python, vous découvrirez qu'écrire du code répétitif peut être lent et source d'erreurs. En créant des fonctions en Python, vous pouvez gagner du temps et réduire le risque d'erreurs en réutilisant du code précédemment créé. Les fonctions vous permettent de définir un ensemble d'instructions qui peuvent être exécutées avec des paramètres d'entrée spécifiques, effectuer une action particulière et retourner une valeur. Cela peut vous aider à écrire du code plus efficace et maintenable, car vous pourrez réutiliser et modifier le code facilement selon les besoins. Dans ce chapitre, nous couvrirons les fondamentaux de la définition et de l'utilisation des fonctions. Nous commencerons par discuter de la syntaxe pour définir des fonctions et des différents types d'arguments qui peuvent être passés à une fonction. Nous vous montrerons également comment utiliser les instructions return pour retourner des valeurs depuis une fonction. Enfin, nous démontrerons comment appeler des fonctions et les utiliser dans votre code pour le rendre plus efficace et modulaire.

À la fin de ce chapitre, vous devriez avoir une solide compréhension de la façon de définir et d'utiliser des fonctions en Python. Cette connaissance sera essentielle au fur et à mesure que vous continuerez à développer vos compétences en Python et à relever des défis de programmation plus complexes à l'avenir.

5.1 : Définir des fonctions

Une fonction en Python est un bloc de construction de tout programme et est conçue pour effectuer une tâche spécifique et isolée. Le principal avantage de l'utilisation de fonctions réside dans le fait qu'elles favorisent une meilleure modularité, ce qui signifie que votre code est mieux organisé et plus facile à manipuler. De plus, les fonctions contribuent à rendre votre code plus compréhensible, maintenable et déboguable, ce qui peut vous faire économiser beaucoup de temps et de frustration à long terme.

En outre, l'utilisation de fonctions peut vous aider à éviter d'écrire du code redondant, ce qui peut être un gros problème pour les grands projets. En divisant votre code en petites parties gérables, vous pouvez créer un programme plus efficace et optimisé qui est plus facile à lire et à maintenir. Dans l'ensemble, les fonctions sont une partie essentielle de tout programme Python, et les maîtriser est la clé pour devenir un développeur compétent.

Pour définir une fonction en Python, on utilise le mot-clé def, suivi du nom de la fonction, d'une paire de parenthèses () et de deux points :. Le corps de la fonction est indenté, tout comme les autres blocs de code en Python. La syntaxe générale pour définir une fonction est la suivante :

```
def function_name():
    # Function body
```

Voici un exemple d'une fonction simple qui affiche "Bonjour, monde !" :

```
def hello_world():
    print("Hello, World!")

# Calling the function
hello_world()
```

Lorsque vous exécutez ce code, "Bonjour, monde !" s'affiche. Notez que nous définissons la fonction hello_world avec le mot-clé def, puis nous appelons la fonction en écrivant son nom suivi de parenthèses.

Les fonctions peuvent également accepter des paramètres d'entrée, qui sont spécifiés entre les parenthèses lors de la définition de la fonction. Vous pouvez passer un ou plusieurs paramètres, séparés par des virgules. Voici un exemple d'une fonction qui accepte un paramètre :

```
def greet(name):
    print(f"Hello, {name}!")

# Calling the function with an argument
greet("Alice")
```

Lorsque vous exécutez ce code, "Bonjour, Alice !" s'affiche. Dans cet exemple, la fonction greet accepte un seul paramètre appelé name. Lorsque nous appelons la fonction, nous passons la valeur "Alice" comme argument au paramètre name.

Dans les prochains sujets, nous en apprendrons davantage sur l'utilisation des paramètres, le retour de valeurs et le travail avec différents types de fonctions en Python. Mais pour l'instant, vous avez déjà appris les bases de la définition et de l'utilisation de fonctions pour organiser votre code et le rendre plus modulaire et réutilisable.

Exercice 5.1.1 : Fonction de salutation simple

Créez une fonction qui prend un nom comme paramètre d'entrée et affiche un message de salutation personnalisé.

Instructions :

1. Définissez une fonction appelée greet qui accepte un paramètre, name.

2. À l'intérieur de la fonction, affichez un message de salutation en utilisant le paramètre name.

3. Appelez la fonction avec votre nom comme argument.

Solution :

```
def greet(name):
    print(f"Hello, {name}!")

greet("John")
```

Sortie :

```
Hello, John!
```

Exercice 5.1.2 : Somme de deux nombres

Créez une fonction qui prend deux nombres comme paramètres d'entrée et affiche leur somme.

Instructions :

1. Définissez une fonction appelée add qui accepte deux paramètres, num1 et num2.

2. À l'intérieur de la fonction, calculez la somme de num1 et num2.

3. Affichez le résultat.

4. Appelez la fonction avec deux nombres de votre choix comme arguments.

Solution :

```
def add(num1, num2):
    result = num1 + num2
    print(f"The sum of {num1} and {num2} is {result}.")

add(5, 7)
```

Sortie :

```
The sum of 5 and 7 is 12.
```

Exercice 5.1.3 : Aire d'un rectangle

Créez une fonction qui prend la longueur et la largeur d'un rectangle comme paramètres d'entrée et affiche l'aire du rectangle.

Instructions :

1. Définissez une fonction appelée rectangle_area qui accepte deux paramètres, length et width.

2. À l'intérieur de la fonction, calculez l'aire du rectangle en utilisant la formule : area = length * width.

3. Affichez l'aire.

4. Appelez la fonction avec la longueur et la largeur d'un rectangle de votre choix comme arguments.

Solution :

```
def rectangle_area(length, width):
    area = length * width
    print(f"The area of the rectangle with length {length} and width {width} is {area}.")

rectangle_area(10, 5)
```

Sortie :

```
The area of the rectangle with length 10 and width 5 is 50.
```

5.2 : Arguments de fonctions

Dans le sujet précédent, nous avons introduit le concept de fonctions et comment les définir avec des paramètres d'entrée. Cependant, pour comprendre pleinement les fonctions, il est important d'avoir une meilleure compréhension des différents types d'arguments de fonctions en Python.

Tout d'abord, parlons des arguments positionnels. Ce sont le type d'argument le plus courant dans les fonctions Python. Ils sont appelés « positionnels » car leurs valeurs sont assignées en fonction de l'ordre dans lequel les arguments sont passés à la fonction. Par exemple, si une fonction a deux arguments positionnels, la première valeur passée sera assignée au premier argument et la deuxième valeur passée sera assignée au deuxième argument.

Maintenant, passons aux arguments nommés. Ces arguments sont identifiés par le nom du paramètre dans la définition de la fonction. Ils sont utiles pour rendre le code plus lisible et pour fournir des valeurs par défaut aux arguments.

Un autre type d'argument sont les arguments par défaut. Ces arguments ont des valeurs par défaut assignées, donc si aucune valeur n'est passée pour eux lors de l'appel de la fonction, la valeur par défaut sera utilisée. C'est utile lorsqu'une fonction est appelée fréquemment avec la même valeur et que l'on souhaite éviter de passer cette valeur à chaque fois.

Enfin, il y a les arguments de longueur variable. Ces arguments sont désignés par un astérisque (*) avant le nom du paramètre. Ils permettent à une fonction d'accepter un nombre arbitraire d'arguments. C'est utile lorsque l'on ne sait pas à l'avance combien d'arguments seront passés à la fonction.

En résumé, Python a quatre types principaux d'arguments de fonctions : arguments positionnels, arguments nommés, arguments par défaut et arguments de longueur variable. En comprenant ces différents types d'arguments, vous pourrez écrire des fonctions plus flexibles et puissantes qui peuvent gérer une variété d'entrées.

5.2.1 : Arguments positionnels :

Les arguments positionnels sont le type d'arguments de fonction le plus courant. Ils sont passés à une fonction dans le même ordre que celui dans lequel ils sont définis dans la fonction. Le nombre d'arguments passés à la fonction doit correspondre au nombre de paramètres définis.

Contrairement à d'autres types d'arguments de fonction, tels que les arguments nommés et les arguments par défaut, les arguments positionnels sont les plus directs et les plus utilisés. Ils sont simples à comprendre et à utiliser, car ils nécessitent seulement de passer des valeurs dans un ordre spécifique. Cependant, ils peuvent poser un défi si le nombre d'arguments passés à la fonction ne correspond pas au nombre de paramètres définis. Dans de tels cas, la fonction générera une TypeError, indiquant que le nombre d'arguments attendus ne correspond pas au nombre d'arguments reçus.

Une façon d'éviter ce problème est de définir soigneusement le nombre de paramètres dans la définition de la fonction et de s'assurer que le nombre d'arguments passés à la fonction correspond à ce nombre. Une autre façon est d'utiliser d'autres types d'arguments de fonction, tels que les arguments nommés ou les arguments par défaut, qui offrent plus de flexibilité quant au nombre et à l'ordre des arguments passés à la fonction. Cependant, ces types d'arguments peuvent être plus complexes et nécessitent une compréhension et une pratique supplémentaires pour les utiliser efficacement.

Exemple :

```python
def person_info(name, age, city):
    print(f"{name} is {age} years old and lives in {city}.")

person_info("Alice", 25, "New York")
```

Sortie :

```
Alice is 25 years old and lives in New York.
```

5.2.2 : Arguments nommés :

Les arguments nommés sont une fonctionnalité essentielle des fonctions Python. Ils vous permettent de passer des arguments à une fonction en utilisant les noms de paramètres, rendant le code plus lisible et plus facile à comprendre. Ceci est particulièrement utile lorsque les fonctions ont de nombreux arguments et qu'il est difficile de se rappeler l'ordre dans lequel ils doivent être passés.

Par exemple, supposons que vous avez une fonction qui prend cinq arguments et que vous voulez seulement passer le 3e et le 5e argument. Avec les arguments nommés, vous pouvez le faire facilement en spécifiant les noms de paramètres pour ces arguments. De cette façon, vous n'avez pas à vous soucier de l'ordre dans lequel les arguments sont définis dans la fonction.

Un autre avantage des arguments nommés est qu'ils rendent la fonction plus flexible. Vous pouvez passer des arguments dans n'importe quel ordre, indépendamment de leur position dans la fonction. Ceci est particulièrement utile lorsque vous souhaitez réutiliser une fonction avec différentes valeurs d'arguments et que vous ne souhaitez pas modifier le code de la fonction pour accommoder les nouveaux arguments.

Les arguments nommés sont un outil puissant qui peut vous aider à écrire du code plus propre et plus efficace. Ils rendent les fonctions plus lisibles, flexibles et faciles à utiliser, rendant votre travail de programmeur beaucoup plus confortable et agréable.

Exemple :

```python
def person_info(name, age, city):
    print(f"{name} is {age} years old and lives in {city}.")

person_info(age=25, city="New York", name="Alice")
```

Sortie :

```
Alice is 25 years old and lives in New York.
```

5.2.3 : Arguments par défaut :

Les arguments par défaut ont une fonctionnalité importante qui peut simplifier l'implémentation de fonctions dans de nombreux langages de programmation. Cette fonctionnalité vous permet d'assigner une valeur par défaut à un paramètre, le rendant optionnel lors de l'appel de la fonction. En faisant cela, vous évitez le besoin de définir et d'implémenter plusieurs fonctions qui effectuent la même opération avec différents nombres d'arguments.

Cette fonctionnalité est particulièrement utile lorsqu'une fonction est appelée de nombreuses façons différentes, car elle vous permet d'éviter d'avoir à écrire de nombreuses versions différentes de la même fonction. Cela peut faire gagner beaucoup de temps et rendre votre code plus facile à maintenir. De plus, les arguments par défaut peuvent rendre votre code plus lisible en réduisant le nombre d'instructions conditionnelles nécessaires pour gérer différentes configurations d'arguments.

Par conséquent, il est recommandé d'utiliser des arguments par défaut chaque fois que possible, en particulier lorsque vous devez écrire des fonctions pouvant gérer un grand nombre de configurations d'arguments. Si l'appelant ne fournit pas de valeur pour le paramètre, la valeur par défaut sera utilisée, garantissant que la fonction fonctionne correctement même si l'appelant oublie de fournir tous les arguments nécessaires.

Exemple :

```python
def person_info(name, age, city="Unknown"):
    print(f"{name} is {age} years old and lives in {city}.")

person_info("Alice", 25).
```

Sortie :

```
Alice is 25 years old and lives in Unknown.
```

5.2.4 : Arguments de longueur variable :

Les arguments de longueur variable sont une fonctionnalité puissante dans les langages de programmation, car ils permettent de passer un nombre arbitraire d'arguments à une fonction. Cela signifie que vous pouvez écrire du code plus flexible et adaptable à divers cas d'usage. Cette fonctionnalité devient particulièrement utile lorsque vous ne connaissez pas le nombre exact d'arguments que vous passerez à une fonction.

En Python, vous pouvez utiliser l'astérisque (*) pour les tuples, qui sont utilisés pour passer des arguments positionnels, et les doubles astérisques (**) pour les dictionnaires, qui sont utilisés pour passer des arguments nommés. Lorsque vous utilisez des arguments de longueur variable, il est important de noter que vous pouvez passer autant d'arguments que vous le souhaitez, mais vous devez vous assurer que votre fonction peut tous les gérer.

En général, les arguments de longueur variable sont un outil essentiel pour tout programmeur, car ils fournissent un moyen d'écrire du code plus flexible et adaptable, sans être limité par la quantité d'arguments qu'une fonction peut accepter.

Exemple :

```python
def print_names(*names):
    for name in names:
        print(name)

print_names("Alice", "Bob", "Charlie", "David")
```

Sortie :

```
Alice
Bob
Charlie
David
```

Pour maîtriser l'art d'écrire des fonctions flexibles et efficaces en Python, il est crucial d'avoir une compréhension solide des divers types d'arguments de fonction. Que vous passiez des arguments par défaut, des arguments nommés ou des arguments de longueur variable, chaque type offre des avantages et des compromis uniques qui peuvent affecter la performance et la fonctionnalité globale de votre code.

Dans le prochain sujet, nous approfondirons le thème du renvoi de valeurs depuis les fonctions. Nous explorerons non seulement la syntaxe de base et la mécanique du renvoi de valeurs, mais nous examinerons également des exemples concrets de la façon de tirer parti des valeurs de retour pour améliorer la puissance et la polyvalence de vos fonctions. À la fin de ce sujet, vous aurez une compréhension complète de la façon d'utiliser les valeurs de retour pour faire passer votre code Python au niveau supérieur.

Exercice 5.2.1 : Calculatrice simple

Créez une calculatrice simple qui prend deux nombres et une opération arithmétique en entrée et effectue l'opération sur les deux nombres.

Instructions :

1. Définissez une fonction appelée simple_calculator qui prend trois paramètres : num1, num2 et operation.

2. Utilisez une structure if-elif-else pour effectuer l'opération correspondante selon l'entrée (addition, soustraction, multiplication ou division).

3. Affichez le résultat de l'opération.

4. Appelez la fonction avec différents arguments pour tester la calculatrice.

Solution :

```python
def simple_calculator(num1, num2, operation):
    if operation == "add":
        result = num1 + num2
    elif operation == "subtract":
        result = num1 - num2
    elif operation == "multiply":
        result = num1 * num2
    elif operation == "divide":
        result = num1 / num2
    else:
```

```
        result = "Invalid operation"
    print(result)

simple_calculator(5, 3, "add")
simple_calculator(5, 3, "subtract")
simple_calculator(5, 3, "multiply")
simple_calculator(5, 3, "divide")
```

Sortie :

```
8
2
15
1.6666666666666667
```

Exercice 5.2.2 : Salutation avec argument par défaut

Créez une fonction qui salue un utilisateur par son nom. Si le nom n'est pas fourni, la fonction doit saluer un utilisateur générique.

Instructions :

1. Définissez une fonction appelée greet qui prend un paramètre, name, avec une valeur par défaut de "User".

2. Affichez un message de salutation qui inclut le nom.

3. Appelez la fonction avec un nom et sans nom pour tester l'argument par défaut.

Solution :

```
def greet(name="User"):
    print(f"Hello, {name}!")

greet("Alice")
greet()
```

Sortie :

```
Hello, Alice!
Hello, User!
```

Exercice 5.2.3 : Somme de nombres avec arguments de longueur variable

Créez une fonction qui calcule la somme d'un nombre arbitraire de nombres passés comme arguments.

Instructions :

1. Définissez une fonction appelée sum_of_numbers qui prend des arguments de longueur variable en utilisant l'astérisque (*).

2. Initialisez une variable appelée total pour stocker la somme.

3. Parcourez les arguments et ajoutez chaque nombre au total.

4. Affichez la somme totale.

5. Appelez la fonction avec différents nombres d'arguments pour tester les arguments de longueur variable.

Solution :

```
def sum_of_numbers(*numbers):
    total = 0
    for number in numbers:
        total += number
    print(total)

sum_of_numbers(1, 2, 3, 4, 5)
sum_of_numbers(10, 20, 30)
sum_of_numbers(100, 200)
```

Sortie :

```
15
60
300
```

5.3 : Valeurs de retour

Dans les sujets précédents, nous avons couvert les aspects essentiels de la définition des fonctions et des arguments de fonctions. Dans ce sujet, nous approfondirons le concept de valeurs de retour.

Les valeurs de retour sont une partie intégrante des fonctions Python. Lorsqu'une fonction s'exécute, elle peut renvoyer une valeur à l'appelant. Cette valeur peut ensuite être utilisée pour un traitement ultérieur ou transmise comme entrée à une autre fonction.

Pour renvoyer une valeur depuis une fonction, on utilise l'instruction return, suivie de la valeur ou de l'expression qui doit être renvoyée. Il est important de noter que l'instruction return marque la fin de la fonction, et le contrôle est ensuite renvoyé à l'appelant. Cette caractéristique est particulièrement utile lorsque vous souhaitez éviter du code répétitif ou lorsque vous voulez transmettre un résultat à une autre fonction.

La syntaxe générale pour une fonction avec une valeur de retour est :

```
def function_name(parameters):
    ...
    return value
```

Examinons quelques exemples pour mieux comprendre comment fonctionnent les valeurs de retour.

Exemple 1 : Fonction d'addition simple

```
def add(a, b):
    result = a + b
    return result

sum_result = add(5, 7)
print(sum_result)  # Output: 12
```

Dans cet exemple, la fonction add prend deux paramètres, a et b, les additionne et renvoie le résultat. Lorsque nous appelons la fonction add avec les arguments 5 et 7, la valeur renvoyée (12) est assignée à la variable sum_result.

Exemple 2 : Maximum de deux nombres

```
def maximum(a, b):
    if a > b:
        return a
    else:
        return b

max_value = maximum(10, 15)
print(max_value)  # Output: 15
```

Ici, nous définissons une fonction maximum qui prend deux paramètres, a et b, et renvoie le plus grand. La fonction utilise une instruction if-else pour déterminer quelle valeur est la plus grande et la renvoie en conséquence.

Exemple 3 : Renvoyer plusieurs valeurs

Vous pouvez également renvoyer plusieurs valeurs depuis une fonction en utilisant un tuple, une liste ou un dictionnaire.

```
def min_max(numbers):
    return min(numbers), max(numbers)

values = [5, 2, 8, 1, 10]
minimum, maximum = min_max(values)
print(f"Minimum: {minimum}, Maximum: {maximum}")  # Output: Minimum: 1, Maximum: 10
```

Dans cet exemple, nous avons une fonction min_max qui prend une liste de nombres en entrée et renvoie un tuple contenant les valeurs minimale et maximale. Lorsque la fonction est appelée avec une liste, elle renvoie le tuple, qui est ensuite décomposé dans les variables minimum et maximum.

Rappelez-vous qu'une fois qu'une instruction return est exécutée, la fonction se termine immédiatement. S'il y a du code après l'instruction return, il ne sera pas exécuté.

Exercice 5.3.1 : Calculer l'aire d'un rectangle

Écrivez une fonction appelée **area_of_rectangle** qui prend deux arguments, longueur et largeur, et renvoie l'aire d'un rectangle.

Instructions :

1. Définissez la fonction **area_of_rectangle**.
2. Calculez l'aire du rectangle.
3. Renvoyez l'aire calculée.

Solution :

```python
def area_of_rectangle(length, width):
    area = length * width
    return area

length = 5
width = 10
result = area_of_rectangle(length, width)
print(f"The area of the rectangle is {result}")  # Output: The area of the rectangle
is 50
```

Exercice 5.3.2 : Vérifier si un nombre est pair ou impair

Créez une fonction appelée is_even qui prend un seul argument, number, et renvoie True si le nombre est pair et False dans le cas contraire.

Instructions :

1. Définissez la fonction is_even.
2. Utilisez l'opérateur modulo pour vérifier si le nombre est pair.
3. Renvoyez True si le nombre est pair et False dans le cas contraire.

Solution :

```python
def is_even(number):
    if number % 2 == 0:
        return True
    else:
```

```
        return False

num = 7
result = is_even(num)
print(f"Is {num} even? {result}")  # Output: Is 7 even? False
```

Exercice 5.3.3 : Obtenir la longueur d'une chaîne

Écrivez une fonction appelée **string_length** qui prend un seul argument, **string**, et renvoie la longueur de la chaîne.

Instructions :

1.   Définissez la fonction **string_length**.

2.   Utilisez la fonction **len()** pour trouver la longueur de la chaîne.

3.   Renvoyez la longueur de la chaîne.

```
def string_length(string):
    length = len(string)
    return length

text = "Python is awesome!"
result = string_length(text)
print(f"The length of the string is {result}")  # Output: The length of the string is
18
```

5.4 : Portée des variables

En Python, il est important de comprendre la visibilité et l'accessibilité d'une variable, qui dépendent de sa portée. La portée fait référence à la zone de votre code où une variable peut être accessible ou utilisée. En comprenant la portée des variables, vous pouvez écrire du code efficace et sans erreurs. Python a deux types principaux de portée de variables :

5.4.1 : Portée globale :

Une variable déclarée en dehors d'une fonction ou d'un bloc de code a une portée globale. Cela signifie que vous pouvez accéder à la variable depuis n'importe quelle partie du code, même à l'intérieur des fonctions. Cependant, il n'est pas recommandé de modifier la valeur d'une variable globale à l'intérieur d'une fonction à moins d'utiliser le mot-clé "global".

Comprendre la différence entre la portée globale et la portée locale est essentiel pour écrire du code Python efficace. En utilisant la portée appropriée pour vos variables, vous pouvez vous assurer que votre code est efficace et facile à lire.

Exemple :

```
global_var = "I am a global variable"

def my_function():
    print(global_var)

my_function()  # Output: I am a global variable
```

5.4.2 : Portée locale :

Une variable déclarée à l'intérieur d'une fonction ou d'un bloc de code a une portée locale, ce qui signifie qu'elle n'est accessible qu'à l'intérieur de cette fonction ou de ce bloc de code. Il s'agit d'une fonctionnalité utile car elle nous permet de maintenir les variables contenues dans une section spécifique de notre code, évitant ainsi d'éventuels conflits avec d'autres variables qui peuvent avoir le même nom.

Cependant, il est important de noter qu'une fois que la fonction ou le bloc de code termine son exécution, la variable locale est détruite et ne peut plus être accessible. C'est pourquoi il est crucial de gérer correctement la portée de vos variables, en vous assurant qu'elles sont accessibles quand et où elles sont nécessaires, mais qu'elles ne sont pas maintenues inutilement après la fin de leur utilisation.

Exemple :

```
def my_function():
    local_var = "I am a local variable"
    print(local_var)

my_function()  # Output: I am a local variable
print(local_var)  # Error: local_var is not defined in the global scope
```

Il est important de noter que si une variable locale a le même nom qu'une variable globale, la variable locale a la priorité à l'intérieur de la fonction. Cela signifie que toute opération effectuée sur la variable à l'intérieur de la fonction n'affectera pas la variable globale.

Exemple :

```
x = 10

def modify_x():
    x = 5
    print(f"Inside the function, x is {x}")

modify_x()  # Output: Inside the function, x is 5
print(f"Outside the function, x is {x}")  # Output: Outside the function, x is 10
```

En résumé, comprendre la portée des variables est crucial pour la gestion des données dans tout le code. Les variables globales peuvent être accessibles depuis n'importe quelle partie du code, mais doivent être utilisées avec modération, tandis que les variables locales sont restreintes à leurs fonctions ou blocs de code respectifs.

Exercice 5.4.1 : Accéder aux variables globales à l'intérieur d'une fonction

Dans cet exercice, vous allez pratiquer l'accès à une variable globale à l'intérieur d'une fonction sans la modifier.

Instructions :

1. Créez une variable globale appelée name et assignez-lui la valeur "John".

2. Définissez une fonction appelée print_name qui affiche la variable globale name.

3. Appelez la fonction print_name.

Solution :

```
name = "John"

def print_name():
    print(name)

print_name()
```

Sortie :

```
John
```

Exercice 5.4.2 : Modifier des variables globales à l'intérieur d'une fonction

Dans cet exercice, vous allez pratiquer la modification d'une variable globale à l'intérieur d'une fonction en utilisant le mot-clé "global".

Instructions :

1. Créez une variable globale appelée "counter" et assignez-lui la valeur 0.

2. Définissez une fonction appelée "increment_counter" qui incrémente la variable globale "counter" de 1.

3. Appelez la fonction "increment_counter" trois fois.

4. Affichez la valeur de "counter".

Solution :

```
counter = 0

def increment_counter():
    global counter
```

```
    counter += 1
increment_counter()
increment_counter()
increment_counter()

print(counter)
```

Sortie :

```
3
```

Exercice 5.4.3 : Variables locales vs. variables globales

Dans cet exercice, vous allez pratiquer l'utilisation de variables locales et globales avec le même nom et observer leur comportement à l'intérieur et à l'extérieur d'une fonction.

Instructions :

1. Créez une variable globale appelée "message" et assignez-lui la valeur "Global message".

2. Définissez une fonction appelée "print_local_message" qui : a. Crée une variable locale appelée "message" avec la valeur "Local message". b. Affiche la variable locale "message".

3. Appelez la fonction "print_local_message".

4. Affichez la variable globale "message".

Solution :

```
message = "Global message"

def print_local_message():
    message = "Local message"
    print(message)

print_local_message()
print(message)
```

Sortie :

```
Local message
Global message
```

5.5 : Fonctions Lambda

Dans cette section, nous allons introduire les fonctions lambda, une façon concise de créer de petites fonctions anonymes. Les fonctions lambda sont particulièrement utiles pour des opérations simples qui peuvent être définies en une seule ligne de code.

Les fonctions lambda peuvent être utilisées à diverses fins, du filtrage de données au tri de valeurs. Elles peuvent également être utilisées pour manipuler des données de diverses manières, comme assigner des valeurs à une nouvelle structure de données ou réduire des données à une seule valeur. La polyvalence des fonctions lambda en fait un outil précieux pour tout programmeur.

Lors de la création d'une fonction lambda, il est important de garder à l'esprit qu'il s'agit de fonctions anonymes, ce qui signifie qu'elles n'ont pas de nom. Cela peut rendre leur débogage difficile si une erreur se produit. Cependant, les avantages de l'utilisation des fonctions lambda l'emportent souvent sur les inconvénients potentiels.

Pour créer une fonction lambda, on commence par le mot-clé lambda, suivi des paramètres d'entrée de la fonction et de deux-points. Après les deux-points, on fournit l'expression qui représente la logique de la fonction. Il est important de noter que les fonctions lambda peuvent avoir n'importe quel nombre de paramètres d'entrée, mais ne peuvent avoir qu'une seule expression. Cette expression doit être concise tout en représentant complètement la logique prévue de la fonction.

Dans l'ensemble, les fonctions lambda sont un outil puissant pour tout programmeur cherchant à écrire du code concis et efficace. Avec leur capacité à gérer une variété de tâches et leur syntaxe simple, les fonctions lambda sont un ajout précieux à la boîte à outils de tout programmeur.

Sintaxis:

```
lambda parameters: expression
```

Exemple :

```
# Regular function
def add(a, b):
    return a + b

result = add(2, 3)
print(result)  # Output: 5

# Equivalent lambda function
add_lambda = lambda a, b: a + b

result_lambda = add_lambda(2, 3)
print(result_lambda)  # Output: 5
```

Dans l'exemple ci-dessus, nous définissons une fonction régulière appelée **add** qui prend deux paramètres a et b et renvoie leur somme. Ensuite, nous définissons une fonction lambda appelée **add_lambda** qui fait la même chose. Les deux fonctions produisent le même résultat lorsqu'elles sont appelées avec les mêmes arguments.

Lorsqu'on travaille avec des fonctions lambda, il y a certaines limitations qu'il est important de garder à l'esprit. Bien qu'elles puissent être incroyablement utiles pour des opérations petites et simples, elles ne conviennent pas aux tâches plus complexes. Cela est dû au fait que les fonctions lambda sont restreintes à avoir une seule expression, et ne peuvent pas inclure d'instructions, d'assignations ou de multiples expressions qui doivent être combinées.

Malgré ces limitations, les fonctions lambda restent très précieuses dans de nombreux contextes. Par exemple, elles peuvent être utilisées comme arguments pour des fonctions d'ordre supérieur, telles que map(), filter() ou sorted(). Ces fonctions prennent d'autres fonctions en entrée, et les fonctions lambda peuvent être utilisées pour fournir ces fonctions d'entrée. En utilisant les fonctions lambda de cette manière, il devient possible d'accomplir une grande variété de tâches.

Dans la section suivante, nous fournirons une série d'exercices pratiques conçus pour vous aider à consolider votre compréhension des fonctions lambda. Ces exercices vous permettront de mettre en pratique vos nouvelles connaissances et vous offriront une expérience précieuse dans l'utilisation des fonctions lambda dans une variété de contextes différents.

Exercice 5.5.1 : Carré avec Lambda

Créez une fonction lambda qui prend un seul nombre en entrée et renvoie son carré.

Instructions :

1. Définissez une fonction lambda qui prend un paramètre.

2. Écrivez une expression qui calcule le carré de l'entrée.

3. Testez la fonction lambda avec un nombre de votre choix.

Solution :

```
square = lambda x: x**2

result = square(4)
print(result)  # Output: 16
```

Exercice 5.5.2 : Trier une liste avec Lambda

Triez une liste de tuples en fonction du deuxième élément de chaque tuple en utilisant une fonction lambda.

Instructions :

1. Créez une liste de tuples contenant deux nombres chacun.

2. Utilisez la fonction sorted() avec une fonction lambda comme argument key.

3. Affichez la liste triée.

Solution :

```
data = [(1, 3), (5, 2), (7, 1), (3, 4)]
sorted_data = sorted(data, key=lambda x: x[1])

print(sorted_data)  # Output: [(7, 1), (5, 2), (1, 3), (3, 4)]
```

Exercice 5.5.3 : Filtrer avec Lambda

Utilisez une fonction lambda avec la fonction <i>filter()</i> pour trouver tous les nombres pairs dans une liste.

Instructions :

1. Créez une liste d'entiers.

2. Utilisez la fonction filter() avec une fonction lambda qui vérifie si un nombre est pair.

3. Convertissez le résultat filtré en liste et affichez-le.

Solution :

```
numbers = [1, 2, 3, 4, 5, 6, 7, 8, 9]
even_numbers = list(filter(lambda x: x % 2 == 0, numbers))

print(even_numbers)  # Output: [2, 4, 6, 8]
```

Nous sommes arrivés à la fin du Chapitre 5, « Fonctions ». Tout au long de ce chapitre, nous avons exploré divers concepts liés aux fonctions, notamment la définition de fonctions, les arguments de fonctions, les valeurs de retour, la portée des variables et les fonctions lambda. Ces concepts sont essentiels pour aider à écrire du code propre, réutilisable et efficace.

Nous espérons que les explications détaillées et les exercices pratiques vous ont aidé non seulement à comprendre ces concepts, mais aussi à les appliquer dans votre parcours de programmation en Python. Au fur et à mesure que vous continuerez à pratiquer et à travailler sur les exercices, vous vous sentirez plus à l'aise en utilisant des fonctions pour créer du code bien structuré.

Dans les prochains chapitres, nous approfondirons les fonctionnalités et bibliothèques riches de Python, en couvrant des sujets tels que les structures de données, les modules et la programmation orientée objet. Restez enthousiaste et n'hésitez pas à revenir aux chapitres précédents si vous avez besoin de réviser l'un des concepts.

Chapitre 6 : Travailler avec les fichiers

Dans ce chapitre, nous explorerons comment travailler avec les fichiers en Python. Les fichiers constituent une partie essentielle de la plupart des projets de programmation, car ils vous permettent de stocker, récupérer et manipuler des données en dehors de votre programme. En apprenant à travailler avec les fichiers, vous pourrez créer des applications plus complexes et basées sur les données.

Un aspect important du travail avec les fichiers est d'apprendre à gérer les erreurs. Lors de l'ouverture d'un fichier, il est possible que le fichier n'existe pas ou que l'utilisateur n'ait pas la permission d'y accéder. Dans ces cas, votre programme doit être capable de gérer l'erreur avec élégance et de fournir des informations à l'utilisateur.

Un autre concept important est de comprendre les différents modes de fichier disponibles. Ces modes déterminent comment le fichier peut être accédé et modifié. Par exemple, le mode « r » vous permet de lire le contenu d'un fichier, tandis que le mode « w » vous permet d'écrire de nouvelles données dans un fichier.

Nous couvrirons également comment lire et écrire différents types de fichiers. De plus, nous explorerons comment utiliser le module os pour interagir avec le système de fichiers et effectuer des tâches telles que créer des répertoires et supprimer des fichiers.

À la fin de ce chapitre, vous aurez une solide compréhension de la façon de travailler avec les fichiers en Python et vous pourrez appliquer ces connaissances à vos propres projets de programmation.

6.1 : Ouvrir et fermer des fichiers

Pour commencer à travailler avec les fichiers en Python, vous devez comprendre comment les ouvrir et les fermer. La fonction intégrée open() est utilisée pour ouvrir un fichier, et elle renvoie un objet fichier que vous pouvez utiliser pour effectuer diverses opérations sur le fichier.

La fonction open() prend deux arguments principaux :

- Le nom du fichier (y compris le chemin si le fichier ne se trouve pas dans le même répertoire que votre script).

- Le mode dans lequel le fichier doit être ouvert.

Il existe plusieurs modes que vous pouvez utiliser lors de l'ouverture d'un fichier :

- 'r' : Mode lecture, pour lire le contenu d'un fichier existant (mode par défaut si non spécifié).

- 'w' : Mode écriture, pour créer un nouveau fichier ou écraser le contenu d'un fichier existant.

- 'a' : Mode ajout, pour ajouter des données à un fichier existant sans écraser son contenu.

- 'x' : Mode création exclusive, pour créer un nouveau fichier mais générer une erreur si le fichier existe déjà.

Vous pouvez également spécifier si le fichier doit être traité comme un fichier binaire en ajoutant un 'b' au mode, comme 'rb', 'wb', etc.

Voici un exemple de comment ouvrir un fichier en mode lecture :

```
file = open("example.txt", "r")p
```

Une fois que vous avez terminé de travailler avec un fichier, il est essentiel de le fermer correctement. Fermer un fichier garantit que toutes les modifications qui y sont apportées sont enregistrées et que les ressources système sont libérées. Vous pouvez fermer un fichier en utilisant la méthode close() de l'objet fichier :

```
file.close()
```

Il est recommandé d'utiliser l'instruction with lorsque vous travaillez avec des fichiers, car elle s'occupe automatiquement de fermer le fichier lorsque le bloc de code est terminé. L'instruction with est également connue sous le nom de gestionnaire de contexte. Voici un exemple :

```
with open("example.txt", "r") as file:
    # Perform file operations here
    pass
```

Dans cet exemple, l'instruction with crée un contexte où le fichier est ouvert, et après l'exécution du bloc de code, le fichier est automatiquement fermé.

Maintenant que vous avez une solide compréhension des concepts fondamentaux derrière l'ouverture et la fermeture des fichiers, y compris les différents modes de fichier disponibles, il est temps d'approfondir le sujet et d'explorer comment lire et écrire des données dans les fichiers.

Dans les prochaines sections, nous discuterons des techniques pour lire des données à partir de fichiers, y compris comment lire des données dans différents formats. Nous couvrirons également le processus d'écriture de données dans les fichiers, y compris comment écrire des données dans différents formats et comment ajouter des données à des fichiers existants.

De plus, nous explorerons certaines techniques avancées d'entrée et de sortie de fichiers, comme la gestion des données binaires et le travail avec de gros fichiers. À la fin de ces sections, vous aurez une compréhension complète de la façon de travailler avec les fichiers dans vos programmes Python.

Exercice 6.1.1 : Créer un nouveau fichier

Écrivez un programme Python qui crée un nouveau fichier texte et écrit une ligne de texte dedans.

Instructions :

1. Utilisez la fonction open() pour créer un nouveau fichier texte appelé new_file.txt en mode écriture.

2. Écrivez la ligne « Hello, World! » dans le fichier.

3. Fermez le fichier.

Solution :

```
with open("new_file.txt", "w") as file:
    file.write("Hello, World!")
```

Sortie : Un nouveau fichier appelé new_file.txt sera créé avec le contenu "Hello, World!".

Exercice 6.1.2 : Lire un fichier

Écrivez un programme Python qui lit le contenu d'un fichier texte et l'affiche dans la console.

Instructions :

1. Créez un fichier texte appelé input.txt contenant quelques lignes de texte.

2. Utilisez la fonction open() pour ouvrir le fichier en mode lecture.

3. Lisez le contenu du fichier en utilisant la méthode read().

4. Affichez le contenu du fichier dans la console.

5. Fermez le fichier.

Solution :

Créez le fichier input.txt avec le contenu suivant :

```
This is a sample text file.
It contains several lines of text.
```

Écrivez le code Python :

```
with open("input.txt", "r") as file:
    content = file.read()
    print(content
```

Sortie :

```
This is a sample text file.
It contains several lines of text.
```

Exercice 6.1.3 : Ajouter à la fin d'un fichier

Titre : Ajouter à la fin d'un fichier

Description : Écrivez un programme Python qui ajoute une nouvelle ligne de texte à la fin d'un fichier texte existant.

Instructions :

1. Créez un fichier texte appelé append_file.txt contenant une seule ligne de texte : "Original line\n".

2. Utilisez la fonction open() pour ouvrir le fichier en mode ajout.

3. Écrivez une nouvelle ligne de texte : "Appended line" dans le fichier.

4. Fermez le fichier.

Solution :

Créez le fichier append_file.txt avec le contenu suivant :

```
Original line
```

Écrivez le code Python :

```
with open("append_file.txt", "a") as file:
    file.write("Appended line")
```

Sortie : Le fichier append_file.txt contiendra maintenant le contenu suivant :

```
Original line
Appended line
```

6.2 : Lecture et écriture de fichiers

Dans cette section, nous discuterons des différentes façons de lire et d'écrire des données depuis et vers des fichiers. Nous avons déjà vu comment ouvrir un fichier et lire son contenu ou y écrire des données. Explorons maintenant quelques méthodes supplémentaires qui rendent la lecture et l'écriture de fichiers plus efficaces et pratiques.

6.2.1 : Lecture de fichiers ligne par ligne :

La lecture d'un fichier ligne par ligne est une tâche courante, en particulier lors du traitement de gros fichiers texte. Cela peut être fait en utilisant la méthode readline() ou en itérant sur l'objet fichier.

Exemple :

```python
with open("file.txt", "r") as file:
    for line in file:
        print(line.strip())
```

Dans cet exemple, nous ouvrons le fichier file.txt en mode lecture et itérons sur chaque ligne en utilisant une boucle for. La méthode strip() est utilisée pour supprimer tout espace blanc de début ou de fin (comme les caractères de nouvelle ligne) de la ligne avant de l'afficher.

6.2.2 : Écriture de plusieurs lignes dans un fichier :

Lors de l'écriture de plusieurs lignes dans un fichier, vous pouvez utiliser la méthode writelines(). Cette méthode prend une liste de chaînes en entrée et les écrit dans le fichier sous forme de lignes séparées.

Exemple :

```python
lines = ["Line 1\\n", "Line 2\\n", "Line 3\\n"]

with open("file.txt", "w") as file:
    file.writelines(lines)
```

Dans cet exemple, nous ouvrons le fichier en mode écriture et écrivons la liste de chaînes **lines** dans le fichier en utilisant la méthode **writelines()**. Notez que des caractères de nouvelle ligne (**\\n**) sont ajoutés à la fin de chaque chaîne pour garantir que chaque ligne est écrite sur une nouvelle ligne.

6.2.3 : Lecture et écriture de fichiers binaires :

Parfois, vous pouvez avoir besoin de travailler avec des fichiers binaires, tels que des images ou des exécutables. Pour lire et écrire des fichiers binaires, vous devez ouvrir le fichier en mode binaire en ajoutant un "b" au paramètre de mode. Les méthodes de lecture et d'écriture restent les mêmes, mais les données sont traitées comme des octets au lieu de chaînes de texte.

Exemple :

```
# Copy a binary file
with open("source.jpg", "rb") as source_file:
    data = source_file.read()

with open("destination.jpg", "wb") as destination_file:
    destination_file.write(data)
```

Dans cet exemple, nous ouvrons un fichier binaire (une image) en mode lecture binaire, lisons son contenu, puis écrivons le contenu dans un nouveau fichier binaire en mode écriture binaire.

En conclusion, Python offre une large gamme de méthodes pour lire et écrire des fichiers. Ces méthodes peuvent être utilisées pour gérer des données dans plusieurs formats et à diverses fins, des simples fichiers texte aux bases de données complexes.

En maîtrisant ces techniques, vous pourrez manipuler les données de manière puissante et rationaliser vos tâches de programmation. De plus, les capacités de gestion de fichiers de Python ne se limitent pas seulement à la lecture et à l'écriture de données.

Vous pouvez également utiliser Python pour créer, supprimer et modifier des fichiers, ainsi que pour gérer les répertoires et les permissions de fichiers. À mesure que vous deviendrez plus compétent et à l'aise avec Python, vous découvrirez sans aucun doute des moyens nouveaux et innovants d'utiliser ses fonctionnalités de gestion de fichiers dans vos projets de programmation.

Exercice 6.2.1 : Compter les lignes dans un fichier texte

Instructions :

1. Créez un fichier texte appelé sample.txt avec plusieurs lignes de texte.

2. Écrivez un programme Python pour ouvrir le fichier, lire son contenu et compter le nombre de lignes.

3. Affichez le nombre total de lignes.

Solution :

```
line_count = 0

with open("sample.txt", "r") as file:
    for line in file:
        line_count += 1

print(f"Total number of lines: {line_count}")
```

Sortie :

```
Total number of lines: <number_of_lines_in_sample.txt>
```

Exercice 6.2.2 : Inverser les lignes dans un fichier texte

Exercice 6.2.2 : Inverser les lignes dans un fichier texteDans cet exercice, vous allez lire un fichier texte, inverser l'ordre des lignes et écrire le contenu inversé dans un nouveau fichier texte.

Instructions :

1. Créez un fichier texte appelé original.txt avec plusieurs lignes de texte.

2. Écrivez un programme Python pour ouvrir le fichier, lire son contenu et inverser l'ordre des lignes.

3. Écrivez le contenu inversé dans un nouveau fichier texte appelé reversed.txt.

Solution :

```python
with open("original.txt", "r") as original_file:
    lines = original_file.readlines()

lines.reverse()

with open("reversed.txt", "w") as reversed_file:
    reversed_file.writelines(lines)
```

Exercice 6.2.3 : Lire et écrire un fichier binaire

Dans cet exercice, vous allez lire un fichier binaire (par exemple, une image) et écrire son contenu dans un nouveau fichier binaire.

Instructions :

1. Choisissez un fichier binaire (par exemple, une image) appelé source.bin.

2. Écrivez un programme Python pour ouvrir le fichier binaire, lire son contenu et écrire le contenu dans un nouveau fichier binaire appelé destination.bin.

Solution :

```python
with open("source.bin", "rb") as source_file:
    data = source_file.read()

with open("destination.bin", "wb") as destination_file:
    destination_file.write(data)
```

Après avoir exécuté le code de la solution, vous devriez trouver un nouveau fichier binaire appelé destination.bin dans votre répertoire de travail, qui est une copie exacte du fichier source.bin.

6.3 : Modes et opérations de fichiers

Lorsque vous travaillez avec des fichiers en Python, il est essentiel de comprendre les différents modes et opérations de fichiers disponibles. Les modes de fichier déterminent comment vous pouvez interagir avec un fichier (par exemple, lire, écrire ou ajouter), tandis que les opérations de fichier se réfèrent aux actions que vous effectuez sur un fichier (par exemple, lire le contenu, écrire du contenu ou rechercher une position spécifique).

Voici une explication détaillée des modes de fichier courants :

- 'r' : Mode lecture - Dans ce mode, le fichier est ouvert en lecture. Vous ne pouvez que lire le contenu du fichier et le fichier doit exister avant de l'ouvrir. Si le fichier n'existe pas, une erreur FileNotFoundError sera générée.

- 'w' : Mode écriture - Dans ce mode, le fichier est ouvert en écriture. Si le fichier n'existe pas, il sera créé. S'il existe déjà, son contenu sera écrasé (c'est-à-dire tronqué).

- 'a' : Mode ajout - Dans ce mode, le fichier est ouvert pour ajouter du contenu. Si le fichier n'existe pas, il sera créé. S'il existe déjà, les nouvelles données seront ajoutées à la fin du fichier, préservant le contenu original.

- 'x' : Mode création exclusive - Dans ce mode, le fichier est ouvert pour une création exclusive. Si le fichier existe déjà, une erreur sera générée. S'il n'existe pas, un nouveau fichier sera créé.

- 'b' : Mode binaire - Ce mode est utilisé pour les fichiers binaires, comme les images ou les exécutables. En ajoutant le mode 'b' à n'importe quel autre mode (par exemple, 'rb', 'wb', 'ab'), le fichier sera traité comme un fichier binaire.

- 't' : Mode texte - Ce mode est utilisé pour les fichiers texte. En ajoutant le mode 't' à n'importe quel autre mode (par exemple, 'rt', 'wt', 'at'), le fichier sera traité comme un fichier texte. Par défaut, si aucun mode n'est spécifié, Python suppose le mode 't'.

Vous pouvez combiner des modes pour obtenir l'effet souhaité. Par exemple, 'r+' ouvre un fichier à la fois en lecture et en écriture, tandis que 'rb' ouvre un fichier en lecture en mode binaire.

Certaines opérations de fichier courantes incluent :

- read() : Lit tout le contenu du fichier sous forme d'une seule chaîne (ou sous forme d'octets en mode binaire).

- readline() : Lit une seule ligne du fichier.

- readlines() : Lit toutes les lignes du fichier dans une liste.

- write() : Écrit une chaîne (ou des octets en mode binaire) dans le fichier.

- writelines() : Écrit une liste de chaînes (ou d'octets en mode binaire) dans le fichier.

- seek() : Déplace le pointeur du fichier vers une position spécifique dans le fichier.

- tell() : Obtient la position actuelle du pointeur du fichier.

N'oubliez pas de fermer un fichier une fois que vous avez fini de l'utiliser, soit en appelant la méthode close(), soit en utilisant l'instruction with, qui ferme automatiquement le fichier lorsque vous quittez le bloc de code. Fermer correctement un fichier garantit que les modifications sont enregistrées et que les ressources sont libérées.

Le code d'exemple dans la section suivante démontre certains des modes et opérations de fichier que nous avons abordés dans l'explication précédente.

```python
# Writing a file in write mode
with open("example.txt", "w") as f:
    f.write("This is an example file.\\n")
    f.write("We are writing some content here.\\n")

# Reading a file in read mode
with open("example.txt", "r") as f:
    content = f.read()
    print("Content of the file:")
    print(content)

# Appending content to the file in append mode
with open("example.txt", "a") as f:
    f.write("This line is appended to the file.\\n")

# Reading the file again after appending
with open("example.txt", "r") as f:
    content = f.read()
    print("Content of the file after appending:")
    print(content)

# Demonstrating file operations
with open("example.txt", "r") as f:
    # Read a single line
    first_line = f.readline()
    print("First line:", first_line.strip())

    # Read all lines into a list
    f.seek(0)  # Move the file pointer back to the start of the file
    lines = f.readlines()
    print("All lines:", lines)

    # Get the current position of the file pointer
    position = f.tell()
```

```
    print("Current position of the file pointer:", position)
```

Sortie :

```
Content of the file:
This is an example file.
We are writing some content here.

Content of the file after appending:
This is an example file.
We are writing some content here.
This line is appended to the file.

First line: This is an example file.
All lines: ['This is an example file.\\n', 'We are writing some content here.\\n',
'This line is appended to the file.\\n']
Current position of the file pointer: 82
```

Pour compléter les exercices suivants, visitez cuantum.tech/books/python-beginner/chapter6/ et téléchargez les fichiers nécessaires pour chaque exercice.

Exercice 6.3.1 : Compter les lignes dans un fichier

Créez un programme qui lit un fichier donné et affiche le nombre de lignes dans le fichier.

Instructions :

1. Lire le fichier fourni "sample_text.txt".

2. Compter le nombre de lignes dans le fichier.

3. Afficher le nombre de lignes.

Code de solution :

```
filename = "sample_text.txt"

with open(filename, "r") as f:
    lines = f.readlines()
    line_count = len(lines)

print(f"The number of lines in the file is: {line_count}")
```

Sortie :

```
The number of lines in the file is: 4
Le fichier "sample_text.txt" contient le contenu suivant :
This is a sample file.
It contains some text.
Here is another line.
```

```
And this is the last line.
```

Exercice 6.3.2 : Copier un fichier

Créez un programme qui lit un fichier donné et crée un nouveau fichier avec son contenu.

Instructions :

1. Lire le fichier fourni "source.txt".

2. Créer un nouveau fichier nommé "destination.txt" et y écrire le contenu de "source.txt".

Code de solution :

```python
source_filename = "source.txt"
destination_filename = "destination.txt"

with open(source_filename, "r") as source_file:
    content = source_file.read()

    with open(destination_filename, "w") as destination_file:
        destination_file.write(content)

print(f"Content from {source_filename} has been copied to {destination_filename}.")
```

Sortie :

```
Content from source.txt has been copied to destination.txt.
```

Exercice 6.3.3 : Lire une ligne spécifique

Créez un programme qui lit un fichier donné et affiche le contenu d'une ligne spécifique.

Instructions :

1. Lire le fichier fourni "lines.txt".

2. Demander à l'utilisateur de saisir un numéro de ligne.

3. Afficher le contenu de la ligne spécifiée.

Code de solution :

```python
filename = "lines.txt"

with open(filename, "r") as f:
    lines = f.readlines()

line_number = int(input("Enter the line number: "))
if 0 < line_number <= len(lines):
    print(f"Line {line_number}: {lines[line_number - 1].strip()}")
```

```
else:
    print("Invalid line number.")
```

Sortie (exemple) :

```
Enter the line number: 2
Line 2: This is the second line.
```

Le fichier "lines.txt" contient le contenu suivant :

```
This is the first line.
This is the second line.
This is the third line.
This is the fourth line.
```

6.4 : Gestion des exceptions dans les opérations sur fichiers

Lorsque vous travaillez avec des fichiers, il est crucial de gérer les exceptions qui peuvent survenir lors des opérations sur fichiers. Une exception est un événement qui se produit lorsqu'une erreur d'exécution est rencontrée, ce qui fait que le programme cesse de s'exécuter. En gérant les exceptions, vous pouvez vous assurer que votre programme continue de s'exécuter sans problème même si une erreur se produit.

Il existe de nombreux types d'exceptions que vous pouvez rencontrer en travaillant avec des fichiers. Parmi les plus courants figurent fichier introuvable, accès refusé et format de fichier non valide. Chacune de ces exceptions nécessite une approche différente pour sa gestion, et il est essentiel de comprendre comment gérer correctement chaque type d'exception.

Une façon de gérer les exceptions est d'utiliser un bloc try-catch. Ce bloc de code vous permet de tenter une opération et de capturer toute exception qui pourrait se produire. En capturant l'exception, vous pouvez la gérer de manière appropriée, comme afficher un message d'erreur ou tenter de récupérer de l'erreur.

Une autre façon de gérer les exceptions est d'utiliser un bloc finally. Ce bloc de code s'exécute indépendamment du fait qu'une exception se produise ou non. Ceci est utile pour fermer des fichiers ou libérer des ressources, ce qui garantit que votre programme continue de fonctionner efficacement.

En plus de gérer les exceptions, il est également essentiel de s'assurer que votre programme est sécurisé lorsque vous travaillez avec des fichiers. Cela inclut la validation de l'entrée utilisateur, s'assurer que les fichiers ne sont pas écrasés accidentellement et empêcher l'accès non autorisé aux fichiers. En prenant ces mesures, vous pouvez vous assurer que votre programme est robuste et sécurisé lorsque vous travaillez avec des fichiers.

Python utilise les blocs try, except et finally pour gérer les exceptions dans les opérations sur fichiers. Explorons ces concepts en détail :

- try : Le bloc try contient le code qui pourrait générer une exception. Si une exception se produit dans le bloc try, l'exécution passe au bloc except approprié.

- except : Le bloc except contient le code qui sera exécuté lorsqu'une exception est générée dans le bloc try. Vous pouvez capturer des types d'exceptions spécifiques, ce qui vous permet de gérer différentes exceptions avec différents codes. Si vous ne spécifiez pas de type d'exception, le bloc except capturera toutes les exceptions.

- finally : Le bloc finally contient du code qui sera toujours exécuté, indépendamment du fait qu'une exception se soit produite ou non. Ce bloc est souvent utilisé pour les tâches de nettoyage, comme fermer un fichier.

Voici un exemple de gestion d'exceptions dans les opérations sur fichiers :

```python
filename = "nonexistent_file.txt"

try:
    with open(filename, "r") as file:
        content = file.read()
except FileNotFoundError:
    print(f"The file '{filename}' does not exist.")
except Exception as e:
    print(f"An error occurred while reading the file: {e}")
else:
    print("The file was read successfully.")
finally:
    print("This message will always be printed.")
```

Dans cet exemple, si le fichier n'existe pas, une exception FileNotFoundError sera levée et le bloc except correspondant sera exécuté. Si une autre exception se produit, le bloc except général avec Exception as e sera exécuté. Si aucune exception ne se produit, le bloc else sera exécuté. Le bloc finally sera toujours exécuté, qu'une exception se soit produite ou non.

Lors de l'écriture de code, il est important de penser non seulement au chemin heureux, mais aussi aux différents scénarios qui peuvent se produire, comme des erreurs ou des exceptions inattendues. Un domaine où cela est particulièrement important est celui des opérations sur fichiers. En prenant le temps de considérer et de gérer les exceptions potentielles qui pourraient se produire lors de la lecture ou de l'écriture de fichiers, vous pouvez rendre vos programmes plus robustes et résistants aux erreurs.

Par exemple, que se passe-t-il si le fichier que vous essayez d'ouvrir n'existe pas ou si vous n'avez pas les permissions nécessaires pour y accéder ? Que se passe-t-il si le fichier est utilisé par un autre processus ou si le disque est plein ? Ce sont tous des scénarios potentiels qui pourraient faire que votre programme se bloque ou se comporte de manière inattendue s'ils ne sont pas gérés correctement.

En anticipant et en gérant ces exceptions de manière appropriée, vous pouvez garantir une expérience utilisateur fluide et sans erreur. Cela pourrait impliquer d'afficher des messages d'erreur utiles à l'utilisateur, d'enregistrer les erreurs à des fins de débogage ou de prendre d'autres mesures pour se rétablir élégamment de l'erreur.

Par conséquent, n'oubliez pas de prendre le temps de réfléchir à la gestion des exceptions lorsque vous travaillez avec des fichiers. Cela peut nécessiter un peu plus d'effort au départ, mais cela en vaudra la peine à long terme en rendant vos programmes plus fiables et faciles à utiliser.

Exercice 6.4.1 : Gestion de FileNotFoundError

Dans cet exercice, vous gérerez une FileNotFoundError en essayant de lire un fichier inexistant.

Instructions :

- Écrivez un programme Python qui tente de lire un fichier appelé "nonexistent_file.txt".

- Gérez l'exception FileNotFoundError et affichez un message pour informer l'utilisateur que le fichier n'existe pas.

Solution :

```
filename = "nonexistent_file.txt"

try:
    with open(filename, "r") as file:
        content = file.read()
except FileNotFoundError:
    print(f"The file '{filename}' does not exist.")
```

Sortie :

```
The file 'nonexistent_file.txt' does not exist.
```

Exercice 6.4.2 : Gestion de PermissionError

Dans cet exercice, vous gérerez une PermissionError en essayant d'écrire dans un fichier en lecture seule.

Instructions :

- Créez un fichier en lecture seule appelé "readonly_file.txt" et écrivez-y du contenu.

- Écrivez un programme Python qui tente d'ajouter du nouveau contenu au fichier en lecture seule.

- Gérez l'exception PermissionError et affichez un message pour informer l'utilisateur que le fichier est en lecture seule.

Solution :

```
filename = "readonly_file.txt"

try:
    with open(filename, "a") as file:
        file.write("Appending new content")
except PermissionError:
    print(f"Cannot write to the file '{filename}' as it is read-only.")
```

Sortie :

```
Cannot write to the file 'readonly_file.txt' as it is read-only.
```

Exercice 6.4.3 : Utilisation du bloc Finally

Dans cet exercice, vous utiliserez le bloc finally pour vous assurer qu'un fichier est fermé après avoir lu son contenu.

Instructions :

- Créez un fichier appelé "my_file.txt" et écrivez-y du contenu.

- Écrivez un programme Python qui tente de lire le contenu du fichier.

- Utilisez le bloc finally pour fermer le fichier, qu'une exception se soit produite ou non.

Solution :

```
filename = "my_file.txt"

try:
    file = open(filename, "r")
    content = file.read()
    print(content)
except Exception as e:
    print(f"An error occurred while reading the file: {e}")
finally:
    file.close()
    print("The file was closed.")
```

Sortie :

```
[Content of my_file.txt]
The file was closed.
```

Félicitations pour avoir terminé le Chapitre 6 sur le Travail avec les Fichiers ! Dans ce chapitre, nous avons exploré les bases de la gestion des fichiers en Python, y compris l'ouverture et la fermeture de fichiers, la lecture et l'écriture du contenu de fichiers, la compréhension des modes de fichier et la gestion des exceptions dans les opérations sur fichiers.

À ce stade, vous devriez avoir une solide compréhension de la façon de travailler avec les fichiers en Python. Vous avez appris à gérer les exceptions courantes qui peuvent se produire lors des opérations sur fichiers, comme FileNotFoundError et PermissionError. Ces compétences sont essentielles pour tout développeur Python, car la gestion des fichiers est une tâche courante dans de nombreux projets de programmation.

Au fur et à mesure que vous progresserez dans votre parcours avec Python, vous pourrez rencontrer des concepts plus avancés de gestion de fichiers, comme travailler avec des fichiers binaires ou gérer efficacement de gros fichiers en utilisant la mise en mémoire tampon. Continuez à apprendre et à pratiquer, et n'oubliez pas de revenir à ce chapitre chaque fois que vous aurez besoin d'un rappel sur la gestion des fichiers en Python.

Chapitre 7 : Modules et paquets

Dans ce chapitre, nous explorerons le monde fascinant des modules et paquets en Python. Ces deux concepts sont fondamentaux pour tout langage de programmation, car ils permettent l'organisation et la réutilisation du code de manière structurée et systématique.

Python est particulièrement connu pour sa riche bibliothèque standard, qui contient une grande quantité de modules intégrés offrant un large éventail de fonctionnalités. Parmi les modules les plus utilisés figurent « os » pour les interactions avec le système d'exploitation, « math » pour les opérations mathématiques et « random » pour générer des nombres aléatoires. De plus, il existe de nombreux paquets tiers disponibles à diverses fins, qui peuvent être facilement installés à l'aide d'outils comme pip.

En comprenant comment travailler avec les modules et les paquets, vous pourrez écrire du code plus efficace et modulaire, vous faisant gagner du temps et des efforts à long terme. Vous pourrez également tirer parti de la vaste gamme de fonctionnalités préexistantes disponibles dans l'écosystème Python, qui peuvent grandement bénéficier à vos projets et à votre flux de travail. Alors plongeons-nous et découvrons la puissance des modules et paquets en Python !

7.1 : Importer des modules

Les modules Python sont des fichiers qui contiennent du code Python. Ils sont utilisés pour organiser votre code en composants réutilisables, le rendant plus facile à maintenir et à comprendre. La façon la plus courante d'utiliser un module est de l'importer dans votre script ou dans un autre module. Cela vous permet d'accéder aux fonctions, classes et variables définies dans le module importé.

Pour importer un module en Python, vous pouvez utiliser l'instruction import, suivie du nom du module. Par exemple, si vous souhaitez importer le module intégré math, vous pouvez le faire ainsi :

```
import math
```

Une fois que vous avez importé un module, vous pouvez accéder à ses fonctions, classes et variables en utilisant la notation point (.). Voici un exemple de la façon d'utiliser la fonction sqrt du module math :

```
import math

square_root = math.sqrt(16)
print(square_root)  # Output: 4.0
```

Vous pouvez également utiliser le mot-clé from pour importer des fonctions, classes ou variables spécifiques d'un module. Cela vous permet d'y accéder directement, sans avoir besoin d'utiliser la notation point. Voici un exemple de la façon d'importer la fonction sqrt du module math :

```
from math import sqrt

square_root = sqrt(16)
print(square_root)  # Output: 4.0
```

Dans certains cas, vous souhaiterez peut-être importer un module ou une fonction, classe ou variable spécifique avec un alias. Vous pouvez utiliser le mot-clé as à cette fin. Cela peut être particulièrement utile lorsque vous travaillez avec des modules ayant des noms longs ou compliqués. Voici un exemple de la façon d'importer le module math avec un alias :

```
import math as m

square_root = m.sqrt(16)
print(square_root)  # Output: 4.0
```

Lorsqu'il s'agit d'importer des modules en Python, il est important de noter qu'il existe différentes façons de l'aborder. Bien qu'il puisse être tentant d'importer un module complet, il est généralement considéré comme une bonne pratique d'importer uniquement les fonctions, classes ou variables spécifiques dont vous avez besoin. Non seulement cela peut rendre votre code plus efficace en réduisant la quantité de mémoire utilisée, mais cela rend également votre code plus lisible en indiquant clairement quelles parties du module sont utilisées.

En passant aux sujets suivants, il y a beaucoup plus à discuter sur les modules et paquets en Python. En plus d'importer des modules, vous pouvez également créer et organiser vos propres modules et paquets pour mieux structurer votre code. De plus, vous pourriez vous retrouver à travailler avec des paquets tiers qui offrent des fonctionnalités supplémentaires au-delà de ce qui est inclus dans la bibliothèque standard. En apprenant à travailler avec les modules et les paquets, vous pouvez considérablement améliorer l'organisation et l'efficacité de votre code Python.

Exercice 7.1.1 : Générateur de nombres aléatoires

Dans cet exercice, vous allez générer un nombre entier aléatoire entre 1 et 100 en utilisant le module random.

Instructions :

1. Importez le module random.

2. Générez un nombre entier aléatoire entre 1 et 100 en utilisant la fonction randint.

3. Affichez le nombre entier aléatoire généré.

Solution :

```python
import random

random_integer = random.randint(1, 100)
print(random_integer)
```

Sortie : (Notez que la sortie variera car il s'agit d'un nombre aléatoire)

```
42
```

Exercice 7.1.2 : Date et heure actuelles

Dans cet exercice, vous allez afficher la date et l'heure actuelles en utilisant le module datetime.

Instructions :

1. Importez le module datetime.

2. Obtenez la date et l'heure actuelles en utilisant la fonction datetime.now().

3. Affichez la date et l'heure actuelles.

Solution :

```python
import datetime

current_date_time = datetime.datetime.now()
print(current_date_time)
```

Sortie : (Notez que la sortie variera en fonction de la date et de l'heure actuelles)

```
2023-03-29 12:34:56.789012
```

Exercice 7.1.3 : Calculer l'aire d'un cercle

Dans cet exercice, vous allez calculer l'aire d'un cercle avec un rayon donné en utilisant la constante pi du module math.

Instructions :

1. Importez la constante pi du module math.

2. Définissez une variable radius et attribuez-lui une valeur, par exemple 5.

3. Calculez l'aire du cercle en utilisant la formule area = pi *radius* radius.

4. Affichez l'aire du cercle.

Solution :

```
from math import pi

radius = 5
area = pi * radius * radius
print(area)
```

Sortie :

```
78.53981633974483
```

7.2 : Modules de la bibliothèque standard

Dans cette section, nous explorerons la bibliothèque standard de Python, qui est un ensemble de modules préinstallés offrant un large éventail de fonctionnalités. Ces modules sont utiles pour effectuer diverses tâches sans avoir besoin de bibliothèques tierces. Ils peuvent être utilisés pour travailler avec le système de fichiers, interagir avec Internet, manipuler des données et bien plus encore.

La bibliothèque standard de Python est un outil essentiel pour tout programmeur Python. Elle comprend des modules pour travailler avec des expressions régulières, la cryptographie, la programmation réseau et plus encore. L'un des modules les plus utilisés est le module os, qui fournit un moyen d'interagir avec le système de fichiers. Vous pouvez utiliser ce module pour créer, supprimer ou modifier des fichiers et des répertoires, ainsi que pour naviguer dans le système de fichiers.

Un autre module couramment utilisé est le module urllib, qui fournit un moyen d'interagir avec Internet. Vous pouvez utiliser ce module pour télécharger des pages web, envoyer des requêtes HTTP et plus encore. Le module urllib est particulièrement utile pour les tâches d'extraction de données et d'analyse de données.

En plus de ces modules couramment utilisés, la bibliothèque standard de Python comprend des modules pour travailler avec les dates et heures, analyser du XML et plus encore. Ces modules peuvent être utilisés pour effectuer un large éventail de tâches, allant de la gestion simple de fichiers à l'analyse complexe de données.

Voici quelques modules essentiels de la bibliothèque standard qui peuvent vous être utiles :

7.2.1 : os

Le module os fournit un moyen d'interagir avec le système d'exploitation. Il permet d'effectuer des opérations sur les fichiers et les répertoires, comme créer, renommer ou supprimer des fichiers et des répertoires. De plus, il peut récupérer des informations sur le système, comme les variables d'environnement ou le répertoire de travail actuel.

Exemple :

```python
import os

# Get the current working directory
current_directory = os.getcwd()
print(current_directory)
```

7.2.2 : sys

Le module sys fournit un accès à certaines variables utilisées ou maintenues par l'interpréteur et à des fonctions qui interagissent avec l'interpréteur. Par exemple, il peut être utilisé pour accéder aux arguments de la ligne de commande ou manipuler le chemin Python.

Exemple :

```python
import sys

# Print the Python version
print(sys.version)
```

7.2.3 : re

Le module re fournit un support pour les expressions régulières, qui sont un outil puissant pour le traitement de texte. Elles peuvent être utilisées pour rechercher, faire correspondre ou substituer des motifs spécifiques dans des chaînes de caractères.

Exemple :

```python
import re

text = "Hello, my name is John Doe"
pattern = r"\\b\\w{4}\\b"

four_letter_words = re.findall(pattern, text)
print(four_letter_words)
```

7.2.4 : json

Le module json permet de travailler avec des données JSON en encodant et décodant des chaînes JSON. Il peut être utilisé pour lire et écrire des données JSON dans des fichiers, ainsi que pour convertir des données JSON en objets Python et vice versa.

Exemple :

```
import json

data = {
    "name": "John",
    "age": 30,
    "city": "New York"
}

# Convert the Python dictionary to a JSON string
json_data = json.dumps(data)
print(json_data)
```

7.2.5 : urllib

Le module urllib fait partie de la bibliothèque standard de Python et est utilisé pour travailler avec des URLs. Il fournit diverses fonctions pour interagir avec des URLs et obtenir des données depuis Internet. Le module urllib est divisé en plusieurs sous-modules, tels que urllib.request, urllib.parse et urllib.error.

Voici une brève explication des sous-modules les plus utilisés :

1. urllib.request : Ce sous-module fournit des fonctions pour ouvrir et lire des URLs. La méthode la plus courante est urlopen, qui peut être utilisée pour obtenir des données depuis une URL.

    Exemple :

    ```
    import urllib.request

    url = "<https://www.example.com>"
    response = urllib.request.urlopen(url)
    content = response.read()

    print(content)
    ```

2. urllib.parse : Ce sous-module contient des fonctions pour manipuler et analyser des URLs, comme diviser une URL en ses composants ou encoder/décoder des paramètres de requête.

    Exemple :

```
from urllib.parse import urlparse, urlencode

url = "<https://www.example.com/search?q=python+programming>"

# Parse the URL into components
parsed_url = urlparse(url)
print(parsed_url)

# Encode query parameters
query_params = {"q": "python programming", "page": 2}
encoded_params = urlencode(query_params)
print(encoded_params)
```

3. urllib.error : Ce sous-module définit des classes d'exception pour gérer les erreurs qui peuvent survenir lors de la manipulation d'URLs, comme des erreurs HTTP ou des problèmes liés au réseau. Certaines exceptions courantes sont URLError et HTTPError.

Exemple :

```
import urllib.request
from urllib.error import URLError, HTTPError

url = "<https://www.nonexistentwebsite.com>"

try:
    response = urllib.request.urlopen(url)
except HTTPError as e:
    print(f"HTTP error occurred: {e}")
except URLError as e:
    print(f"URL error occurred: {e}")
```

Ces sous-modules combinés offrent un moyen puissant d'interagir avec Internet et de manipuler des URLs. Cependant, dans de nombreux cas, les développeurs préfèrent utiliser la bibliothèque tierce requests pour faire des requêtes HTTP, car elle offre une API plus facile à utiliser et des fonctionnalités supplémentaires. Si vous êtes intéressé, vous pouvez en apprendre davantage sur la bibliothèque requests ici : https://docs.python-requests.org/en/master/

Ce ne sont que quelques exemples parmi les nombreux modules de la bibliothèque standard disponibles en Python. Pour explorer plus de modules et découvrir leurs fonctionnalités, consultez la documentation Python : https://docs.python.org/3/library/

Exercice 7.2.1 : Créer un module simple

Dans cet exercice, vous allez créer un module simple qui contient une fonction pour calculer l'aire d'un rectangle.

Instructions :

1. Créez un nouveau fichier Python appelé geometry.py.

2. Définissez une fonction appelée rectangle_area qui prend deux arguments : longueur et largeur.

3. La fonction doit renvoyer le produit de la longueur et de la largeur.

4. Importez le module geometry dans un autre script Python et utilisez la fonction rectangle_area.

Solution :

Créez geometry.py :

```
def rectangle_area(length, width):
    return length * width
```

Dans un autre script Python, importez le module geometry et utilisez la fonction rectangle_area :

```
import geometry

area = geometry.rectangle_area(5, 10)
print(f"Area of the rectangle: {area}")
```

Sortie :

```
Area of the rectangle: 50
```

Exercice 7.2.2 : Créer un module personnalisé de manipulation de texte

Dans cet exercice, vous allez créer un module personnalisé appelé text_manipulation qui contient des fonctions pour convertir une chaîne en majuscules, minuscules et format titre.

Instructions :

1. Créez un fichier Python appelé text_manipulation.py.

2. Définissez trois fonctions : to_upper, to_lower et to_title.

3. Chaque fonction doit prendre un seul argument, une chaîne, et renvoyer la chaîne modifiée.

4. Importez le module text_manipulation dans un autre script Python et utilisez les fonctions.

Solution :

```
Créez text_manipulation.py :
def to_upper(text):
```

```
    return text.upper()

def to_lower(text):
    return text.lower()

def to_title(text):
    return text.title()
```

Dans un autre script Python, importez le module text_manipulation et utilisez les fonctions :

```
import text_manipulation

text = "this is a sample text"

upper_text = text_manipulation.to_upper(text)
print(f"Uppercase: {upper_text}")

lower_text = text_manipulation.to_lower(text)
print(f"Lowercase: {lower_text}")

title_text = text_manipulation.to_title(text)
print(f"Title case: {title_text}")
```

Sortie :

```
Uppercase: THIS IS A SAMPLE TEXT
Lowercase: this is a sample text
Title case: This Is A Sample Text
```

Exercice 7.2.3 : Créer un module avec des constantes

Dans cet exercice, vous allez créer un module appelé constants qui contient quelques constantes mathématiques.

Instructions :

1. Créez un fichier Python appelé constants.py.

2. Définissez des variables pour les constantes suivantes : PI, E et GOLDEN_RATIO.

3. Importez le module constants dans un autre script Python et utilisez les constantes.

Solution :

```
Créez constants.py :
PI = 3.141592653589793
E = 2.718281828459045
GOLDEN_RATIO = 1.618033988749895
```

Dans un autre script Python, importez le module constants et utilisez les constantes :

```python
import constants

print(f"PI: {constants.PI}")
print(f"E: {constants.E}")
print(f"Golden Ratio: {constants.GOLDEN_RATIO}")
```

Sortie :

```
PI: 3.141592653589793
E: 2.718281828459045
Golden Ratio: 1.
```

7.3 : Créer vos propres modules

Dans cette section, nous aborderons la création de vos propres paquets Python. Un paquet est une collection de modules Python organisés dans une hiérarchie de répertoires. En créant vos propres paquets, vous pouvez structurer votre code de manière plus organisée et modulaire, facilitant sa maintenance et son partage.

Lors de la création de votre propre paquet, il est important de considérer la structure et l'organisation globales de vos modules. Vous pouvez regrouper des modules connexes dans des sous-paquets ou créer un paquet séparé pour chaque composant principal de votre code. Cela peut aider à maintenir votre code organisé et facile à parcourir.

Une autre considération importante lors de la création d'un paquet est la manière de documenter correctement votre code. Cela peut inclure l'écriture de chaînes de documentation pour vos modules et fonctions, ainsi que la création d'un fichier README qui explique comment utiliser votre paquet et toutes les dépendances qu'il pourrait avoir.

Une fois que vous avez créé votre paquet, vous pouvez le partager avec d'autres en le téléchargeant sur l'index des paquets Python (PyPI) ou en le mettant à disposition sur GitHub. Cela peut être un excellent moyen de contribuer à la communauté Python et de montrer vos compétences en programmation.

Dans l'ensemble, créer vos propres paquets Python peut être une compétence précieuse pour tout développeur Python. En organisant votre code de manière plus modulaire et maintenable, vous pouvez améliorer la qualité et la fiabilité de votre code, facilitant la construction et la maintenance d'applications complexes.

7.3.1 : Pour créer un paquet Python, suivez ces étapes :

1. Créez un répertoire : Commencez par créer un nouveau répertoire pour votre paquet. Le nom du répertoire doit être descriptif de la fonctionnalité du paquet. Par exemple,

si vous créez un paquet pour gérer les dates et les heures, vous pourriez nommer le répertoire datetime_utils.

2. Ajoutez un fichier init.py : À l'intérieur du répertoire nouvellement créé, créez un fichier nommé init.py. Ce fichier est nécessaire pour que Python traite le répertoire comme un paquet. Le fichier init.py peut être vide ou contenir du code d'initialisation au niveau du paquet.

3. Ajoutez des modules : À l'intérieur du répertoire du paquet, créez des fichiers Python (avec l'extension .py) pour chaque module que vous souhaitez inclure dans votre paquet. Ces fichiers contiendront les fonctions, classes et variables que vous souhaitez mettre à la disposition des utilisateurs de votre paquet.

4. Importation et utilisation de votre paquet : Pour utiliser votre paquet dans un script Python ou un autre paquet, importez-le simplement en utilisant l'instruction « import ». Vous pouvez utiliser le nom du paquet et le nom du module séparés par un point pour importer des modules ou des objets spécifiques de votre paquet.

Par exemple, créons un paquet appelé datetime_utils qui contient deux modules : date_operations et time_operations.

1. Créez un répertoire appelé datetime_utils.

2. À l'intérieur du répertoire datetime_utils, créez un fichier vide nommé init.py.

3. Créez deux fichiers Python à l'intérieur du répertoire datetime_utils : date_operations.py et time_operations.py.

date_operations.py :

```
def days_between_dates(date1, date2):
    delta = date2 - date1
    return delta.days
```

time_operations.py :

```
def seconds_between_times(time1, time2):
    delta = time2 - time1
    return delta.total_seconds()
```

4. Dans un autre script Python, importez et utilisez le paquet datetime_utils :

```
from datetime import datetime
from datetime_utils import date_operations, time_operations

date1 = datetime(2022, 1, 1)
date2 = datetime(2022, 1, 10)
```

```
days = date_operations.days_between_dates(date1, date2)
print(f"Days between dates: {days}")

time1 = datetime(2022, 1, 1, 12, 0, 0)
time2 = datetime(2022, 1, 1, 14, 30, 0)

seconds = time_operations.seconds_between_times(time1, time2)
print(f"Seconds between times: {seconds}")
```

Sortie :

```
Days between dates: 9
Seconds between times: 9000.0
```

Ceci est un exemple de base de la création d'un paquet Python. Bien que cet exemple soit simple, il est important de noter qu'il est également possible de créer des paquets plus complexes avec des répertoires imbriqués et de multiples modules. Par exemple, un paquet pourrait contenir des sous-paquets qui correspondent à différentes sections d'une application, ou des modules conçus pour fonctionner ensemble d'une manière particulière. De plus, il existe de nombreuses façons différentes d'utiliser les paquets, comme pour créer des bibliothèques de code réutilisables, distribuer du code à d'autres ou simplement pour organiser le code au sein d'un projet plus vaste. Par conséquent, il est important de prendre en compte les besoins spécifiques de votre projet lors de la décision sur la façon de structurer votre paquet.

Exercice 7.3.1 : Création d'un paquet mathématique simple

Créez un paquet appelé simple_math qui contient deux modules : basic_operations et advanced_operations.

Instructions :

1. Créez un répertoire appelé simple_math et ajoutez un fichier vide nommé init.py.

2. Créez un module appelé basic_operations.py qui contient les fonctions suivantes : add (ajouter), subtract (soustraire), multiply (multiplier) et divide (diviser).

3. Créez un module appelé advanced_operations.py qui contient les fonctions suivantes : power (puissance) et sqrt (racine carrée).

4. Dans un script Python séparé, importez et utilisez le paquet simple_math pour effectuer quelques calculs.

Solution :

```
simple_math/basic_operations.py :
def add(x, y):
    return x + y
```

```
def subtract(x, y):
    return x - y

def multiply(x, y):
    return x * y

def divide(x, y):
    if y == 0:
        raise ValueError("Division by zero is not allowed")
    return x / y
```

simple_math/advanced_operations.py :

```
def power(x, y):
    return x ** y

def sqrt(x):
    if x < 0:
        raise ValueError("Square root of a negative number is not allowed")
    return x ** 0.5
```

main.py :

```
from simple_math import basic_operations, advanced_operations

print("Addition:", basic_operations.add(5, 3))
print("Subtraction:", basic_operations.subtract(5, 3))
print("Multiplication:", basic_operations.multiply(5, 3))
print("Division:", basic_operations.divide(5, 3))
print("Power:", advanced_operations.power(5, 3))
print("Square root:", advanced_operations.sqrt(9))
```

Sortie :

```
Addition: 8
Subtraction: 2
Multiplication: 15
Division: 1.6666666666666667
Power: 125
Square root: 3.0
```

Exercice 7.3.2 : Création d'un paquet de traitement de texte

Description : Créez un paquet appelé text_processing qui contient un module appelé text_utils avec les fonctions suivantes : count_words (compter les mots), count_characters (compter les caractères) et average_word_length (longueur moyenne des mots).

Instructions :

1. Créez un répertoire appelé text_processing et ajoutez un fichier vide nommé init.py.

2. Créez un module appelé text_utils.py avec les fonctions spécifiées.

3. Dans un script Python séparé, importez et utilisez le paquet text_processing pour traiter un texte d'exemple.

Solution :

```
text_processing/text_utils.py :
def count_words(text):
    return len(text.split())

def count_characters(text):
    return len(text)

def average_word_length(text):
    words = text.split()
    total_characters = sum(len(word) for word in words)
    return total_characters / len(words)
```

main.py :

```
from text_processing import text_utils

sample_text = "This is a sample text for the text_processing package."

print("Word count:", text_utils.count_words(sample_text))
print("Character count:", text_utils.count_characters(sample_text))
print("Average word length:", text_utils.average_word_length(sample_text))
```

Sortie :

```
Word count: 9
Character count: 50
Average word length: 4.555555555555555
```

Exercice 7.3.3 : Création d'un paquet de géométrie

Créez un paquet appelé geometry qui contient un module appelé area_calculations avec les fonctions suivantes : rectangle_area (aire du rectangle), triangle_area (aire du triangle) et circle_area (aire du cercle).

Instructions :

1. Créez un répertoire appelé geometry et ajoutez un fichier vide nommé init.py.

2. Créez un module appelé area_calculations.py avec les fonctions spécifiées.

3. Dans un script Python séparé, importez et utilisez le paquet geometry pour calculer les aires de différentes formes.

Solution :

geometry/area_calculations.py :

```
import math

def rectangle_area(width, height):
    return width * height

def triangle_area(base, height):
    return 0.5 * base * height

def circle_area(radius):
    return math.pi * radius * radius
```

main.py :

```
from geometry import area_calculations

print("Rectangle area:", area_calculations.rectangle_area(5, 3))
print("Triangle area:", area_calculations.triangle_area(5, 3))
print("Circle area:", area_calculations.circle_area(5))
```

Sortie :

```
Rectangle area: 15
Triangle area: 7.5
Circle area: 78.53981633974483
```

7.4 Packages Python

Dans les sections précédentes, nous avons abordé les modules et comment les créer et les utiliser. En plus d'être un outil puissant pour l'organisation du code, les modules permettent également la réutilisation du code, simplifiant les tâches de développement et de maintenance.

Dans cette section, nous plongerons dans les packages Python, qui constituent une manière d'organiser des modules liés dans une structure hiérarchique. Les packages fournissent un autre niveau d'organisation au sein d'une base de code, facilitant le regroupement et la gestion d'un grand nombre de modules. En divisant le code en morceaux plus petits et plus faciles à gérer, les packages aident les développeurs à maintenir l'ordre et la clarté au sein de leurs projets.

De plus, les packages peuvent être partagés entre les projets, ce qui en fait un outil idéal pour promouvoir la réutilisation du code dans toute une organisation.

Un package Python est simplement un répertoire qui contient une collection de modules et un fichier spécial appelé init.py. La présence de ce fichier indique à Python que le répertoire doit être traité comme un package. Le fichier init.py peut être vide ou contenir du code d'initialisation pour votre package.

Examinons les packages avec une explication simple :

7.4.1 : Créer un package :

Pour créer un package, créez d'abord un répertoire avec un nom approprié. Ensuite, créez un fichier init.py dans le répertoire.

Par exemple, nous allons créer un package appelé vehicules. Créez un répertoire appelé vehicules et ajoutez un fichier init.py vide.

7.4.2 : Ajouter des modules à un package :

Vous pouvez ajouter des modules au package simplement en créant des fichiers .py dans le répertoire du package.

Par exemple, ajoutons deux modules à notre package de vehicles : cars.py et trucks.py.

7.4.3 : Importer et utiliser des packages :

Pour utiliser un package, utilisez simplement l'instruction import suivie du nom du package et du nom du module, séparés par un point.

Par exemple, pour utiliser le module cars du package vehicles, vous écririez import vehicles.cars. Vous pouvez également utiliser l'instruction from ... import ... pour importer des fonctions ou des classes spécifiques.

Voici un bref exemple pour démontrer les packages :

vehicles/init.py :

```
# This can be empty or contain package-level initialization code.
```

vehicles/cars.py :

```
def car_description(make, model):
    return f"{make} {model}"
```

vehicles/trucks.py :

```
def truck_description(make, model, bed_size):
    return f"{make} {model} with a {bed_size} bed"
```

main.py :

```
from vehicles.cars import car_description
from vehicles.trucks import truck_description

print(car_description("Toyota", "Camry"))
print(truck_description("Ford", "F-150", "6.5 ft"))
```

Sortie :

```
Toyota Camry
Ford F-150 with a 6.5 ft bed
```

Les packages Python offrent un moyen efficace d'organiser des modules liés dans une structure hiérarchique, permettant aux développeurs de gérer et de maintenir des projets plus volumineux avec facilité. Cette fonctionnalité est particulièrement utile lors du travail sur des projets logiciels complexes comportant beaucoup de code.

Les packages sont des répertoires qui contiennent un ou plusieurs modules Python, avec un fichier init.py qui définit le package. Le fichier init.py est exécuté lorsque le package est importé, ce qui permet de personnaliser le comportement du package. Ce fichier peut contenir des variables, des fonctions ou des classes qui sont utilisées dans les modules du package.

En regroupant des modules liés dans un package, il devient plus facile de gérer les dépendances entre eux. Cela favorise la réutilisation du code et facilite la compréhension de la base de code par d'autres personnes. De plus, les packages peuvent être distribués en tant qu'unités autonomes, ce qui facilite leur partage et leur réutilisation dans plusieurs projets.

Dans l'ensemble, l'utilisation de packages en Python est un excellent moyen de garder votre code organisé et maintenable, ce qui facilite le travail sur des projets plus volumineux et la collaboration avec d'autres. N'oubliez pas que les packages sont une fonctionnalité fondamentale du langage Python, il est donc essentiel d'apprendre à les utiliser efficacement.

Exercice 7.4.1 : Création et utilisation d'un paquet simple

Dans cet exercice, vous allez créer un paquet appelé "shapes" qui contient deux modules : "rectangle.py" et "circle.py". Chaque module doit contenir des fonctions pour calculer l'aire et le périmètre de la forme respective. Enfin, vous importerez et utiliserez ces fonctions dans un script appelé "main.py".

Instructions :

Créez un paquet appelé "shapes" avec un fichier vide nommé "init.py". Créez un module "rectangle.py" dans le paquet "shapes" qui contient les fonctions suivantes : area(width, height) : Renvoie l'aire d'un rectangle. perimeter(width, height) : Renvoie le périmètre d'un rectangle. Créez un module "circle.py" dans le paquet "shapes" qui contient les fonctions suivantes :

area(radius) : Renvoie l'aire d'un cercle. circumference(radius) : Renvoie la circonférence d'un cercle. Dans "main.py", importez et utilisez les fonctions des deux modules pour calculer l'aire et le périmètre d'un rectangle de largeur 5 et de hauteur 7, ainsi que l'aire et la circonférence d'un cercle de rayon 4. Solution :

shapes/init.py :

```
# This can be empty or contain package-level initialization code.
```

shapes/rectangle.py :

```python
def area(width, height):
    return width * height

def perimeter(width, height):
    return 2 * (width + height)
```

shapes/circle.py :

```python
import math

def area(radius):
    return math.pi * radius ** 2

def circumference(radius):
    return 2 * math.pi * radius
```

main.py :

```python
from shapes.rectangle import area as rect_area, perimeter as rect_perimeter
from shapes.circle import area as circle_area, circumference as circle_circumference

width = 5
height = 7
radius = 4

print(f"Rectangle area: {rect_area(width, height)}")
print(f"Rectangle perimeter: {rect_perimeter(width, height)}")
print(f"Circle area: {circle_area(radius)}")
print(f"Circle circumference: {circle_circumference(radius)}")
```

Sortie :

```
Rectangle area: 35
Rectangle perimeter: 24
Circle area: 50.26548245743669
Circle circumference: 25.132741228718345
```

Exercice 7.4.2 : Création d'un paquet

Dans cet exercice, vous allez créer un paquet simple appelé "my_math" qui contient deux modules, "addition" et "multiplication". Chaque module aura des fonctions pour effectuer des opérations arithmétiques de base.

Instructions :

1. Créez un dossier appelé "my_math" qui servira de paquet.

2. Dans le dossier "my_math", créez deux fichiers Python appelés "addition.py" et "multiplication.py".

3. Dans "addition.py", définissez une fonction "add(a, b)" qui renvoie la somme des deux nombres en entrée.

4. Dans "multiplication.py", définissez une fonction "multiply(a, b)" qui renvoie le produit des deux nombres en entrée.

5. Dans le script principal, importez et utilisez les deux modules pour effectuer des additions et des multiplications.

Solution :

```
my_math/addition.py :
# my_math/addition.py
def add(a, b):
    return a + b
# my_math/multiplication.py
def multiply(a, b):
    return a * b
# main.py
from my_math.addition import add
from my_math.multiplication import multiply

a = 5
b = 3

sum_result = add(a, b)
product_result = multiply(a, b)

print(f"{a} + {b} = {sum_result}")
print(f"{a} * {b} = {product_result}")
```

Sortie :

```
5 + 3 = 8
5 * 3 = 15
```

Exercice 7.4.3 : Utilisation de paquets tiers

Dans cet exercice, vous allez installer et utiliser un paquet tiers pour générer des noms aléatoires. Vous créerez un script qui génère et affiche un nom aléatoire en utilisant le paquet "names".

Instructions :

1. Installez le paquet "names" en utilisant la commande "pip install names".

2. Créez un script appelé "random_name.py" qui importe le paquet "names".

3. Utilisez la fonction "names.get_full_name()" pour générer un nom complet aléatoire.

4. Affichez le nom complet aléatoire.

Solution :

```
# random_name.py
import names

random_full_name = names.get_full_name()
print(f"Random full name: {random_full_name}")
```

Sortie (exemple) :

```
Random full name: John Smith
```

Remarque : La sortie variera à chaque exécution du script, car il génère un nom aléatoire.

Félicitations pour avoir terminé le Chapitre 7 ! Dans ce chapitre, vous avez appris sur les modules et paquets Python, des outils essentiels pour organiser et structurer votre code.

Vous avez commencé par comprendre comment importer des modules et utiliser les fonctions qu'ils fournissent. Ensuite, vous avez exploré certains des modules de la bibliothèque standard, tels que "os", "random", "math" et "urllib", qui offrent des fonctionnalités utiles dans différents domaines.

Ensuite, nous sommes passés à la création de vos propres modules, ce qui vous permet de réutiliser et de partager votre code plus facilement. Enfin, vous avez appris sur les paquets, qui sont une façon de regrouper des modules liés, créant ainsi une base de code plus structurée et organisée.

Au fur et à mesure que vous continuerez à travailler sur des projets plus complexes, vous constaterez que les modules et paquets sont indispensables pour gérer le code, éviter la duplication et améliorer la maintenabilité. Continuez à pratiquer et n'ayez pas peur d'explorer d'autres modules de la bibliothèque standard et des paquets tiers pour vous aider à accomplir vos tâches plus efficacement.

Chapitre 8 : Programmation Orientée Objet

Bienvenue au Chapitre 8 ! Dans ce chapitre, nous allons plonger dans le monde de la Programmation Orientée Objet (POO). La POO est un paradigme de programmation qui vous permet de créer du code réutilisable et modulaire en modélisant des entités du monde réel comme des objets logiciels.

Python est un langage idéal pour la POO car il prend entièrement en charge les concepts de POO et dispose d'une large gamme de bibliothèques et de frameworks disponibles pour la mettre en œuvre. En apprenant la POO en Python, vous obtiendrez une compréhension plus approfondie des concepts de programmation et pourrez créer du code plus efficace et performant.

De plus, la POO est un paradigme de programmation largement utilisé dans de nombreuses industries, telles que le développement logiciel, l'intelligence artificielle et le développement web. En maîtrisant la POO en Python, vous vous préparerez au succès dans une variété de domaines de programmation.

8.1 Classes et Objets

Dans la programmation orientée objet, les concepts principaux sont les classes et les objets. Une classe est un modèle pour créer des objets, qui sont des instances de la classe. Les classes définissent les propriétés (attributs) et le comportement (méthodes) des objets qu'elles représentent.

Commençons par un exemple simple. Considérons une classe appelée "Dog" (Chien). La classe "Dog" peut avoir des attributs tels que le nom, la race et l'âge. Elle peut également avoir des méthodes comme "bark()" (aboyer) et "sit()" (s'asseoir).

Pour définir une classe en Python, on utilise le mot-clé "class" :

```
class Dog:
    pass
```

Le mot-clé "pass" est un espace réservé qui ne fait rien, mais permet à la définition de la classe d'être syntaxiquement correcte.

Maintenant que nous avons notre classe "Dog", nous pouvons créer des objets (instances) de la classe :

```
dog1 = Dog()
dog2 = Dog()
```

Ici, "dog1" et "dog2" sont deux objets différents de la classe "Dog". Ce sont des instances séparées, nous pouvons donc leur attribuer différents attributs :

```
dog1.name = "Buddy"
dog1.breed = "Golden Retriever"
dog1.age = 3

dog2.name = "Max"
dog2.breed = "Labrador"
dog2.age = 5
```

Maintenant, ajoutons quelques méthodes à notre classe "Dog" :

```
class Dog:
    def bark(self):
        print("Woof!")

    def sit(self):
        print(f"{self.name} sits.")
```

Le paramètre "self" dans la définition de la méthode est une référence à l'instance de la classe. Il permet d'accéder aux attributs de l'objet et d'appeler d'autres méthodes au sein de la classe.

Maintenant, nous pouvons créer des instances de notre classe "Dog" mise à jour et appeler ses méthodes :

```
dog1 = Dog()
dog1.name = "Buddy"
dog1.bark()  # Output: Woof!
dog1.sit()   # Output: Buddy sits.

dog2 = Dog()
dog2.name = "Max"
dog2.bark()  # Output: Woof!
dog2.sit()   # Output: Max sits.
```

Dans cette section, nous avons appris les bases de la définition de classes et de la création d'objets en Python. Cependant, il est important de noter qu'il existe de nombreux types différents de classes qui peuvent être définies, chacune avec ses propres caractéristiques et comportements uniques.

Par exemple, certaines classes peuvent nécessiter des paramètres supplémentaires dans leurs constructeurs, tandis que d'autres peuvent hériter des propriétés et des méthodes de classes parentes. De plus, le concept d'encapsulation est un aspect fondamental de la programmation orientée objet, qui consiste à restreindre l'accès à certaines propriétés et méthodes au sein d'une classe pour maintenir l'intégrité des données et prévenir les modifications non désirées.

Au fur et à mesure que nous progresserons dans ce livre, nous explorerons ces concepts plus avancés de la POO de manière plus détaillée, en nous appuyant sur les fondations que nous avons établies dans cette section.

Exercice 8.1.1 : Définir une classe de voiture

Dans cet exercice, vous définirez une classe appelée "Car" (Voiture) avec deux attributs : "make" (marque) et "model" (modèle), et une méthode "honk()" qui affiche "Beep! Beep!".

Instructions :

1. Définissez une classe "Car" avec les attributs "make" et "model".

2. Ajoutez une méthode "honk()" à la classe "Car" qui affiche "Beep! Beep!".

3. Créez une instance de la classe "Car", définissez ses attributs "make" et "model", et appelez sa méthode "honk()".

Solution :

```python
class Car:
    def honk(self):
        print("Beep! Beep!")

my_car = Car()
my_car.make = "Toyota"
my_car.model = "Corolla"
my_car.honk()  # Output: Beep! Beep!
```

Exercice 8.1.2 : Définir une classe de cercle

Dans cet exercice, vous définirez une classe appelée "Circle" (Cercle) avec un attribut "radius" (rayon) et deux méthodes : "area()" et "circumference()" qui calculent et renvoient l'aire et la circonférence du cercle, respectivement.

Instructions :

1. Définissez une classe "Circle" avec un attribut "radius".

2. Ajoutez une méthode "area()" qui calcule et renvoie l'aire du cercle en utilisant la formule aire = pi * rayon^2. Vous pouvez utiliser "math.pi" pour la valeur de pi.

3. Ajoutez une méthode "circumference()" qui calcule et renvoie la circonférence du cercle en utilisant la formule circonférence = 2 *pi* rayon.

4. Créez une instance de la classe "Circle", définissez son attribut "radius", et appelez ses méthodes "area()" et "circumference()".

Solution :

```python
import math

class Circle:
    def area(self):
        return math.pi * self.radius ** 2

    def circumference(self):
        return 2 * math.pi * self.radius

my_circle = Circle()
my_circle.radius = 5
print(my_circle.area())          # Output: 78.53981633974483
print(my_circle.circumference())  # Output: 31.41592653589793
```

Exercice 8.1.3 : Définir une classe de compte bancaire

Dans cet exercice, vous définirez une classe appelée "BankAccount" (Compte bancaire) avec deux attributs : "account_number" (numéro de compte) et "balance" (solde), et deux méthodes : "deposit(amount)" et "withdraw(amount)" pour déposer et retirer de l'argent, respectivement.

Instructions :

1. Définissez une classe "BankAccount" avec les attributs "account_number" et "balance".

2. Ajoutez une méthode "deposit(amount)" qui augmente le solde du montant donné.

3. Ajoutez une méthode "withdraw(amount)" qui diminue le solde du montant donné, mais seulement s'il y a suffisamment de solde pour couvrir le retrait.

4. Créez une instance de la classe "BankAccount", définissez ses attributs "account_number" et "balance", et appelez ses méthodes "deposit()" et "withdraw()".

Solution :

```python
class BankAccount:
    def deposit(self, amount):
        self.balance += amount

    def withdraw(self, amount):
        if amount <= self.balance:
            self.balance -= amount
        else:
            print("Insufficient balance")

my_account = BankAccount()
my_account.account_number = "123456789"
```

```
my_account.balance = 500
my_account.deposit(300)
print(my_account.balance)    # Output: 800
my_account.withdraw(200)
print(my_account.balance)    # Output: 600
my_account.withdraw(800)     # Output: Insufficient balance
```

8.2 : Attributs et Méthodes

Dans la programmation orientée objet (POO), une classe peut avoir deux types de membres : les attributs et les méthodes. Les attributs sont des variables qui stockent des données spécifiques à un objet, tandis que les méthodes sont des fonctions qui définissent le comportement de la classe et de ses objets. Dans cette section, nous approfondirons les attributs et méthodes et comment les utiliser de manière efficace en Python.

Les attributs sont les composants de base d'un objet dans une classe. Ils stockent des informations sur l'état de l'objet et peuvent être accédés et modifiés par les méthodes de la classe. Par exemple, une classe qui représente une automobile peut avoir des attributs comme "make" (marque), "model" (modèle) et "year" (année). Ces attributs peuvent être définis lors de la création de l'objet et modifiés tout au long de la vie de l'objet.

Les méthodes, quant à elles, définissent le comportement de la classe et de ses objets. Elles peuvent effectuer des opérations sur les attributs de l'objet ou interagir avec d'autres objets dans le programme. Par exemple, une classe qui représente une automobile peut avoir des méthodes comme "start_engine" (démarrer le moteur), "stop_engine" (arrêter le moteur) et "accelerate" (accélérer). Ces méthodes peuvent être appelées sur l'objet pour effectuer des actions spécifiques.

En Python, les attributs et méthodes se définissent à l'intérieur de la définition de la classe en utilisant le mot-clé "self". Le mot-clé "self" fait référence à l'objet auquel appartient l'attribut ou la méthode. Lorsqu'un objet est créé à partir d'une classe, on l'appelle une instance de cette classe. Les attributs et méthodes de la classe peuvent être accédés via l'instance de la classe.

En général, comprendre la différence entre attributs et méthodes est essentiel pour créer des programmes orientés objet efficaces et performants. En utilisant les attributs et méthodes de manière appropriée, vous pouvez créer des objets qui sont puissants et flexibles, et qui peuvent accomplir une large gamme de tâches.

8.2.1 : Attributes :

Les attributs sont des variables qui appartiennent à un objet ou à une classe. Il existe deux types d'attributs : les attributs d'instance et les attributs de classe.

Attributs d'instance : Ces attributs sont spécifiques à un objet et se définissent à l'intérieur d'une méthode d'instance, généralement à l'intérieur de la méthode __init__. Chaque objet d'une classe possède son propre ensemble d'attributs d'instance, ce qui signifie que modifier un attribut d'instance dans un objet n'affecte pas les autres objets de la même classe.

```python
class Dog:
    def __init__(self, name, breed):
        self.name = name
        self.breed = breed

dog1 = Dog("Buddy", "Golden Retriever")
dog2 = Dog("Max", "Labrador")
```

Dans cet exemple, **name** et **breed** sont des attributs d'instance.

Attributs de classe : Ces attributs sont communs à tous les objets d'une classe et se définissent en dehors de toute méthode d'instance. Les attributs de classe sont utiles lorsqu'on a besoin de stocker des données qui doivent être partagées entre toutes les instances d'une classe.

```python
class Dog:
    species = "Canis lupus familiaris"

    def __init__(self, name, breed):
        self.name = name
        self.breed = breed

dog1 = Dog("Buddy", "Golden Retriever")
dog2 = Dog("Max", "Labrador")

print(dog1.species)  # Output: Canis lupus familiaris
print(dog2.species)  # Output: Canis lupus familiaris
```

Dans cet exemple, **species** est un attribut de classe.

8.2.2 : Méthodes :

Les méthodes sont des fonctions qui définissent le comportement d'une classe et de ses objets. Tout comme les attributs, il existe deux types de méthodes : les méthodes d'instance et les méthodes de classe.

Méthodes d'instance : Ces méthodes sont spécifiques à un objet et peuvent accéder ou modifier les attributs d'instance de l'objet. Le premier paramètre d'une méthode d'instance est toujours une référence à l'objet lui-même, qui est normalement appelé self.

```python
class Dog:
    def __init__(self, name, breed):
        self.name = name
        self.breed = breed
```

```
    def bark(self):
        print(f"{self.name} barks: Woof!")

dog1 = Dog("Buddy", "Golden Retriever")
dog1.bark()  # Output: Buddy barks: Woof!
```

Dans cet exemple, **bark()** est une méthode d'instance.

Méthodes de classe : Ces méthodes sont liées à la classe et non à l'instance de la classe. Elles ne peuvent pas accéder ni modifier les attributs d'instance, mais elles peuvent accéder et modifier les attributs de classe. Pour définir une méthode de classe, on utilise le décorateur @classmethod et on passe la classe comme premier paramètre, normalement appelé cls.

```
class Dog:
    species = "Canis lupus familiaris"

    def __init__(self, name, breed):
        self.name = name
        self.breed = breed

    @classmethod
    def get_species(cls):
        return cls.species

print(Dog.get_species())  # Output: Canis lupus familiaris
```

Dans cet exemple, **get_species()** est une méthode de classe.

Pour utiliser efficacement la Programmation Orientée Objet (POO) en Python, il est essentiel d'avoir une solide connaissance des attributs et méthodes. Les attributs sont essentiellement des variables qui sont assignées à un objet, tandis que les méthodes sont des fonctions qui se définissent à l'intérieur d'une classe et peuvent être appelées sur des instances de cette classe.

En utilisant ces concepts, vous pouvez créer du code qui est non seulement plus organisé, mais aussi plus réutilisable et modulaire. Cela peut conduire à des avantages significatifs lorsqu'on travaille sur des projets plus importants, car cela permet une maintenance plus facile et la capacité de mettre en œuvre des changements rapidement.

De plus, en comprenant ces principes fondamentaux, vous serez mieux équipé pour créer des programmes plus complexes et sophistiqués qui peuvent accomplir une large gamme de tâches.

Exercice 8.2.1 : Attributs et méthodes d'une automobile

Créez une classe Voiture avec des attributs et méthodes pour décrire la marque, le modèle et l'année de l'automobile, ainsi qu'une méthode pour afficher une description complète de l'automobile.

Instructions :

1. Créez une classe Car.

2. Ajoutez une méthode __init__ pour initialiser les attributs marque, modèle et année.

3. Créez une méthode appelée **description** qui renvoie une chaîne avec la description complète de l'automobile.

Solution :

```python
class Car:
    def __init__(self, make, model, year):
        self.make = make
        self.model = model
        self.year = year

    def description(self):
        return f"{self.year} {self.make} {self.model}"

car1 = Car("Toyota", "Camry", 2021)
print(car1.description())  # Output: 2021 Toyota Camry
```

Exercice 8.2.2 : Compte Bancaire

Créez une classe appelée « BankAccount » avec des attributs et des méthodes pour le nom du titulaire du compte, le solde et des méthodes pour déposer et retirer de l'argent.

Instructions :

1. Créez une classe appelée « BankAccount ».

2. Ajoutez une méthode __init__() pour initialiser le nom du titulaire du compte et le solde (par défaut 0).

3. Créez une méthode appelée « deposit » pour ajouter de l'argent au solde du compte.

4. Créez une méthode appelée « withdraw » pour retirer de l'argent du solde du compte. Assurez-vous que le montant à retirer ne dépasse pas le solde du compte.

Solution :

```python
class BankAccount:
    def __init__(self, name, balance=0):
        self.name = name
        self.balance = balance

    def deposit(self, amount):
        self.balance += amount

    def withdraw(self, amount):
        if amount <= self.balance:
```

```
            self.balance -= amount
        else:
            print("Insufficient funds")

account1 = BankAccount("John Doe")
account1.deposit(500)
account1.withdraw(200)
print(account1.balance)  # Output: 300
```

Exercice 8.2.3 : Classe Cercle

Description : Créez une classe appelée « Circle » avec un attribut pour le rayon et des méthodes pour calculer l'aire et la circonférence du cercle.

Instructions :

1. Créez une classe appelée « Circle ».

2. Ajoutez une méthode __init__() pour initialiser l'attribut « radius ».

3. Créez une méthode appelée « **area** » pour calculer et renvoyer l'aire du cercle (aire = π * r^2).

4. Créez une méthode appelée « **circumference** » pour calculer et renvoyer la circonférence du cercle (circonférence = 2 π r).

Solution :

```
import math

class Circle:
    def __init__(self, radius):
        self.radius = radius

    def area(self):
        return math.pi * (self.radius ** 2)

    def circumference(self):
        return 2 * math.pi * self.radius

circle1 = Circle(5)
print(circle1.area())  # Output: 78.53981633974483
print(circle1.circumference())  # Output: 31.41592653589793
```

8.3 : Héritage

L'héritage est l'une des fonctionnalités les plus puissantes de la programmation orientée objet, et il peut considérablement améliorer l'efficacité de votre code. En permettant à une classe d'hériter des attributs et méthodes d'une autre classe, vous pouvez créer de nouvelles classes qui se basent sur des classes existantes, ce qui peut faire gagner beaucoup de temps et d'efforts.

Exemple : Imaginez que vous avez une classe qui représente une automobile, avec des attributs comme la marque, le modèle et l'année, et des méthodes comme démarrer le moteur et accélérer. Maintenant, supposons que vous souhaitez créer une nouvelle classe pour un type spécifique d'automobile, comme une voiture de sport. Au lieu de repartir de zéro et de définir tous les attributs et méthodes pour la voiture de sport, vous pouvez simplement créer une nouvelle classe qui hérite de la classe automobile, puis ajouter ou modifier les attributs et méthodes selon les besoins. De cette manière, vous pouvez réutiliser une grande partie du code que vous avez déjà écrit pour la classe automobile et vous concentrer uniquement sur les changements spécifiques à la voiture de sport.

Implémentation en Python : En Python, l'héritage s'implémente en définissant une nouvelle classe qui prend la classe parent (de base) comme argument. La nouvelle classe est appelée classe enfant (dérivée) et la classe dont elle hérite est appelée classe parent (de base). En utilisant l'héritage, vous pouvez créer des hiérarchies de classes complexes qui peuvent vous aider à organiser votre code et le rendre plus modulaire et réutilisable.

Exemple d'héritage : Considérez une classe de base appelée Animal qui représente un animal générique, avec des attributs comme **name**, **age** et une méthode appelée **speak()** :

```python
class Animal:
    def __init__(self, name, age):
        self.name = name
        self.age = age

    def speak(self):
        print(f"{self.name} makes a noise")
```

Maintenant, nous voulons créer une classe **Dog** qui représente un chien, qui est un type spécifique d'animal. Au lieu de redéfinir tous les attributs et méthodes de la classe Animal, nous pouvons en hériter en utilisant l'héritage :

```python
class Dog(Animal):
    def __init__(self, name, age, breed):
        super().__init__(name, age)
        self.breed = breed

    def speak(self):
        print(f"{self.name} barks")
```

Dans cet exemple, nous définissons la classe **Dog** et héritons de la classe Animal. Nous utilisons la fonction super() pour appeler la méthode **_init_** de la classe parent afin d'initialiser les attributs **name** et **age**. Nous ajoutons également un nouvel attribut, **breed**, spécifique à la classe **Dog**.

Nous redéfinissons également la méthode **speak()** de la classe Animal pour l'adapter au comportement d'un chien. Cela s'appelle la surcharge de méthodes et c'est une pratique courante lors de l'utilisation de l'héritage.

Maintenant, lorsque nous créons un objet Dog, il aura accès à la fois aux attributs et méthodes de la classe Animal, ainsi qu'à tout nouvel attribut ou méthode que nous définissons dans la classe Dog.

```python
dog1 = Dog("Max", 3, "Labrador")
print(dog1.name)  # Output: Max
print(dog1.age)  # Output: 3
print(dog1.breed)  # Output: Labrador
dog1.speak()  # Output: Max barks
```

L'héritage est un concept fondamental de la programmation orientée objet qui permet la création de classes plus spécialisées. Il facilite la réutilisation du code de classes plus générales tout en offrant la capacité de personnaliser ou d'étendre leur comportement selon les besoins. Cela fait de l'héritage un outil puissant pour que les développeurs créent des solutions logicielles efficaces et performantes.

En utilisant l'héritage, les développeurs peuvent créer une hiérarchie de classes qui partagent des caractéristiques communes, ce qui permet la mise en œuvre de systèmes complexes. De plus, l'héritage aide à réduire la complexité du code, le rendant plus facile à maintenir et à mettre à jour au fil du temps. Par conséquent, il est essentiel d'avoir une solide compréhension de l'héritage lors du développement d'applications logicielles, car il peut considérablement améliorer la qualité globale du code et le rendre plus évolutif.

Exercice 8.3.1 : Héritage Simple

Implémentez une hiérarchie de classes pour différents types de véhicules, en utilisant l'héritage.

Instructions :

1. Créez une classe de base appelée Vehicle avec les attributs make, model et year.

2. Définissez une méthode vehicle_info() qui affiche la marque, le modèle et l'année du véhicule.

3. Créez une classe Car qui hérite de Vehicle et qui possède un attribut supplémentaire doors.

4. Créez une classe Motorcycle qui hérite de Vehicle et qui possède un attribut supplémentaire type.

5. Créez des instances de Car et Motorcycle, et appelez la méthode vehicle_info() pour chacune.

Solution :

```python
class Vehicle:
    def __init__(self, make, model, year):
        self.make = make
        self.model = model
        self.year = year

    def vehicle_info(self):
        print(f"{self.year} {self.make} {self.model}")

class Car(Vehicle):
    def __init__(self, make, model, year, doors):
        super().__init__(make, model, year)
        self.doors = doors

class Motorcycle(Vehicle):
    def __init__(self, make, model, year, bike_type):
        super().__init__(make, model, year)
        self.type = bike_type

car1 = Car("Toyota", "Camry", 2020, 4)
car1.vehicle_info()  # Output: 2020 Toyota Camry

motorcycle1 = Motorcycle("Yamaha", "R1", 2019, "Sport")
motorcycle1.vehicle_info()  # Output: 2019 Yamaha R1
```

Exercice 8.3.2 : Héritage et Surcharge de Méthodes

Créez des classes qui représentent différents types de comptes bancaires, en utilisant l'héritage et la surcharge de méthodes.

Instructions :

1. Créez une classe de base appelée BankAccount avec les attributs balance et une méthode deposit().

2. Définissez une méthode withdraw() qui vérifie si le montant à retirer est inférieur ou égal au solde, et met à jour le solde en conséquence.

3. Créez une classe SavingsAccount qui hérite de BankAccount et qui possède un attribut supplémentaire interest_rate.

4. Surchargez la méthode withdraw() dans SavingsAccount pour inclure des frais de retrait de 1% du montant retiré.

5. Créez des instances de BankAccount et SavingsAccount, et testez les méthodes deposit() et withdraw().

Solution :

```python
class BankAccount:
    def __init__(self):
        self.balance = 0

    def deposit(self, amount):
        self.balance += amount

    def withdraw(self, amount):
        if amount <= self.balance:
            self.balance -= amount
        else:
            print("Insufficient funds")

class SavingsAccount(BankAccount):
    def __init__(self, interest_rate):
        super().__init__()
        self.interest_rate = interest_rate

    def withdraw(self, amount):
        fee = amount * 0.01
        if amount + fee <= self.balance:
            self.balance -= (amount + fee)
        else:
            print("Insufficient funds")

account1 = BankAccount()
account1.deposit(100)
account1.withdraw(50)
print(account1.balance)  # Output: 50

savings1 = SavingsAccount(0.02)
savings1.deposit(100)
savings1.withdraw(50)
print(savings1.balance)  # Output: 49.5
```

Exercice 8.3.3 : Héritage Multiple

Implémentez une hiérarchie de classes en utilisant l'héritage multiple.

Instructions :

1. Créez une classe Person avec les attributs first_name et last_name.

2. Créez une classe Employee qui hérite de Person et qui possède un attribut supplémentaire employee_id.

3. Créez une classe Student qui hérite de Person et qui possède un attribut supplémentaire student_id.

4. Créez une classe TeachingAssistant qui hérite à la fois de Employee et Student.

5. Définissez une méthode get_info() pour chaque classe qui renvoie une chaîne de caractères avec les informations de la personne.

6. Créez une instance de TeachingAssistant et appelez la méthode get_info().

Solution :

```python
class Person:
    def __init__(self, first_name, last_name):
        self.first_name = first_name
        self.last_name = last_name

    def get_info(self):
        return f"{self.first_name} {self.last_name}"

class Employee(Person):
    def __init__(self, first_name, last_name, employee_id):
        super().__init__(first_name, last_name)
        self.employee_id = employee_id

    def get_info(self):
        return f"{super().get_info()}, Employee ID: {self.employee_id}"

class Student(Person):
    def __init__(self, first_name, last_name, student_id):
        super().__init__(first_name, last_name)
        self.student_id = student_id

    def get_info(self):
        return f"{super().get_info()}, Student ID: {self.student_id}"

class TeachingAssistant(Employee, Student):
    def __init__(self, first_name, last_name, employee_id, student_id):
        Employee.__init__(self, first_name, last_name, employee_id)
        Student.__init__(self, first_name, last_name, student_id)

    def get_info(self):
        return f"{super().get_info()}, Employee ID: {self.employee_id}, Student ID:
{self.student_id}"

ta1 = TeachingAssistant("John", "Doe", 1001, 2001)
print(ta1.get_info())  # Output: John Doe, Employee ID: 1001, Student ID: 2001
```

8.4 : Polymorphisme

Le polymorphisme est un concept extrêmement important dans la programmation orientée objet car il nous permet d'utiliser des objets de différentes classes comme s'ils étaient des objets de la même classe, ce qui rend le code plus flexible et réutilisable. En traitant les objets comme s'ils faisaient partie de la même classe, nous pouvons effectuer les mêmes opérations sur eux, même s'ils ont des structures internes ou des méthodes différentes.

En Python, le polymorphisme peut être réalisé de plusieurs manières. Une méthode consiste à utiliser la surcharge de méthodes, qui consiste à définir plusieurs méthodes portant le même nom mais avec des paramètres différents. Une autre façon est la redéfinition de méthodes, où une méthode d'une sous-classe remplace une méthode du même nom dans sa classe parente. Enfin, le typage canard (duck typing) est un concept en Python où le type d'un objet est déterminé par son comportement plutôt que par sa classe, ce qui permet une plus grande flexibilité dans la conception du code.

En utilisant le polymorphisme dans notre code, nous pouvons créer des applications plus robustes et évolutives capables de gérer une large gamme de données d'entrée et d'effectuer diverses opérations en fonction des objets utilisés. En résumé, le polymorphisme est une pierre angulaire de la programmation orientée objet et un outil clé pour les développeurs de logiciels afin de garantir que leur code soit flexible et efficace.

8.4.1 : Surcharge de méthodes :

La surcharge de méthodes est un concept de programmation qui permet à une classe d'avoir plusieurs méthodes portant le même nom mais avec des arguments différents. Cette fonctionnalité n'est pas prise en charge en Python au sens traditionnel, mais il existe des solutions qui peuvent obtenir une fonctionnalité similaire. L'une de ces solutions consiste à fournir des valeurs par défaut pour les arguments. Cela peut être utile lorsque vous souhaitez fournir un comportement par défaut pour une méthode, tout en permettant aux utilisateurs de le remplacer s'ils en ont besoin.

Une autre façon d'obtenir une fonctionnalité similaire en Python consiste à utiliser des listes d'arguments de longueur variable. Vous pouvez utiliser args et *kwargs pour passer des arguments de longueur variable à une méthode. Cela est utile lorsque vous n'êtes pas sûr du nombre d'arguments qu'une méthode devra accepter ou lorsque vous souhaitez fournir une interface flexible permettant aux utilisateurs d'interagir avec votre code.

8.4.2 : Redéfinition de méthodes :

La redéfinition de méthodes est une technique clé dans la programmation orientée objet qui permet à une sous-classe d'hériter des méthodes et des attributs de sa superclasse tout en lui permettant de personnaliser son comportement. Cela est accompli en fournissant une nouvelle implémentation pour une méthode qui a déjà été définie dans la superclasse. Ce faisant, la sous-classe peut étendre et modifier la fonctionnalité de la méthode pour répondre à ses besoins spécifiques.

Les avantages de la redéfinition de méthodes sont nombreux. Tout d'abord, elle permet une plus grande flexibilité dans la conception d'un programme. En pouvant personnaliser le comportement des méthodes héritées, les sous-classes peuvent adapter leur fonctionnalité pour mieux répondre aux exigences spécifiques de leurs cas d'utilisation individuels. De plus, la redéfinition de méthodes favorise la réutilisation du code en permettant aux sous-classes d'hériter et de modifier le code existant plutôt que de devoir le recréer à partir de zéro.

Cependant, il est important de noter que la redéfinition de méthodes doit être utilisée avec discernement. La redéfinition d'un trop grand nombre de méthodes peut conduire à un code difficile à comprendre et à maintenir, et peut également conduire à un comportement inattendu si elle n'est pas effectuée correctement. Par conséquent, il est important de considérer attentivement la conception d'un programme et les exigences de ses cas d'utilisation avant d'utiliser la redéfinition de méthodes.

```python
class Animal:
    def speak(self):
        return "An animal makes a sound"

class Dog(Animal):
    def speak(self):
        return "A dog barks"

animal = Animal()
dog = Dog()

print(animal.speak())  # Output: An animal makes a sound
print(dog.speak())     # Output: A dog barks
```

8.4.3 : Typage canard (Duck Typing) :

Le typage canard est un concept de programmation qui permet d'utiliser un objet en fonction de son comportement plutôt que de sa classe. Cela signifie que vous pouvez traiter n'importe quel objet comme un canard, tant qu'il marche comme un canard et cancane comme un canard. En d'autres termes, si un objet se comporte comme un canard (possède les méthodes et propriétés nécessaires), vous pouvez le traiter comme un canard, indépendamment de sa classe réelle.

Python est un langage qui fait un usage intensif du typage canard pour réaliser le polymorphisme, ce qui vous permet d'écrire du code qui peut fonctionner avec des objets de différentes classes sans avoir à connaître leurs types exacts à l'avance. Cette flexibilité est l'une des principales forces de Python et en a fait un choix populaire pour les développeurs travaillant sur des projets avec des structures de données complexes et dynamiques.

```python
class Circle:
    def __init__(self, radius):
        self.radius = radius

    def area(self):
        return 3.14 * (self.radius ** 2)

class Rectangle:
    def __init__(self, width, height):
```

```
        self.width = width
        self.height = height

    def area(self):
        return self.width * self.height

def get_area(shape):
    return shape.area()

circle = Circle(5)
rectangle = Rectangle(4, 6)

print(get_area(circle))      # Output: 78.5
print(get_area(rectangle))   # Output: 24
```

Dans l'exemple ci-dessus, la fonction get_area() peut calculer l'aire de n'importe quel objet forme qui possède une méthode area(), indépendamment de la classe de la forme. Cela démontre le polymorphisme en action à travers le typage canard.

Exercice 8.4.1 : Surcharge de méthodes

Titre : Calculer l'aire de différentes formes

Créez une classe Shape qui possède une méthode area() qui accepte différentes quantités d'arguments pour calculer l'aire de différentes formes (cercle et rectangle).

Instructions :

1. Créez une classe Shape.

2. Implémentez une méthode area() qui accepte différentes quantités d'arguments.

3. S'il y a un argument, traitez-le comme le rayon d'un cercle et calculez l'aire du cercle.

4. S'il y a deux arguments, traitez-les comme la largeur et la hauteur d'un rectangle et calculez l'aire du rectangle.

5. Si aucun argument n'est fourni ou si plus de deux arguments sont fournis, levez une ValueError avec un message d'erreur approprié.

```
class Shape:
    def area(self, *args):
        if len(args) == 1:
            radius = args[0]
            return 3.14 * (radius ** 2)
        elif len(args) == 2:
            width, height = args
            return width * height
        else:
            raise ValueError("Invalid number of arguments")
```

```
shape = Shape()
print(shape.area(5))          # Output: 78.5
print(shape.area(4, 6))       # Output: 24
try:
    print(shape.area())
except ValueError as e:
    print(e)                  # Output: Invalid number of arguments
```

Exercice 8.4.2 : Redéfinition de méthodes

Titre : Méthode str personnalisée pour Person et Employee

Créez une classe Person et une sous-classe Employee. Les deux classes doivent avoir une méthode str personnalisée pour renvoyer une représentation sous forme de chaîne de caractères de l'objet.

Instructions :

1. Créez une classe Person avec les attributs first_name et last_name.

2. Implémentez une méthode str personnalisée pour la classe Person qui renvoie le nom complet.

3. Créez une sous-classe Employee qui hérite de Person et possède un attribut supplémentaire position.

4. Implémentez une méthode str personnalisée pour la classe Employee qui renvoie le nom complet et la position.

```
class Person:
    def __init__(self, first_name, last_name):
        self.first_name = first_name
        self.last_name = last_name

    def __str__(self):
        return f"{self.first_name} {self.last_name}"

class Employee(Person):
    def __init__(self, first_name, last_name, position):
        super().__init__(first_name, last_name)
        self.position = position

    def __str__(self):
        return f"{super().__str__()}, Position: {self.position}"

person = Person("John", "Doe")
employee = Employee("Jane", "Doe", "Software Engineer")

print(person)     # Output: John Doe
print(employee)   # Output: Jane Doe, Position: Software Engineer
```

Exercice 8.4.3 : Typage canard (Duck Typing)

Titre : Implémenter une fonction SoundMaker

Description : Créez une fonction SoundMaker qui accepte un objet et appelle sa méthode make_sound(), démontrant le typage canard.

Instructions :

1. Créez une classe Dog avec une méthode make_sound() qui renvoie la chaîne "Woof!".

2. Créez une classe Cat avec une méthode make_sound() qui renvoie la chaîne "Meow!".

3. Implémentez une fonction SoundMaker() qui accepte un objet et appelle sa méthode make_sound().

4. Testez la fonction SoundMaker() avec des instances de Dog et Cat.

```python
class Dog:
    def make_sound(self):
        return "Woof!"

class Cat:
    def make_sound(self):
        return "Meow!"

def SoundMaker(animal):
    return animal.make_sound()

dog = Dog()
cat = Cat()

print(SoundMaker(dog))  # Output: Woof!
print(SoundMaker(cat))  # Output: Meow!
```

Dans cet exercice, nous avons créé deux classes, Dog et Cat, chacune avec sa propre méthode make_sound(). La fonction SoundMaker() prend un objet comme argument et appelle sa méthode make_sound() sans avoir besoin de connaître le type exact de l'objet. Cela démontre le concept de typage dynamique en Python.

8.5 : Encapsulation

L'encapsulation est l'un des principes fondamentaux de la programmation orientée objet. C'est le processus qui consiste à combiner des données (attributs) et des méthodes qui opèrent sur ces données au sein d'une seule unité, généralement une classe, pour créer un système cohésif et bien organisé.

En utilisant l'encapsulation, nous pouvons limiter l'accès à certaines parties de l'objet, ce qui peut aider à prévenir l'interférence ou la modification non désirée de l'état interne de l'objet. Cela peut être particulièrement utile dans les systèmes vastes et complexes, où le suivi de l'état de différents objets peut s'avérer difficile. De plus, l'encapsulation peut faciliter la modification et la mise à jour du code, car les changements dans une partie du code auront moins d'impact sur le reste du système. Dans l'ensemble, l'encapsulation est une technique puissante qui peut aider à créer du code plus robuste et maintenable.

En Python, l'encapsulation est réalisée en utilisant des modificateurs d'accès privés et protégés pour les attributs et les méthodes. Bien qu'il n'existe pas de concept strict de membres privés ou protégés, certaines conventions sont suivies pour indiquer le niveau d'accès prévu :

8.5.1 : Membres publics :

Par défaut, tous les membres d'une classe sont publics, ce qui signifie qu'on peut y accéder de n'importe où à l'intérieur et à l'extérieur de la classe. Cependant, il est important de noter que rendre tous les membres publics peut conduire à des problèmes potentiels de sécurité, car des informations sensibles peuvent être accessibles ou modifiées par des utilisateurs non autorisés. Pour atténuer ce risque, il est recommandé d'utiliser des modificateurs d'accès comme privé ou protégé pour les membres sensibles, et de ne fournir un accès public qu'aux membres nécessaires. De plus, l'utilisation de techniques d'encapsulation comme les getters et setters peut aider à garantir que les données sont accédées et modifiées de manière contrôlée et sécurisée.

8.5.2 : Membres protégés :

Si un membre est destiné à être accessible uniquement depuis l'intérieur de la classe et de ses sous-classes, son nom doit être préfixé d'un seul trait de soulignement (_). Cela est connu comme une convention et est largement utilisé en Python. Cependant, il est important de noter que cette convention n'empêche pas réellement l'accès au membre depuis l'extérieur de la classe ou de ses sous-classes. Dans de tels cas, il est recommandé d'utiliser la technique de « name mangling » (modification de noms), qui ajoute un préfixe au nom du membre pour rendre l'accès plus difficile depuis l'extérieur de la classe. Le name mangling est réalisé en préfixant le nom du membre avec deux traits de soulignement (__) et un suffixe d'un ou plusieurs traits de soulignement. Par exemple, un membre appelé « my_var » deviendrait « _MyClass__my_var » dans la classe appelée « MyClass ». Notez que cette technique doit être utilisée avec précaution, car elle peut rendre la lecture et la maintenance du code plus difficiles.

8.5.3 : Membres privés :

Si un membre est destiné à être accessible uniquement à l'intérieur de la classe (pas même par les sous-classes), son nom doit commencer par deux traits de soulignement (__). Python fournit une forme limitée de confidentialité via la modification de noms (name mangling), ce qui rend plus difficile, mais pas impossible, l'accès au membre depuis l'extérieur de la classe.

Il est important de comprendre que la modification de noms n'est pas une forme de sécurité. C'est simplement une convention utilisée pour décourager l'accès accidentel aux membres privés. En fait, la modification de noms peut être facilement contournée en accédant au membre en utilisant son nom modifié.

En plus des membres privés, Python permet également les membres protégés, qui peuvent être accédés par les sous-classes mais pas depuis l'extérieur de la classe. Ces membres sont marqués d'un seul trait de soulignement (_).

Il convient de noter que l'utilisation de membres privés et protégés n'est pas nécessaire dans tous les cas. Dans de nombreuses situations, il est parfaitement acceptable de rendre tous les membres publics. Cependant, dans des projets plus importants ou avec plusieurs développeurs, l'utilisation de membres privés et protégés peut aider à prévenir les modifications non désirées de parties critiques du code.

Exemple :

```python
class BankAccount:
    def __init__(self, account_number, balance):
        self._account_number = account_number
        self.__balance = balance

    def deposit(self, amount):
        self.__balance += amount

    def withdraw(self, amount):
        if amount <= self.__balance:
            self.__balance -= amount
        else:
            print("Insufficient funds")

    def get_balance(self):
        return self.__balance

account = BankAccount("12345", 1000)
account.deposit(500)
account.withdraw(300)

print(account.get_balance())  # Output: 1200
```

Dans cet exemple, la classe BankAccount possède un attribut __balance qui est conçu comme privé. Des méthodes telles que deposit(), withdraw() et get_balance() ont été fournies pour manipuler le solde, évitant ainsi l'accès direct à l'attribut. Notez que _account_number est un membre protégé, ce qui n'est pas strictement imposé par Python, mais indique qu'il devrait être traité comme protégé par convention.

Exercice 8.5.1 : Créer une classe simple Employé

Dans cet exercice, vous allez créer une classe simple Employé qui utilise l'encapsulation pour protéger ses membres de données.

Instructions :

1. Créez une classe appelée Employé.

2. Définissez les attributs privés suivants : __prenom, __nom et __salaire.

3. Créez un constructeur qui prend prenom, nom et salaire comme paramètres et initialise les attributs privés.

4. Créez des méthodes publiques get_prenom(), get_nom() et get_salaire() qui renvoient les attributs respectifs.

5. Créez une méthode get_nom_complet() qui renvoie le nom complet de l'employé, qui est la combinaison du prénom et du nom.

Solution :

```python
class Employee:
    def __init__(self, first_name, last_name, salary):
        self.__first_name = first_name
        self.__last_name = last_name
        self.__salary = salary

    def get_first_name(self):
        return self.__first_name

    def get_last_name(self):
        return self.__last_name

    def get_salary(self):
        return self.__salary

    def get_full_name(self):
        return self.__first_name + " " + self.__last_name

employee = Employee("John", "Doe", 50000)
print(employee.get_full_name())  # Output: John Doe
```

Exercice 8.5.2 : Implémenter une classe Cercle

Dans cet exercice, vous allez créer une classe Cercle qui utilise l'encapsulation pour protéger ses membres de données et fournir des méthodes pour les manipuler.

Instructions :

1. Créez une classe appelée Cercle.

2. Définissez les attributs privés suivants : __rayon et __pi (utilisez la valeur 3.14159 pour pi).

3. Créez un constructeur qui prend le rayon comme paramètre et initialise l'attribut privé __rayon.

4. Créez des méthodes publiques get_rayon() et get_pi() qui renvoient les attributs respectifs.

5. Créez des méthodes calculate_area() et calculate_circumference() qui renvoient l'aire et la circonférence du cercle, respectivement.

Solution :

```python
class Circle:
    def __init__(self, radius):
        self.__radius = radius
        self.__pi = 3.14159

    def get_radius(self):
        return self.__radius

    def get_pi(self):
        return self.__pi

    def calculate_area(self):
        return self.__pi * self.__radius ** 2

    def calculate_circumference(self):
        return 2 * self.__pi * self.__radius

circle = Circle(5)
print(circle.calculate_area())         # Output: 78.53975
print(circle.calculate_circumference())  # Output: 31.4159
```

Exercice 8.5.3 : Création d'un compte protégé par mot de passe

Dans cet exercice, vous allez créer une classe Compte qui utilise l'encapsulation pour protéger ses membres de données et nécessite un mot de passe pour accéder à certaines méthodes.

Instructions :

1. Créez une classe appelée Compte.

2. Définissez les attributs privés suivants : __numero_compte, __solde et __mot_de_passe.

3. Créez un constructeur qui prend numero_compte, solde et mot_de_passe comme paramètres et initialise les attributs privés.

4. Créez des méthodes publiques get_numero_compte() et get_solde() qui renvoient les attributs respectifs.

5. Créez une méthode valider_mot_de_passe(self, mot_de_passe) qui renvoie True si le mot de passe donné correspond au mot de passe du compte, et False sinon.

6. Créez une méthode retirer(self, montant, mot_de_passe) qui vérifie si le mot de passe est correct en utilisant valider_mot_de_passe(), et si c'est le cas, soustrait le montant donné du solde.

Solution :

```python
class Account:
    def __init__(self, account_number, balance, password):
        self.__account_number = account_number
        self.__balance = balance
        self.__password = password

    def get_account_number(self):
        return self.__account_number

    def get_balance(self):
        return self.__balance

    def validate_password(self, password):
        return self.__password == password

    def withdraw(self, amount, password):
        if self.validate_password(password):
            self.__balance -= amount
            return True
        return False

account = Account("123456", 1000, "secret123")
print(account.get_account_number())  # Output: 123456
print(account.get_balance())         # Output: 1000

if account.withdraw(200, "secret123"):
    print("Withdrawal successful!")
    print("New balance:", account.get_balance())  # Output: 800
else:
    print("Incorrect password or insufficient funds.")
```

Dans cet exercice, vous avez créé une classe Compte qui démontre le concept d'encapsulation en protégeant ses membres de données et en exigeant un mot de passe pour certaines opérations.

En concluant le chapitre 8, il est important de reconnaître l'importance de la programmation orientée objet (POO) en Python. Grâce à la POO, nous pouvons créer du code plus organisé, maintenable et évolutif. Dans ce chapitre, nous avons exploré les concepts clés de la POO :

1. Classes et objets : Les fondements pour créer des types de données personnalisés et des instances en Python.

2. Attributs et méthodes : Comment stocker des données et définir des comportements au sein des classes.

3. Héritage : Une manière de créer de nouvelles classes à partir de classes existantes, favorisant la réutilisation du code.

4. Polymorphisme : Tirer parti de la puissance de l'héritage et de la redéfinition de méthodes pour créer du code flexible capable de gérer différents types d'objets.

5. Encapsulation : Protéger l'état interne et l'implémentation d'une classe, en fournissant une interface bien définie pour interagir avec elle.

En appliquant ces principes dans vos programmes Python, vous pouvez créer du code qui est plus facile à comprendre, déboguer et étendre. N'oubliez pas de pratiquer l'implémentation de ces concepts à travers des exercices et des projets du monde réel pour obtenir une compréhension plus approfondie de la POO en Python.

Au fur et à mesure de votre progression, rappelez-vous que Python est un langage polyvalent qui prend en charge plusieurs paradigmes de programmation. La combinaison de la POO avec d'autres approches, comme la programmation fonctionnelle, peut vous aider à affiner et adapter davantage votre code à diverses situations et exigences. Rendez-vous au prochain chapitre. Bonne programmation !

Chapitre 9 : Gestion des erreurs et des exceptions

Lorsque vous travaillez avec Python, il est important de garder à l'esprit que vous rencontrerez inévitablement des erreurs ou des exceptions. Ces erreurs constituent un aspect crucial de la programmation, car elles aident à identifier les problèmes dans votre code et offrent des opportunités d'apprendre à les résoudre. En apprenant à gérer les exceptions, vous serez plus compétent dans la résolution de problèmes et le débogage de votre code.

De plus, la capacité de créer des exceptions personnalisées permettra une gestion des erreurs plus efficiente et efficace dans l'ensemble de votre programme. Dans ce chapitre, nous approfondirons les différents types d'erreurs que vous pouvez rencontrer, les diverses méthodes pour gérer les exceptions et comment les exceptions personnalisées peuvent améliorer votre expérience globale de programmation.

9.1 Erreurs courantes en Python

Avant de plonger dans la gestion des erreurs, comprenons d'abord les types d'erreurs les plus courants que vous pouvez rencontrer lors de l'écriture de code Python. Les erreurs peuvent être classées en deux grandes catégories : les erreurs de syntaxe et les exceptions.

Lorsque nous parlons d'erreurs de syntaxe, nous faisons référence aux erreurs qui se produisent lorsque notre code viole les règles de syntaxe de Python. Ces erreurs sont généralement faciles à détecter, car elles sont souvent accompagnées d'un message d'erreur qui pointe directement vers la ligne de code problématique. D'autre part, les exceptions sont des erreurs qui se produisent lorsque notre code est syntaxiquement correct, mais que quelque chose ne va pas pendant l'exécution.

Ces types d'erreurs peuvent être beaucoup plus difficiles à traquer, car ils peuvent être causés par un large éventail de facteurs, notamment des valeurs d'entrée incorrectes ou des changements inattendus dans l'état du programme. Bien qu'il puisse être frustrant de rencontrer des erreurs dans votre code Python, comprendre les différents types d'erreurs et comment les gérer est une partie essentielle pour devenir un développeur Python compétent.

9.1.1 : Erreurs de syntaxe :

Les erreurs de syntaxe, également connues sous le nom d'erreurs d'analyse, se produisent lorsque l'interpréteur Python ne peut pas comprendre votre code en raison d'une syntaxe incorrecte. Ces erreurs proviennent généralement de fautes de frappe, d'une indentation incorrecte ou d'une mauvaise utilisation des constructions du langage. Voici quelques exemples d'erreurs de syntaxe :

- Deux-points manquants dans les structures de contrôle comme if, for et def.

- Parenthèses, crochets ou guillemets non correspondants.

- Indentation incorrecte, qui est particulièrement importante en Python.

Exemple d'une erreur de syntaxe :

```
if x > 0
    print("x is positive")
```

Dans cet exemple, il manque un deux-points à la fin de l'instruction if, ce qui conduit à une erreur de syntaxe.

9.1.2 : Exceptions :

Les exceptions sont des erreurs d'exécution qui se produisent lorsque votre code rencontre une situation ou une condition inattendue. Contrairement aux erreurs de syntaxe, les exceptions ne résultent pas nécessairement d'une syntaxe de code incorrecte. Au contraire, elles peuvent survenir de circonstances imprévues pendant l'exécution du code, telles que des erreurs d'entrée/sortie de fichiers, une entrée utilisateur non valide ou des cas limites non gérés. Voici quelques exceptions courantes :

- **TypeError :** Est levée lorsque vous effectuez une opération sur un type de données inapproprié.

- **NameError :** Est levée lorsque vous essayez d'utiliser une variable ou une fonction qui n'a pas été définie.

- **ValueError :** Est levée lorsque vous passez un argument non valide à une fonction.

- **ZeroDivisionError :** Est levée lorsque vous essayez de diviser un nombre par zéro.

- **FileNotFoundError :** Est levée lorsque vous essayez d'ouvrir un fichier qui n'existe pas.

Exemple d'une exception :

```
x = 0
y = 10
result = y / x
```

Dans cet exemple, nous essayons de diviser y par x. Comme x est zéro, une exception ZeroDivisionError sera levée.

En comprenant ces erreurs courantes, non seulement vous serez mieux équipé pour diagnostiquer et résoudre les problèmes dans vos programmes Python, mais vous pourrez également écrire du code plus efficace et performant. Dans les sections suivantes, nous apprendrons comment gérer les exceptions et même créer nos propres exceptions personnalisées pour améliorer la gestion des erreurs dans notre code.

Ce faisant, nous améliorerons non seulement la stabilité et la fiabilité de nos programmes, mais nous pourrons également écrire des applications plus robustes et évolutives capables de gérer un large éventail d'entrées et de cas d'usage. Cela peut être particulièrement important lors du travail avec de grands ensembles de données ou des algorithmes complexes, où même une petite erreur peut avoir un impact significatif sur le résultat final. En tant que tel, maîtriser la gestion des erreurs en Python est une compétence essentielle pour tout programmeur ou data scientist cherchant à faire passer ses compétences au niveau supérieur.

Exercice 9.1.1 : Identifier les erreurs de syntaxe

Dans cet exercice, vous recevrez un extrait de code Python contenant une erreur d'exception. Votre tâche consiste à identifier l'exception et à corriger le code pour éviter l'erreur.

Instructions :

1. Lisez l'extrait de code suivant.
2. Identifiez les erreurs de syntaxe présentes dans le code.
3. Corrigez les erreurs de syntaxe et exécutez le code corrigé pour vous assurer qu'il fonctionne comme prévu.

Extrait de code :

```
x = 5
y = 10

if x < y
print("x is less than y")
```

Solution :

```
x = 5
y = 10

if x < y:
    print("x is less than y")
```

Sortie :

```
x is less than y
```

Exercice 9.1.2 : Identifier les erreurs d'exception

Dans cet exercice, vous recevrez un extrait de code Python contenant une erreur d'exception. Votre tâche consiste à identifier l'exception et à corriger le code pour éviter l'erreur.

Instructions :

1. Lisez l'extrait de code suivant.

2. Identifiez l'erreur d'exception dans le code.

3. Corrigez l'erreur d'exception et exécutez le code corrigé pour vous assurer qu'il fonctionne comme prévu.

Extrait de code :

```python
numerator = 7
denominator = 0

result = numerator / denominator
print(result)
```

Solution :

```python
numerator = 7
denominator = 0

if denominator != 0:
    result = numerator / denominator
    print(result)
else:
    print("Cannot divide by zero")
```

Sortie :

```
Cannot divide by zero
```

Exercice 9.1.3 : Générer une exception personnalisée

Dans cet exercice, vous créerez une fonction qui génère une exception personnalisée lorsqu'une entrée non valide est détectée.

Instructions :

1. Créez une fonction appelée validate_age qui prend un argument, age.

2. Dans la fonction, vérifiez si age est inférieur à 0.

3. Si age est inférieur à 0, générez une exception ValueError avec le message « L'âge ne peut pas être négatif ».

4. Appelez la fonction avec une valeur d'âge positive et une négative pour tester la gestion des exceptions.

Extrait de code :

```
def validate_age(age):
    # Your code here

validate_age(25)
validate_age(-5)
Solution :
def validate_age(age):
    if age < 0:
        raise ValueError("Age cannot be negative.")

try:
    validate_age(25)
    validate_age(-5)
except ValueError as ve:
    print(ve)
```

Sortie :

```
Age cannot be negative.
```

9.2 : Gestion des exceptions avec try et except

Python est un langage de programmation incroyablement polyvalent qui offre une large gamme d'outils et de fonctionnalités aux développeurs. L'une de ces fonctionnalités est la capacité de gérer les exceptions en utilisant les instructions try et except. Ces instructions permettent aux développeurs de surveiller l'exécution du code et de fournir un moyen de traiter les exceptions qui peuvent survenir pendant l'exécution.

Lorsqu'un bloc de code est enfermé dans une instruction try, Python exécute le code en le surveillant pour détecter toute exception qui pourrait se produire. Cela signifie que même si une exception se produit, le programme peut continuer à s'exécuter sans planter ni causer d'autres problèmes. Au lieu de cela, l'exécution du programme passe au bloc except approprié, qui est conçu pour gérer l'exception spécifique ou le tuple d'exceptions qui s'est produit.

Il est important de noter que l'instruction try doit être suivie d'un ou plusieurs blocs except. Ces blocs sont conçus pour gérer les exceptions spécifiques qui peuvent survenir pendant l'exécution. De plus, vous pouvez également utiliser un bloc else optionnel pour spécifier le code qui sera exécuté si aucune exception ne se produit. Ceci est utile dans les cas où vous souhaitez effectuer des actions supplémentaires si le code s'exécute sans problème.

Enfin, il y a le bloc finally. Ce bloc est utilisé pour spécifier le code qui sera exécuté indépendamment du fait qu'une exception se produise ou non. Ceci est utile dans les cas où vous devez libérer des ressources ou effectuer d'autres actions qui sont requises indépendamment du résultat de l'exécution du programme.

En résumé, les instructions try et except sont des outils précieux pour tout développeur Python. En utilisant ces instructions, vous pouvez gérer les exceptions d'une manière qui permet à votre programme de continuer à s'exécuter même si des erreurs se produisent. De plus, les blocs else et finally fournissent des fonctionnalités supplémentaires qui peuvent être utilisées pour rendre votre code plus robuste et fiable.

Syntaxe générale pour une instruction try-except :

```
try:
    # code that might raise an exception
except ExceptionType1:
    # code to handle exception of type ExceptionType1
except (ExceptionType2, ExceptionType3):
    # code to handle exception of type ExceptionType2 or ExceptionType3
else:
    # code to be executed if no exception was raised
finally:
    # code that will always be executed, regardless of exceptions
```

Exemple d'utilisation des instructions try et except pour gérer les exceptions :

```
try:
    numerator = 10
    denominator = 0
    result = numerator / denominator
except ZeroDivisionError:
    print("Cannot divide by zero")
except Exception as e:
    print("An unknown error occurred:", e)
else:
    print("The division was successful:", result)
finally:
    print("Thank you for using our division calculator")
```

Dans cet exemple, nous essayons d'abord d'effectuer l'opération de division. Si une exception ZeroDivisionError se produit, nous imprimons un message informatif. Si une autre exception se produit, nous la capturons en utilisant la classe Exception, qui est une classe de base pour toutes les exceptions intégrées, et nous imprimons un message d'erreur inconnue. Si aucune exception ne se produit, nous imprimons le résultat de la division. Enfin, nous imprimons un message remerciant l'utilisateur d'avoir utilisé notre calculatrice de division, indépendamment du fait qu'une exception se soit produite ou non.

Par exemple, en capturant une classe d'exception large comme Exception, il est possible que nous passions à côté d'une exception spécifique qui n'a pas été anticipée ou que nous ne savons pas comment gérer. Dans ce cas, l'exception sera capturée et traitée par le gestionnaire d'exceptions général, qui peut ne pas être capable de gérer l'exception spécifique de manière appropriée. Par conséquent, l'erreur peut être masquée ou, pire encore, le code peut continuer à s'exécuter avec un comportement inattendu.

D'autre part, lorsque nous capturons uniquement les exceptions que nous nous attendons à ce qu'elles se produisent, nous pouvons les gérer spécifiquement et fournir de meilleurs messages d'erreur aux utilisateurs. Cela peut aider à améliorer la qualité du code et le rendre plus facile à maintenir et à déboguer. De plus, cela peut rendre le code plus robuste face aux changements inattendus dans l'environnement ou les données d'entrée.

Par conséquent, il est recommandé d'être prudent lors de la définition des gestionnaires d'exceptions et de ne capturer que les exceptions que nous pouvons gérer correctement. Cela peut aider à rendre le code plus fiable et plus facile à maintenir à long terme.

Exercice 9.2.1 : Lecture sécurisée de fichiers

Écrivez un programme qui tente de lire un fichier fourni par l'utilisateur et imprime le contenu du fichier. Si le fichier n'est pas trouvé ou ne peut pas être lu, affichez un message d'erreur.

Instructions :

1. Demandez à l'utilisateur un nom de fichier.
2. Utilisez un bloc try-except pour ouvrir le fichier et lire son contenu.
3. Si une erreur FileNotFoundError se produit, imprimez un message d'erreur.
4. Sinon, imprimez le contenu du fichier.
5. Fermez le fichier.

Solution :

```python
filename = input("Enter the filename: ")

try:
    with open(filename, "r") as file:
        content = file.read()
except FileNotFoundError:
    print(f"Error: The file '{filename}' does not exist or could not be found.")
else:
    print("File contents:")
    print(content)
```

Sortie :

```
Enter the filename: sample.txt
File contents:
This is a sample text file.
```

Exercice 9.2.2 : Division sécurisée

Écrivez un programme qui prend deux nombres en entrée et effectue une division. Si une division par zéro se produit, affichez un message d'erreur.

Instructions :

1. Demandez à l'utilisateur deux nombres.

2. Utilisez un bloc try-except pour effectuer la division.

3. Si une erreur ZeroDivisionError se produit, imprimez un message d'erreur.

4. Sinon, imprimez le résultat de la division.

Solution :

```python
numerator = float(input("Enter the numerator: "))
denominator = float(input("Enter the denominator: "))

try:
    result = numerator / denominator
except ZeroDivisionError:
    print("Error: Division by zero is not allowed.")
else:
    print(f"The result is {result}.")
```

Sortie :

```
Enter the numerator: 10
Enter the denominator: 0
Error: Division by zero is not allowed.
```

Exercice 9.2.3 : Indexation sécurisée de listes

Écrivez un programme qui tente d'accéder à un élément dans une liste par son index fourni par l'utilisateur. Si une erreur IndexError se produit, affichez un message d'erreur.

Instructions :

1. Créez une liste avec quelques éléments.

2. Demandez à l'utilisateur un index.

3. Utilisez un bloc try-except pour accéder à l'élément à l'index donné.

4. Si une erreur IndexError se produit, imprimez un message d'erreur.

5. Sinon, imprimez l'élément accédé.

Solution :

```python
my_list = [10, 20, 30, 40, 50]
index = int(input("Enter the index of the element to retrieve: "))

try:
    element = my_list[index]
except IndexError:
    print(f"Error: The index '{index}' is out of range.")
else:
    print(f"The element at index {index} is {element}.")
```

Sortie :

```
Enter the index of the element to retrieve: 7
Error: The index '7' is out of range.
```

9.3 : Lever des exceptions

En Python, les exceptions sont des événements qui peuvent se produire lorsqu'il y a une erreur ou une condition exceptionnelle pendant l'exécution d'un programme. Celles-ci peuvent être causées par divers facteurs, tels qu'une entrée incorrecte ou un événement inattendu. Comme nous l'avons vu précédemment, Python lève des exceptions automatiquement lorsqu'il rencontre une erreur. Cependant, vous pouvez également lever des exceptions manuellement dans votre code en utilisant l'instruction raise. Cela est particulièrement utile lorsque vous souhaitez imposer certaines conditions ou restrictions dans votre programme, comme vérifier la validité des entrées ou vous assurer que certaines ressources sont disponibles avant d'exécuter un fragment de code.

Pour lever une exception, vous pouvez utiliser le mot-clé raise suivi de la classe d'exception ou d'une instance de la classe d'exception que vous souhaitez lever. Cela peut être utile pour fournir un contexte supplémentaire pour l'erreur, comme spécifier le type d'erreur qui s'est produite ou fournir un message personnalisé à l'utilisateur. En levant des exceptions dans votre code, vous pouvez améliorer sa robustesse et le rendre plus fiable, en vous assurant qu'il peut gérer une large gamme d'entrées et de conditions.

Voici la syntaxe de base pour lever une exception :

```python
raise ExceptionClass("Error message")
```

Par exemple, vous pouvez lever une exception ValueError si vous souhaitez imposer qu'une certaine valeur soit dans une plage spécifique :

```python
def validate_age(age):
    if age < 0 or age > 150:
        raise ValueError("Invalid age: Age must be between 0 and 150")

try:
    validate_age(-5)
except ValueError as ve:
    print(ve)
```

Dans cet exemple, la fonction validate_age vérifie si l'âge donné est dans la plage valide (0 à 150). Si ce n'est pas le cas, une exception ValueError est levée avec un message d'erreur personnalisé. Nous utilisons ensuite un bloc try-except pour appeler la fonction et gérer l'exception si elle se produit.

Lorsque vous levez une exception dans votre code, vous indiquez essentiellement que quelque chose s'est mal passé et que le flux normal de votre programme ne peut pas continuer. Cela signifie que le contrôle est transféré au bloc try-except le plus proche, qui est un bloc de code conçu pour gérer les exceptions d'une manière spécifique. S'il n'y a pas un tel bloc, le programme se terminera et le message d'erreur sera affiché.

Mais pourquoi est-il si important de lever des exceptions en premier lieu ? Eh bien, cela peut vraiment vous aider à créer un code plus robuste et résistant aux erreurs. En détectant et en gérant les erreurs au début du code, vous pouvez les empêcher de causer un comportement inattendu ou même de bloquer complètement votre programme. Cela peut vous faire gagner du temps et éviter de la frustration à long terme, ainsi que rendre votre code plus fiable et plus facile à maintenir.

Exercice 9.3.1 : Lever des exceptions pour une entrée invalide

Titre : Valider l'entrée de l'utilisateur

Description : Écrivez une fonction appelée validate_input qui prend une chaîne en entrée et lève une exception ValueError si la chaîne d'entrée contient des caractères spéciaux (par exemple, !, @, #, etc.).

Instructions :

1. Créez une fonction validate_input qui prend une chaîne input_str.

2. Vérifiez si la chaîne d'entrée contient des caractères spéciaux.

3. Si c'est le cas, levez une ValueError avec un message d'erreur personnalisé.

4. Testez la fonction avec des entrées valides et invalides en utilisant un bloc try-except.

Solution :

```
import string

def validate_input(input_str):
    if any(char in string.punctuation for char in input_str):
        raise ValueError("Invalid input: The input should not contain special
characters")

try:
    validate_input("HelloWorld!")
except ValueError as ve:
    print(ve)

try:
    validate_input("HelloWorld")
except ValueError as ve:
    print(ve)
```

Sortie :

```
Invalid input: The input should not contain special characters
```

Exercice 9.3.2 : Lever des exceptions pour des mots de passe invalides

Titre : Vérificateur de robustesse de mot de passe

Description : Créez une fonction appelée validate_password qui vérifie si un mot de passe donné est robuste. Un mot de passe robuste est défini comme ayant au moins 8 caractères, contenant au moins une lettre majuscule, une lettre minuscule, un chiffre et un caractère spécial. Levez une exception ValueError si le mot de passe ne remplit pas ces critères.

Instructions :

1. Créez une fonction validate_password qui prend une chaîne password.

2. Vérifiez si le mot de passe remplit les critères d'un mot de passe robuste.

3. S'il ne les remplit pas, levez une ValueError avec un message d'erreur personnalisé.

4. Testez la fonction avec des mots de passe valides et invalides en utilisant un bloc try-except.

Solution :

```
import string

def validate_password(password):
    if len(password) < 8:
        raise ValueError("Invalid password: Password must have at least 8 characters")

    if not any(char.isupper() for char in password):
```

```
        raise ValueError("Invalid password: Password must have at least one uppercase
letter")

    if not any(char.islower() for char in password):
        raise ValueError("Invalid password: Password must have at least one lowercase
letter")

    if not any(char.isdigit() for char in password):
        raise ValueError("Invalid password: Password must have at least one digit")

    if not any(char in string.punctuation for char in password):
        raise ValueError("Invalid password: Password must have at least one special
character")

try:
    validate_password("WeakPwd1")
except ValueError as ve:
    print(ve)

try:
    validate_password("StrongPwd1!")
except ValueError as ve:
    print(ve)
```

Sortie :

```
Invalid password: Password must have at least one special character
```

Exercice 9.3.3 : Lever des exceptions pour des adresses e-mail invalides

Titre : Validateur d'e-mail

Description : Créez une fonction appelée validate_email qui vérifie si une adresse e-mail donnée est valide. Une adresse e-mail valide doit avoir le format suivant : <nom d'utilisateur>@<domaine>.<tld>. Levez une exception ValueError si l'adresse e-mail ne remplit pas ces critères.

Instructions :

1. Créez une fonction validate_email qui prend une chaîne email.

2. Vérifiez si l'adresse e-mail est valide.

3. Si elle ne l'est pas, levez une ValueError avec un message d'erreur personnalisé.

4. Testez la fonction avec des adresses e-mail valides et invalides en utilisant un bloc try-except.

Solution :

```
import re
```

```
def validate_email(email):
    email_regex = r'^[a-zA-Z0-9._%+-]+@[a-zA-Z0-9.-]+\\.[a-zA-Z]{2,}$'
    if not re.match(email_regex, email):
        raise ValueError("Invalid email address")

try:
    validate_email("invalid_email.com")
except ValueError as ve:
    print(ve)

try:
    validate_email("valid.email@example.com")
except ValueError as ve:
    print(ve)
```

Sortie :

```
Invalid email address
```

9.4 : Exceptions personnalisées

Python est un langage de programmation qui permet la création d'exceptions personnalisées. Ce faisant, les développeurs peuvent adapter leurs exceptions à des conditions d'erreur spécifiques. Les exceptions personnalisées peuvent fournir des messages d'erreur plus détaillés qui sont plus faciles à comprendre et à gérer pour les programmeurs. Ceci est important car cela permet une identification et une résolution plus rapides des erreurs dans le code.

Pour créer une exception personnalisée en Python, vous devrez définir une nouvelle classe qui hérite de la classe de base Exception ou de l'une de ses sous-classes. Cette nouvelle classe doit inclure tout attribut ou méthode supplémentaire nécessaire pour décrire correctement l'exception. Ce faisant, vous pouvez vous assurer que l'exception personnalisée fournit toutes les informations nécessaires pour aider à identifier et résoudre tout problème pouvant survenir pendant le développement.

De plus, les exceptions personnalisées peuvent être utilisées pour différencier entre différents types d'erreurs pouvant se produire dans votre code. Par exemple, vous pouvez créer une exception personnalisée pour les erreurs liées à l'entrée/sortie de fichiers et une autre exception personnalisée pour les erreurs liées à la connectivité réseau. Cela facilite la gestion de différents types d'erreurs de manières spécifiques, ce qui peut conduire à une gestion des erreurs plus efficiente et efficace dans l'ensemble.

Dans l'ensemble, la capacité de créer des exceptions personnalisées est une caractéristique importante de Python qui peut grandement améliorer le processus de développement. En fournissant des messages d'erreur plus descriptifs et en permettant une gestion des erreurs plus spécifique, les exceptions personnalisées peuvent aider à rationaliser le processus de débogage et garantir que le code s'exécute de manière fluide et efficace.

Voici un exemple de création d'une exception personnalisée simple :

```
class CustomError(Exception):
    pass
```

Dans cet exemple, nous définissons une nouvelle classe appelée ErreurPersonnalisée qui hérite de la classe Exception. L'instruction pass indique que la classe est vide et ne fournit aucune fonctionnalité supplémentaire.

Maintenant, supposons que vous souhaitez ajouter un message d'erreur personnalisé à votre exception :

```
class CustomError(Exception):
    def __init__(self, message):
        self.message = message
        super().__init__(message)
```

Dans ce cas, nous avons remplacé la méthode **init** de la classe Exception, ce qui nous permet de fournir un message d'erreur personnalisé lorsque l'exception est levée. La ligne super().**init**(message) appelle la méthode **init** de la classe parente Exception, en lui passant le message d'erreur personnalisé.

Vous pouvez lever votre exception personnalisée comme toute autre exception :

```
raise CustomError("This is a custom error message.")
```

Lors de la création d'exceptions personnalisées, il est recommandé d'utiliser des noms descriptifs qui indiquent la nature de l'erreur et de fournir des messages d'erreur utiles pour faciliter le débogage.

Exemple :

Disons que vous créez un programme qui gère des comptes d'utilisateurs et que vous souhaitez définir une exception personnalisée pour le cas où un utilisateur tente de créer un compte avec une adresse e-mail non valide. Vous pouvez créer une exception personnalisée comme celle-ci :

```
class InvalidEmailError(Exception):
    def __init__(self, email):
        self.email = email
        message = f"The email address '{email}' is invalid."
        super().__init__(message)

# Usage
```

```
try:
    raise InvalidEmailError("invalid_email.com")
except InvalidEmailError as e:
    print(e)
```

Dans cet exemple, nous avons créé une exception personnalisée appelée ErreurEmailInvalide. Lors de la levée de cette exception, nous passons l'adresse e-mail invalide comme argument, qui est ensuite utilisée pour créer un message d'erreur personnalisé.

Exercice 9.4.1 : Créer une exception personnalisée pour les nombres négatifs

Titre : ErreurNombreNégatif

Description : Créez une exception personnalisée appelée ErreurNombreNégatif qui prend un nombre comme argument et renvoie un message d'erreur indiquant que le nombre est négatif.

Instructions :

1. Définissez une exception personnalisée appelée ErreurNombreNégatif.

2. Levez l'exception ErreurNombreNégatif si un nombre donné est négatif.

3. Capturez et gérez l'exception en imprimant le message d'erreur.

```
class NegativeNumberError(Exception):
    def __init__(self, number):
        self.number = number
        message = f"The number {number} is negative."
        super().__init__(message)

def check_positive_number(number):
    if number < 0:
        raise NegativeNumberError(number)
    else:
        print(f"The number {number} is positive.")

try:
    check_positive_number(-5)
except NegativeNumberError as e:
    print(e)
```

Sortie :

```
The number -5 is negative.
```

Exercice 9.4.2 : Créer une exception personnalisée pour les chaînes d'entrée vides

Titre : ErreurChaîneVide

Description : Créez une exception personnalisée appelée ErreurChaîneVide qui prend une chaîne comme argument et renvoie un message d'erreur indiquant que la chaîne d'entrée est vide.

Instructions :

1. Définissez une exception personnalisée appelée ErreurChaîneVide.

2. Levez l'exception ErreurChaîneVide si une chaîne donnée est vide.

3. Capturez et gérez l'exception en imprimant le message d'erreur.

```python
class EmptyStringError(Exception):
    def __init__(self):
        message = "The input string is empty."
        super().__init__(message)

def check_non_empty_string(input_string):
    if not input_string:
        raise EmptyStringError()
    else:
        print(f"The input string is not empty.")

try:
    check_non_empty_string("")
except EmptyStringError as e:
    print(e)
```

Sortie :

```
The input string is empty.
```

Exercice 9.4.3 : Créer une exception personnalisée pour les noms d'utilisateur invalides

Titre : ErreurNomUtilisateurInvalide

Description : Créez une exception personnalisée appelée ErreurNomUtilisateurInvalide qui prend un nom d'utilisateur comme argument et renvoie un message d'erreur indiquant que le nom d'utilisateur est invalide.

Instructions :

1. Définissez une exception personnalisée appelée ErreurNomUtilisateurInvalide.

2. Créez une fonction qui valide un nom d'utilisateur donné.

3. Levez l'exception ErreurNomUtilisateurInvalide si le nom d'utilisateur est invalide.

4. Capturez et gérez l'exception en imprimant le message d'erreur.

```
class InvalidUsernameError(Exception):
    def __init__(self, username):
        self.username = username
        message = f"The username '{username}' is invalid."
        super().__init__(message)

def validate_username(username):
    if len(username) < 5:
        raise InvalidUsernameError(username)
    else:
        print(f"The username '{username}' is valid.")

try:
    validate_username("usr")
except InvalidUsernameError as e:
    print(e)
```

Sortie :

```
The username 'usr' is invalid.
```

À la fin du Chapitre 9, récapitulons les concepts principaux que nous avons abordés :

1. Erreurs courantes en Python : Nous avons analysé différents types d'erreurs, tels que les erreurs de syntaxe, les erreurs de type et les erreurs de nom. Comprendre ces erreurs est essentiel pour déboguer le code de manière efficace.

2. Gestion des exceptions avec try et except : Nous avons appris comment utiliser les blocs try et except pour gérer les exceptions de manière contrôlée. Cette technique permet à votre programme de continuer à s'exécuter même lorsqu'il rencontre une erreur.

3. Lever des exceptions : Nous avons discuté de la façon de lever des exceptions en utilisant l'instruction raise, ce qui est utile lorsque vous devez indiquer qu'une erreur s'est produite dans votre code.

4. Exceptions personnalisées : Enfin, nous avons vu comment créer des classes d'exceptions personnalisées pour gérer des situations spécifiques dans votre code de manière plus efficace. Les exceptions personnalisées vous permettent de fournir des messages d'erreur plus descriptifs et de gérer les erreurs d'une manière plus spécifique.

En comprenant et en mettant en œuvre ces concepts, vous serez en mesure d'écrire du code Python plus robuste et facile à maintenir. La gestion des erreurs est un aspect crucial de la programmation, car elle vous aide à anticiper et à faire face à des situations inattendues qui peuvent survenir lors de l'exécution de vos programmes. Continuez à pratiquer et à appliquer ces concepts dans vos projets pour maîtriser davantage la gestion des erreurs et des exceptions en Python.

À bientôt dans le prochain chapitre : « Bonnes pratiques en Python » !

Chapitre 10 : Meilleures pratiques Python

Alors que nous approchons de la fin de ce livre, il est important de souligner que les meilleures pratiques pour les programmeurs Python sont fondamentales pour le succès de tout projet. Bien qu'il existe de nombreuses pratiques recommandées que les programmeurs peuvent suivre, celles présentées ici sont essentielles pour maintenir un code efficace, lisible et maintenable. Dans ce chapitre, nous approfondirons PEP 8, le guide de style officiel pour le code Python, et explorerons comment il peut être utilisé pour améliorer votre code.

De plus, nous aborderons d'autres sujets critiques tels que l'organisation, la documentation et les tests du code. Il est essentiel de comprendre ces concepts dans leur totalité, car ils seront cruciaux pour garantir que vos projets Python soient un succès.

10.1 PEP 8 - Guide de style pour le code Python

PEP 8 est la Proposition d'Amélioration de Python qui fournit un ensemble de directives et de conventions pour écrire du code Python. L'objectif principal de PEP 8 est de rendre le code plus lisible et maintenable en fournissant un style cohérent. Bien que PEP 8 ne soit pas une exigence stricte, il est fortement recommandé de suivre ces directives pour garantir que votre code soit facilement compris par les autres, et même par vous-même, à l'avenir.

Certains des aspects clés de PEP 8 incluent :

10.1.1 : Indentation :

Lors de l'écriture de code, il est important de maintenir un formatage cohérent. Cela peut être réalisé en utilisant 4 espaces par niveau d'indentation, plutôt que de mélanger espaces et tabulations. Ce faisant, le code devient plus lisible et facile à comprendre pour d'autres personnes qui pourraient avoir besoin de travailler avec le code à l'avenir. De plus, un formatage cohérent peut aider à prévenir les erreurs et faciliter le débogage. Par conséquent, il est fortement recommandé d'utiliser 4 espaces par niveau d'indentation pour tout le code que vous écrivez.

Exemple :

```
# Good
def my_function(arg1, arg2):
    result = arg1 + arg2
```

```
    return result

# Bad
def my_function(arg1, arg2):
  result = arg1 + arg2
  return result
```

10.1.2 : Longueur maximale de ligne :

Une façon d'améliorer la lisibilité du code est de limiter le nombre de caractères par ligne. Cela peut être réalisé en établissant une longueur maximale de ligne de 79 caractères. En faisant cela, le code devient plus facile à lire, en particulier lorsque l'on travaille avec plusieurs fichiers côte à côte. Cela permet d'avoir une base de code plus organisée et structurée, car les développeurs peuvent rapidement parcourir le code et identifier les problèmes potentiels ou les domaines d'amélioration.

De plus, maintenir le code dans une certaine limite de longueur peut également aider au débogage et aux tests, car cela minimise le besoin de défilement horizontal et facilite la détection des erreurs.

Exemple :

```
# Good
def my_function(long_arg1, long_arg2,
                long_arg3, long_arg4):
    result = (
        long_arg1 + long_arg2
        - long_arg3 * long_arg4
    )
    return result

# Bad
def my_function(long_arg1, long_arg2, long_arg3, long_arg4): result = long_arg1 +
long_arg2 - long_arg3 * long_arg4; return result
```

10.1.3 : Importations :

Lors de l'écriture de code, il est important d'organiser vos importations de manière claire et cohérente. Les placer au début du fichier facilite la compréhension des dépendances externes de votre code par d'autres développeurs. Cependant, il ne suffit pas de simplement les énumérer dans un ordre aléatoire. Pour maximiser la lisibilité, les importations doivent être séparées par une ligne vide et organisées dans un ordre spécifique.

Tout d'abord, vous devriez énumérer toute importation de la bibliothèque standard que votre code nécessite. Ce sont des modules intégrés qui viennent avec le langage Python, tels que « os » ou « sys ».

Ensuite, vous devriez énumérer toute importation tierce que votre code nécessite. Ce sont des modules externes que vous avez installés à l'aide d'un gestionnaire de paquets comme « pip ». Des exemples de modules tiers pourraient être « numpy » ou « pandas ».

Enfin, vous devriez énumérer toute importation locale de l'application ou de la bibliothèque spécifique que votre code nécessite. Ce sont des modules que vous avez écrits vous-même ou qui sont spécifiques à votre projet.

En suivant ce schéma d'organisation, vous pouvez aider à garantir que votre code soit facile à lire et à comprendre, même pour les développeurs qui ne sont pas familiers avec votre projet. Alors n'oubliez pas de consacrer un peu de temps supplémentaire à organiser vos importations correctement !

Exemple :

```
# Good
import os
import sys

import requests

from my_module import my_function

# Bad
import os, sys
from my_module import my_function
import requests
```

10.1.4 : Espaces blancs :

Lors de l'écriture de code, il est important d'utiliser les espaces blancs de manière efficace. Cela signifie que, bien que vous deviez éviter l'utilisation excessive d'espaces blancs, vous devez également les utiliser pour séparer les sections logiques de votre code. Par exemple, vous pouvez utiliser une ligne vide pour séparer les fonctions, les méthodes ou les définitions de classes. En utilisant les espaces blancs de cette manière, vous pouvez rendre votre code plus organisé et facile à lire.

En plus de séparer les sections de code, il est également important d'utiliser des espaces blancs autour des opérateurs et après les virgules dans les listes, tuples ou dictionnaires. Cela rend le code plus lisible et facile à comprendre, en particulier si quelqu'un d'autre a besoin de le réviser ou de le modifier à l'avenir.

Exemple :

```
# Good
my_list = [1, 2, 3, 4]
result = x * y + z

# Bad
```

```
my_list=[1,2,3,4]
result=x*y+z
```

10.1.5 : Conventions de nommage :

- Les noms de variables et de fonctions doivent être en minuscules, avec les mots séparés par des traits de soulignement (par exemple, **ma_variable**, **ma_fonction**).

- Les constantes doivent être en MAJUSCULES, avec les mots séparés par des traits de soulignement (par exemple, **MA_CONSTANTE**).

- Les noms de classe doivent utiliser la convention CapWords (PascalCase) (par exemple, **MaClasse**).

- Les noms de méthode doivent être en minuscules, avec les mots séparés par des traits de soulignement (par exemple, **ma_methode**).

Exemple :

```
# Good
class MyClass:
    my_variable = 10

    def my_method(self):
        pass

# Bad
class myclass:
    MyVariable = 10

    def MyMethod(self):
        pass
```

10.1.6 : Commentaires :

Lors de l'écriture de code, il est important d'utiliser des commentaires pour expliquer le but du code, en particulier lorsqu'il pourrait être difficile à comprendre. Les commentaires aident les autres programmeurs qui pourraient avoir besoin de travailler avec votre code à comprendre comment il fonctionne et ce qu'il fait.

Il est recommandé d'utiliser les commentaires en ligne avec modération, car en ajouter trop peut rendre le code difficile à lire. Lors de l'ajout de commentaires en ligne, il est important de les séparer du code par au moins deux espaces.

Commencez toujours les commentaires par une majuscule et terminez par un point. Cela aide à maintenir la cohérence et la lisibilité dans votre code, et peut faciliter la compréhension de ce que vous essayez d'accomplir par les autres.

En résumé, les commentaires sont une partie vitale de l'écriture d'un bon code et peuvent aider à rendre votre code plus compréhensible et maintenable. Alors n'oubliez pas d'ajouter des commentaires à votre code !

Exemple :

```
# Good
def my_function():
    # Calculate the result based on some logic.
    result = 42
    return result

# Bad
def my_function():
    result = 42  # Calculate the result based on some logic.
    return result
```

10.1.7 : Docstrings :

L'utilisation de docstrings, ou chaînes de texte entre triples guillemets, est un excellent moyen de fournir de la documentation pour vos modules, classes, fonctions et méthodes. Cela peut aider les autres à comprendre le but et l'utilisation de votre code de manière plus efficace, ce qui peut être particulièrement important lorsque vous travaillez sur des projets avec d'autres ou contribuez à des projets open source.

Non seulement une bonne documentation facilite l'utilisation et la construction sur votre code par d'autres, mais elle peut également vous faciliter le retour à votre propre code plus tard et vous rappeler comment il fonctionne. En fait, de nombreux développeurs considèrent qu'une bonne documentation est aussi importante que le code lui-même, car elle peut aider à garantir que votre code soit maintenable et utilisable à long terme. Donc, si vous n'utilisez pas encore de docstrings dans votre code, il pourrait valoir la peine de prendre le temps de commencer à les incorporer dans vos pratiques de programmation.

Exemple :

```
# Good
def my_function(arg1, arg2):
    """    Calculate the sum of two arguments.

    Args:
        arg1 (int): The first argument.
        arg2 (int): The second argument.

    Returns:
        int: The sum of the two arguments.
    """

    return arg1 + arg2

# Bad
```

```
def my_function(arg1, arg2):
    # Calculate the sum of two arguments
    return arg1 + arg2
```

Ce ne sont là que quelques-unes des nombreuses directives fournies par PEP 8. Il est recommandé de lire le document complet PEP 8 (https://www.python.org/dev/peps/pep-0008/) pour vous familiariser avec toutes les directives et les appliquer de manière cohérente dans vos projets Python.

Exercice 10.1.1 : Indentation PEP 8

Dans cet exercice, vous pratiquerez la correction de l'indentation dans un script Python pour suivre les directives de PEP 8.

Instructions : Corrigez l'indentation dans le script Python fourni. Le script doit avoir 4 espaces pour chaque niveau d'indentation.

Solution :

```
def my_function(arg1, arg2):
    result = arg1 + arg2
    return result

if __name__ == "__main__":
    num1 = 5
    num2 = 10
    sum_result = my_function(num1, num2)
    print(f"The sum of {num1} and {num2} is {sum_result}.")
```

Sortie :

```
The sum of 5 and 10 is 15.
```

Exercice 10.1.2 : Importations PEP 8

Dans cet exercice, vous pratiquerez l'organisation des importations selon les directives PEP 8.

Instructions : Réorganisez les importations données dans le script Python afin qu'elles suivent les directives PEP 8.

Solution :

```
import os
import sys

import requests

from my_module import my_function
```

```
print("Imports organized according to PEP 8.")
```

Sortie :

```
Imports organized according to PEP 8.
```

Note : La sortie variera en fonction de votre système et du « my_module » réel que vous importez.

Exercice 10.1.3 : Conventions de nommage PEP 8

Dans cet exercice, vous pratiquerez l'application des conventions de nommage PEP 8 à un script Python.

Instructions : Mettez à jour le script Python donné pour qu'il suive les conventions de nommage PEP 8 pour les variables, les fonctions et les classes.

Solution :

```python
class MyClass:
    my_variable = 10

    def my_method(self):
        return self.my_variable * 2

def main():
    my_instance = MyClass()
    result = my_instance.my_method()
    print(f"The result is: {result}")

if __name__ == "__main__":
    main()
```

Sortie :

```
The result is: 20
```

10.2 : Commentaires et documentation du code

En tant que développeur Python, il est essentiel d'écrire du code propre, maintenable et bien documenté. Ce faisant, vous pouvez contribuer à garantir que votre code puisse être facilement compris par d'autres développeurs, quel que soit leur niveau d'expérience. Fournir une documentation détaillée et commenter votre code peut être particulièrement utile à cet égard, car cela peut aider à décomposer des concepts complexes en parties plus digestes.

L'un des principaux avantages de commenter votre code est que cela peut faciliter son débogage et sa maintenance. En fournissant des commentaires clairs et concis à côté de votre code, vous pouvez aider d'autres développeurs à comprendre rapidement votre processus de réflexion et à identifier tout problème qui pourrait exister. Cela peut également être utile dans les situations où vous travaillez sur un projet avec d'autres développeurs, car cela peut aider à garantir que tout le monde soit sur la même longueur d'onde.

En plus de commenter votre code, il est également important de fournir une documentation détaillée. Cela peut inclure des informations sur la manière d'utiliser le code, ce qu'il fait et tout problème potentiel qui pourrait survenir. En fournissant une documentation détaillée, vous pouvez contribuer à garantir que votre code soit utilisable par d'autres développeurs, quel que soit leur niveau d'expérience.

En résumé, on ne saurait sous-estimer l'importance des commentaires et de la documentation du code. En prenant le temps d'écrire du code propre, maintenable et bien documenté, vous pouvez contribuer à garantir que votre code soit facilement compris, débogué et maintenu, tant dans le présent que dans l'avenir.

10.2.1 : Commentaires en ligne :

Les commentaires en ligne sont utilisés pour expliquer une seule ligne de code ou une opération spécifique au sein d'une ligne. Ces commentaires doivent être brefs, clairs et commencer par un symbole « # » suivi d'un seul espace. Vous devez placer le commentaire en ligne avec le code qu'il décrit ou sur la ligne immédiatement au-dessus de celui-ci.

Exemple :

```
x = 5  # Assigning the value 5 to variable x
```

10.2.2 : Commentaires de bloc :

Les commentaires de bloc sont utilisés pour fournir une explication détaillée d'un bloc de code ou d'un algorithme spécifique. Ces commentaires doivent être placés au-dessus du bloc de code qu'ils décrivent et doivent être indentés au même niveau que le code. Chaque ligne d'un commentaire de bloc doit commencer par un symbole '#' et un seul espace.

Exemple :

```
# Here, we are initializing the variables and
# calculating the sum of two numbers.
x = 5
y = 10
sum_result = x + y
```

10.2.3 : Docstrings :

Les docstrings, ou chaînes de documentation, sont utilisées pour fournir de la documentation pour les modules, classes, fonctions et méthodes. Elles sont placées immédiatement après la définition du module, de la classe, de la fonction ou de la méthode qu'elles décrivent. Les docstrings sont encadrées de guillemets triples (simples ou doubles) et peuvent s'étendre sur plusieurs lignes.

Exemple :

```
def add_numbers(x, y):
    """
    This function takes two numbers as arguments,
    calculates their sum, and returns the result.

    Args:
        x (int): The first number
        y (int): The second number

    Returns:
        int: The sum of x and y
    """
    return x + y
```

En résumé, les commentaires dans le code et la documentation sont des pratiques essentielles pour écrire un code maintenable et facilement compréhensible. En suivant ces directives, vous pouvez vous assurer que votre code soit bien organisé et accessible aux autres, facilitant ainsi la collaboration et la maintenance à long terme du projet.

Pour approfondir ce sujet, les commentaires dans le code impliquent d'ajouter des commentaires au sein de votre code pour expliquer son objectif, sa fonctionnalité et tout autre détail critique. Cela aide les autres développeurs qui pourraient travailler avec votre code à l'avenir à comprendre ce que votre code accomplit et comment il fonctionne. De plus, en commentant votre code, vous vous facilitez la compréhension de votre propre code lorsque vous y revenez après une période prolongée.

D'autre part, la documentation implique de créer un document séparé qui décrit comment utiliser votre code, son objectif et toute autre information pertinente. Cela est particulièrement précieux pour les projets plus importants comportant de nombreux composants et fonctionnalités. Grâce à une documentation exhaustive, vous permettez aux autres développeurs de comprendre comment les composants de votre code s'intègrent et comment les utiliser efficacement.

En conclusion, tant les commentaires dans le code que la documentation sont des pratiques fondamentales pour créer un code maintenable et compréhensible. En consacrant du temps et des efforts à ces pratiques, vous améliorez la facilité avec laquelle vous et d'autres pouvez travailler avec votre code, garantissant le succès à long terme de vos projets.

Exercice 10.2.1 : Commentaires en ligne

Titre : Pratique des commentaires en ligne

Améliorez la lisibilité du code fourni en ajoutant des commentaires en ligne pour décrire les opérations.

Instructions :

1. Lisez le code fourni.

2. Identifiez les opérations clés dans le code.

3. Ajoutez des commentaires en ligne pour décrire les opérations.

Solution :

```python
# Import the math module
import math

radius = 5  # Set the radius of the circle

# Calculate the area of the circle
area = math.pi * (radius ** 2)

# Calculate the circumference of the circle
circumference = 2 * math.pi * radius

# Print the area and circumference
print("Area:", area)
print("Circumference:", circumference)
```

Sortie :

```
Area: 78.53981633974483
Circumference: 31.41592653589793
```

Exercice 10.2.2 : Commentaires de bloc

Titre : Pratique des commentaires de bloc

Améliorez le code fourni en ajoutant des commentaires de bloc pour expliquer les différentes sections du code.

Instructions :

Lisez le code fourni. Identifiez les sections distinctes dans le code. Ajoutez des commentaires de bloc pour décrire les sections.

Solution :

```
# Initialize variables
num1 = 10
num2 = 20
num3 = 30

# Perform arithmetic operations
sum_result = num1 + num2 + num3
product = num1 * num2 * num3
average = sum_result / 3

# Print the results
print("Sum:", sum_result)
print("Product:", product)
print("Average:", average)
```

Sortie :

```
Sum: 60
Product: 6000
Average: 20.0
```

Exercice 10.2.3 : Écrire des Docstrings

Titre : Pratique d'écriture de Docstrings

Écrivez une fonction avec un docstring descriptif.

Instructions :

1. Créez une fonction appelée **multiply_numbers** qui prend deux nombres comme arguments et renvoie leur produit.

2. Écrivez un docstring clair et descriptif pour la fonction.

Solution :

```
def multiply_numbers(x, y):
    """
    This function takes two numbers as arguments,
    calculates their product, and returns the result.

    Args:
        x (int): The first number
        y (int): The second number

    Returns:
        int: The product of x and y
    """
    return x * y

# Test the function
```

```
result = multiply_numbers(5, 10)
print("Product:", result)
```

Sortie :

```
Product: 50
```

10.3 : Conventions de nommage

En Python, il est extrêmement important d'utiliser des noms clairs et descriptifs pour les variables, fonctions, classes et modules. Ce faisant, vous rendrez votre code plus lisible et maintenable, ce qui est fondamental pour tout projet. Cependant, il ne s'agit pas seulement d'utiliser des noms descriptifs, il s'agit également d'être cohérent dans tout votre code. En adoptant une convention de nommage cohérente, vous pouvez aider d'autres développeurs à comprendre et à contribuer à votre projet de manière plus efficace. Heureusement, comme décrit précédemment, Python dispose d'un ensemble de conventions de nommage largement acceptées, qui sont couvertes dans PEP 8. Cette section fournira une discussion plus détaillée de ces conventions et de la manière dont elles peuvent être appliquées à votre code pour le rendre plus lisible et maintenable.

10.3.1 : Variables et fonctions :

Utilisez des lettres minuscules et séparez les mots par des traits de soulignement (snake_case). Cette convention rend votre code facile à lire et à comprendre. Par exemple :

```
filename = "example.txt"
counter = 0

def process_data(data):
    pass
```

10.3.2 : Constantes :

Les constantes doivent avoir des noms écrits en lettres majuscules et séparées par des traits de soulignement pour séparer les mots. Cette convention facilite la distinction des constantes par rapport aux autres variables.

```
PI = 3.14159
MAX_SIZE = 1000
```

10.3.3 : Classes :

Utilisez CamelCase (en mettant en majuscule la première lettre de chaque mot) pour les noms de classes. Cette convention aide à distinguer les noms de classes des noms de variables et de fonctions.

```
class MyClass:
    pass

class CustomerData:
    pass
```

10.3.4 : Modules :

Les noms de modules doivent être en minuscules et peuvent utiliser des traits de soulignement si cela améliore la lisibilité. Cette convention maintient les noms de modules cohérents avec les noms de variables et de fonctions.

```
# my_module.py
import my_module
```

10.3.5 : Variables et méthodes privées :

Pour indiquer qu'une variable ou méthode est privée (c'est-à-dire qu'elle ne doit pas être accédée directement), vous pouvez utiliser un seul trait de soulignement au début. Il s'agit davantage d'une convention que d'une règle stricte, mais cela aide à communiquer l'utilisation prévue de la variable ou méthode aux autres développeurs.

```
class MyClass:
    def __init__(self):
        self._private_variable = 42

    def _private_method(self):
        pass
```

En suivant ces conventions de nommage, vous améliorerez la lisibilité et la maintenabilité de votre code Python. Cela peut vous faire économiser du temps et des efforts à long terme, en particulier lorsque vous travaillez en équipe ou que vous revenez examiner le code après une période de temps. Il est important d'être cohérent avec ces conventions dans tout votre code pour garantir une apparence cohérente et professionnelle.

Cette cohérence peut également aider lors du débogage et de la résolution de problèmes, ainsi que réduire la probabilité d'erreurs ou de confusions causées par des noms incohérents. De plus, le respect des conventions de nommage standard peut faciliter la compréhension et la contribution à votre code par d'autres, car ils seront familiers avec les conventions de nommage utilisées. Par conséquent, il est recommandé de prendre le temps d'apprendre et de suivre ces conventions, car elles peuvent avoir un impact significatif sur la qualité et l'utilisabilité de votre code.

Exercice 10.3.1 : Identifier les conventions de nommage incorrectes

Dans cet exercice, vous analyserez un fragment de code donné et identifierez les conventions de nommage incorrectes. Ensuite, vous corrigerez le code pour suivre les conventions de nommage appropriées.

Instructions :

1. Identifiez les conventions de nommage incorrectes dans le fragment de code donné.

2. Corrigez le code pour suivre les conventions de nommage appropriées.

```python
class car:
    def __init__(self, make, Model, year):
        self.Make = make
        self.model = Model
        self.Year = year

    def get_car_info(self):
        return f"{self.Year} {self.Make} {self.model}"
```

Solution :

```python
class Car:
    def __init__(self, make, model, year):
        self.make = make
        self.model = model
        self.year = year

    def get_car_info(self):
        return f"{self.year} {self.make} {self.model}"
```

Exercice 10.3.2 : Appliquer les conventions de nommage

Dans cet exercice, vous écrirez un script Python simple qui calcule l'aire d'un cercle en utilisant les conventions de nommage appropriées.

Instructions :

1. Définissez une constante **PI** avec une valeur de 3.14159.

2. Créez une fonction **calculate_area(radius)** qui prend le rayon comme argument et renvoie l'aire d'un cercle.

3. Appelez la fonction avec un rayon de 5 et affichez le résultat.

Solution :

```python
PI = 3.14159
```

```
def calculate_area(radius):
    return PI * radius ** 2

radius = 5
area = calculate_area(radius)
print(f"The area of the circle with radius {radius} is {area:.2f}")
```

Sortie :

```
The area of the circle with radius 5 is 78.54
```

Exercice 10.3.3 : Refactorisation de code avec des conventions de nommage appropriées

Dans cet exercice, vous refactoriserez un fragment de code fourni en appliquant des conventions de nommage appropriées.

Instructions :

1. Refactorisez le fragment de code donné en appliquant des conventions de nommage appropriées.

2. Assurez-vous que le code fonctionne correctement après la refactorisation.

```
class student:
    def __init__(s, name, age):
        s.Name = name
        s.age = age

    def display_info(s):
        print(f"Name: {s.Name}, Age: {s.age}")

stud = student("John", 20)
stud.display_info()
```

Solution :

```
class Student:
    def __init__(self, name, age):
        self.name = name
        self.age = age

    def display_info(self):
        print(f"Name: {self.name}, Age: {self.age}")

student_instance = Student("John", 20)
student_instance.display_info()
```

Sortie :

```
Name: John, Age: 20
```

10.4 : Réutilisabilité du code et modularisation

Dans cette section, nous discuterons de l'importance de la réutilisabilité du code et de la modularisation, qui sont fondamentales pour écrire des programmes Python propres, maintenables et efficaces.

10.4.1 : Réutilisabilité du code :

La réutilisabilité du code fait référence à l'écriture de code d'une manière qui puisse être utilisé plusieurs fois sans avoir à le réécrire. Le code réutilisable est efficace, moins sujet aux erreurs et plus facile à maintenir. En créant des fonctions, des classes et des modules qui effectuent des tâches spécifiques, vous pouvez réutiliser le code dans votre projet actuel et dans de futurs projets.

Avantages de la réutilisabilité du code :

1. Réduit la duplication de code : En écrivant du code réutilisable, vous réduisez la quantité de code dupliqué dans votre projet, ce qui rend votre base de code plus facile à maintenir.

2. Améliore la lisibilité : Le code réutilisable est généralement bien organisé et facile à comprendre, ce qui facilite la lecture et la compréhension de votre code par d'autres développeurs.

3. Simplifie la maintenance du code : Lorsque vous devez apporter des modifications à un fragment de code réutilisable, vous n'avez qu'à le modifier à un seul endroit, ce qui réduit le risque d'introduire de nouvelles erreurs.

4. Augmente la productivité : L'écriture de code réutilisable accélère le processus de développement, car vous passez moins de temps à écrire du code à partir de zéro.

10.4.2 : Modularisation :

La modularisation est le processus de division de votre code en unités plus petites et indépendantes appelées modules. Chaque module effectue une tâche spécifique et peut être développé, testé et maintenu indépendamment des autres. En Python, un module est simplement un fichier qui contient du code Python.

Avantages de la modularisation :

1. Organisation plus simple du code : La modularisation vous aide à organiser votre code en unités logiques, ce qui facilite sa compréhension et sa gestion.

2. Amélioration de la collaboration : Lors du travail en équipe, la modularisation permet à plusieurs développeurs de travailler sur différentes parties du code en même temps sans conflits.

3. Amélioration de la maintenabilité : Le code modulaire est plus facile à maintenir et à mettre à jour, car vous pouvez modifier des modules individuels sans affecter toute la base de code.

4. Simplification des tests et du débogage : Avec la modularisation, vous pouvez tester et déboguer des modules individuels séparément, ce qui accélère le processus de développement et réduit la probabilité d'introduire de nouvelles erreurs.

10.4.3 : Meilleures pratiques :

Pour atteindre la réutilisabilité du code et la modularisation en Python, suivez ces meilleures pratiques :

1. Écrivez des fonctions et des classes réutilisables : Créez des fonctions et des classes qui effectuent des tâches spécifiques et qui peuvent être réutilisées dans tout votre projet.

2. Utilisez des modules et des paquets Python : Organisez votre code en modules et paquets pour faciliter l'importation et la réutilisation de fonctionnalités dans différentes parties de votre projet.

3. Tirez parti des bibliothèques existantes : Chaque fois que possible, utilisez des bibliothèques et des modules Python existants pour éviter de réinventer la roue.

4. Suivez les meilleures pratiques Python : Suivez le guide de style PEP 8, utilisez des conventions de nommage appropriées et documentez votre code pour vous assurer qu'il soit facilement compréhensible et maintenable.

En vous concentrant sur la réutilisabilité du code et la modularisation, vous écrirez du code Python plus propre, plus efficace et plus maintenable, ce qui rendra vos projets plus réussis et plus agréables.

10.4.4 : Exemples de réutilisabilité du code :

Examinons quelques exemples pour illustrer la réutilisabilité du code et la modularisation en Python.

Exemple 1 : Fonction réutilisable

Créons une fonction réutilisable pour calculer la factorielle d'un nombre donné.

```python
def factorial(n):
    if n == 0:
        return 1
    else:
        return n * factorial(n - 1)
```

```
print(factorial(5))  # Output: 120
print(factorial(7))  # Output: 5040
```

La fonction **factorial** peut être utilisée plusieurs fois sans avoir besoin de réécrire le code, ce qui la rend réutilisable.

Exemple 2 : Modularisation à l'aide de modules

Supposons que nous avons deux fichiers Python : **math_operations.py** et **main.py**.

Dans **math_operations.py**, nous définissons quelques fonctions pour des opérations mathématiques courantes :

```
# math_operations.py

def add(a, b):
    return a + b

def subtract(a, b):
    return a - b

def multiply(a, b):
    return a * b

def divide(a, b):
    return a / b
```

Dans main.py, nous pouvons importer le module math_operations et utiliser ses fonctions :

```
# main.py

import math_operations

print(math_operations.add(2, 3))      # Output: 5
print(math_operations.subtract(7, 2)) # Output: 5
print(math_operations.multiply(3, 4)) # Output: 12
print(math_operations.divide(8, 2))   # Output: 4.0
```

En organisant notre code en modules séparés, nous le rendons plus modulaire et plus facile à maintenir.

Exemple 3 : Modularisation à l'aide de paquets

Nous pouvons également organiser notre code en utilisant des paquets. Supposons que nous avons la structure de répertoires suivante :

```
my_package/
    __init__.py
    math_operations.py
main.py
```

Dans math_operations.py, nous avons les mêmes fonctions qu'auparavant. Dans main.py, nous pouvons importer le module my_package.math_operations et utiliser ses fonctions :

```
# main.py

import my_package.math_operations

print(my_package.math_operations.add(2, 3))       # Output: 5
print(my_package.math_operations.subtract(7, 2))  # Output: 5
print(my_package.math_operations.multiply(3, 4))  # Output: 12
print(my_package.math_operations.divide(8, 2))    # Output: 4.0
```

L'utilisation de paquets, qui sont une collection de modules ou de classes associés, peut nous aider davantage à organiser notre code. En divisant notre code en morceaux plus petits et plus gérables, nous pouvons le rendre plus modulaire et plus facile à maintenir. De plus, les paquets fournissent un moyen de regrouper des fonctionnalités connexes, ce qui peut faciliter la compréhension et l'utilisation de notre code par d'autres développeurs.

En outre, les paquets peuvent également permettre une meilleure réutilisation du code et aider à prévenir les conflits de noms avec d'autres codes. Par conséquent, l'utilisation de paquets est une technique utile pour améliorer l'organisation, la maintenabilité et l'utilisabilité de notre base de code.

Exercice 10.4.1 : Fonction réutilisable pour la série de Fibonacci

Créez une fonction réutilisable qui calcule les n premiers nombres de la série de Fibonacci.

Instructions :

1. Définissez une fonction appelée **fibonacci_series** qui prend un seul argument, n.

2. Calculez les n premiers nombres de la série de Fibonacci en utilisant une boucle.

3. Affichez la série.

Solution :

```
def fibonacci_series(n):
    series = []
    a, b = 0, 1
    for _ in range(n):
        series.append(a)
        a, b = b, a + b
    return series

print(fibonacci_series(7))
```

Sortie :

```
[0, 1, 1, 2, 3, 5, 8]
```

Exercice 10.4.2 : Créer un module réutilisable pour la manipulation de chaînes de caractères

Créez un module Python appelé **string_manipulation.py** qui contient des fonctions réutilisables pour diverses opérations sur les chaînes de caractères.

Instructions :

1. Dans **string_manipulation.py**, définissez les fonctions suivantes :

   o **reverse_string** : Prend une chaîne de caractères et renvoie la version inversée de la chaîne.

   o **uppercase_string** : Prend une chaîne de caractères et renvoie la chaîne avec toutes les lettres en majuscules.

   o **lowercase_string** : Prend une chaîne de caractères et renvoie la chaîne avec toutes les lettres en minuscules.

2. Dans un autre fichier Python, importez le module **string_manipulation**.

3. Utilisez les fonctions pour manipuler une chaîne de caractères donnée et affichez les résultats.

Solution :

```python
# string_manipulation.py

def reverse_string(s):
    return s[::-1]

def uppercase_string(s):
    return s.upper()

def lowercase_string(s):
    return s.lower()
# main.py

import string_manipulation

text = "Python is Awesome"

print(string_manipulation.reverse_string(text))
print(string_manipulation.uppercase_string(text))
print(string_manipulation.lowercase_string(text))
```

Sortie :

```
emosewA si nohtyP
PYTHON IS AWESOME
python is awesome
```

Exercice 10.4.3 : Organiser un paquet pour les calculs de géométrie

Créez un paquet appelé **geometry** qui contient des modules Python pour calculer les aires de différentes formes.

Instructions :

Créez un répertoire appelé **geometry** avec la structure suivante :

```
geometry/
    __init__.py
    circles.py
    rectangles.py
```

Dans circles.py, définissez une fonction appelée area_circle qui prend le rayon comme argument et renvoie l'aire du cercle.

Dans rectangles.py, définissez une fonction appelée area_rectangle qui prend la largeur et la hauteur comme arguments et renvoie l'aire du rectangle.

Dans un autre fichier Python, importez le paquet geometry et utilisez les fonctions pour calculer les aires d'un cercle et d'un rectangle.

Solution :

```python
# geometry/circles.py

import math

def area_circle(radius):
    return math.pi * radius * radius
# geometry/rectangles.py

def area_rectangle(width, height):
    return width * height
# main.py

from geometry.circles import area_circle
from geometry.rectangles import area_rectangle

print(area_circle(5))
print(area_rectangle(4, 6))
```

Sortie :

```
78.53981633974483
24
```

En conclusion, ce chapitre avait pour objectif de vous présenter les meilleures pratiques Python qui vous aideront à écrire du code plus propre, maintenable et efficace. Nous avons commencé avec PEP 8, le Guide de style pour le code Python, qui fournit des directives sur la façon de formater votre code pour qu'il soit plus lisible et cohérent avec les standards de la communauté Python.

Nous avons également abordé l'importance des commentaires et de la documentation du code. Documenter correctement votre code facilite la compréhension de votre code et de son objectif par d'autres personnes (et votre futur vous). Nous avons couvert différents types de commentaires, tels que les commentaires en ligne, les commentaires en bloc et les docstrings.

Ensuite, nous avons exploré les conventions de nommage en Python, qui jouent un rôle crucial dans la compréhension et la maintenance de votre code. Nous avons appris les conventions pour les variables, les constantes, les fonctions, les classes, les modules et les paquets.

Enfin, nous nous sommes plongés dans la réutilisabilité du code et la modularisation. Écrire du code modulaire et réutilisable est essentiel pour créer des programmes plus efficaces et maintenables. Nous avons vu comment créer des fonctions, des modules et des paquets réutilisables qui peuvent être facilement importés et utilisés dans d'autres projets.

En suivant ces meilleures pratiques, vous deviendrez un programmeur Python plus compétent et contribuerez à créer du code de haute qualité et maintenable. Au fur et à mesure que vous continuerez à développer vos compétences, restez toujours ouvert à l'apprentissage et à l'amélioration, et n'hésitez pas à demander de l'aide ou des retours à la communauté Python.

Chapitre 11 : Projet : Construire une Application Simple

Dans ce chapitre, nous mettrons en pratique les concepts et techniques que vous avez appris tout au long de ce livre en construisant une application simple. Ce projet vous aidera à consolider votre compréhension des fondamentaux de Python et vous donnera un aperçu de la programmation du monde réel.

Pour commencer, nous discuterons de l'importance d'une planification adéquate en matière de programmation. Nous passerons en revue les différentes étapes impliquées dans le processus de planification et comment organiser vos pensées de manière efficace. Nous aborderons également l'importance d'avoir une portée de projet claire et concise pour nous assurer de rester sur la bonne voie tout au long du processus de développement.

Une fois que nous aurons un plan clair en place, nous passerons à la phase de mise en œuvre. C'est là que vous acquerrez une expérience pratique en écrivant du code en Python. Nous commencerons par les bases, comme les types de données et les structures de contrôle, et progresserons graduellement vers des sujets plus complexes comme la programmation orientée objet et l'intégration de bases de données.

Enfin, nous testerons l'application pour nous assurer qu'elle fonctionne comme prévu. Nous couvrirons diverses méthodologies de test, y compris les tests unitaires et les tests d'intégration, et nous vous montrerons comment les utiliser de manière efficace. À la fin de ce chapitre, vous aurez une compréhension solide de la programmation en Python et vous serez prêt à aborder des projets plus complexes à l'avenir.

11.1 : Planification de votre Projet

Avant de se plonger dans le code, il est essentiel de planifier votre projet de manière exhaustive. Un projet bien planifié vous fera gagner du temps et des efforts à long terme, car il vous aide à prévoir les problèmes potentiels, à créer une feuille de route et à organiser vos pensées. Voici quelques étapes que vous devez suivre pendant la phase de planification :

1. Définir la portée du projet : Commencez par décrire l'objectif principal du projet et ce que vous souhaitez que votre application accomplisse. Définir clairement la portée du projet vous aidera à rester concentré et à éviter la dérive des fonctionnalités.

2. Identifier les fonctionnalités clés : Décomposez le projet en tâches et fonctionnalités plus petites. Cela facilitera la gestion et le suivi de vos progrès. Créez une liste des caractéristiques principales que votre application doit avoir et toute caractéristique supplémentaire qui peut être ajoutée plus tard si le temps le permet.

3. Concevoir l'interface utilisateur (IU) : Esquissez l'interface utilisateur de votre application, qu'il s'agisse d'une interface en ligne de commande (CLI) ou d'une interface graphique utilisateur (GUI). Réfléchissez à la façon dont les utilisateurs interagiront avec votre application et quel type de saisie vous aurez besoin d'eux. Considérez les principes d'expérience utilisateur (UX) pour vous assurer que votre application est facile à utiliser.

4. Choisir les structures de données appropriées : Selon les exigences de votre projet, décidez quelles structures de données seront les plus appropriées pour stocker et gérer vos données. Cela pourrait inclure des listes, des dictionnaires, des tuples ou des classes et objets personnalisés.

5. Planifier l'architecture : Organisez la structure de votre projet en décidant comment diviser votre code en modules, classes et fonctions. Cela vous aidera à créer une base de code modulaire et réutilisable qui est plus facile à maintenir et à étendre.

6. Planifier la stratégie de test : Déterminez comment vous testerez votre application pour vous assurer qu'elle fonctionne correctement et répond aux exigences du projet. Prévoyez d'écrire des tests unitaires pour les fonctions individuelles et des tests d'intégration pour l'application entière.

Une fois que vous aurez terminé la phase de planification, vous aurez une base solide pour votre projet et vous pourrez continuer en toute confiance. Dans les prochains sujets, nous discuterons de la mise en œuvre réelle de l'application, en commençant par la configuration de l'environnement du projet.

11.1.1 : Application TaskMaster

Dans ce chapitre, nous vous guiderons dans la construction d'une application simple en ligne de commande appelée « TaskMaster » qui permet aux utilisateurs de gérer leur liste de tâches à faire. Cette application vous aidera à appliquer les concepts et techniques appris tout au long du livre.

L'application TaskMaster aura les caractéristiques suivantes :

1. Ajouter une nouvelle tâche à la liste.

2. Voir la liste des tâches.

3. Marquer une tâche comme terminée.

4. Supprimer une tâche de la liste.

5. Enregistrer la liste des tâches dans un fichier.

Maintenant, revenons aux étapes de planification avec ce projet à l'esprit :

1. **Définir la portée du projet :** L'application TaskMaster permettra aux utilisateurs de gérer une liste de tâches à faire via une interface en ligne de commande.

2. **Identifier les fonctionnalités clés :**

    o   Ajouter une nouvelle tâche.

    o   Voir la liste des tâches.

    o   Marquer une tâche comme terminée.

    o   Supprimer une tâche de la liste.

    o   Enregistrer la liste des tâches dans un fichier.

3. **Concevoir l'interface utilisateur (IU) :** L'application aura une interface en ligne de commande (CLI) avec des menus basés sur du texte et des demandes de saisie de l'utilisateur.

4. **Choisir les structures de données appropriées :** Nous utiliserons une liste de dictionnaires pour stocker les tâches, où chaque dictionnaire représente une tâche avec des clés pour la description de la tâche et son état d'achèvement.

5. **Planifier l'architecture :** Nous créerons un module principal (**taskmaster.py**) qui contiendra la logique principale de l'application et un module auxiliaire (**file_handler.py**) pour gérer l'enregistrement et le chargement des tâches depuis un fichier.

6. **Planifier la stratégie de test :** Nous écrirons des tests unitaires pour les fonctions individuelles et des tests d'intégration pour l'application entière afin de nous assurer qu'elle fonctionne correctement et répond aux exigences du projet.

Avec la phase de planification terminée, nous pouvons passer à la phase de mise en œuvre. Dans les prochains sujets, nous commencerons à construire le projet TaskMaster étape par étape, en commençant par la configuration de l'environnement du projet et la création de la structure de base de l'application.

11.2 : Implementing the TaskMaster Project

Maintenant que nous avons planifié notre projet TaskMaster, nous pouvons commencer à le mettre en œuvre. Dans ce sujet, nous configurerons l'environnement du projet, créerons la structure de base de l'application et mettrons en œuvre les fonctionnalités principales.

1. Configurer l'environnement du projet : Créez un nouveau répertoire pour le projet et naviguez vers celui-ci dans votre interface en ligne de commande. Ensuite, créez un

environnement virtuel et activez-le. Cette étape est essentielle pour gérer les dépendances et vous assurer que votre projet fonctionne sans problème.

2. Créer la structure de base : Nous aurons besoin de deux modules Python pour ce projet : **taskmaster.py** et **file_handler.py**. Créez ces deux fichiers dans le répertoire du projet.

3. Mettre en œuvre le module **taskmaster.py** : Ce module contiendra la logique principale de l'application. Commencez par importer les modules nécessaires et définir la fonction du menu principal, qui affichera les options disponibles à l'utilisateur.

```python
import file_handler

def main_menu():
    print("Bienvenido a TaskMaster!")
    print("Por favor, elige una opción:")
    print("1. Agregar una nueva tarea")
    print("2. Ver tareas")
    print("3. Marcar una tarea como completada")
    print("4. Eliminar una tarea")
    print("5. Guardar tareas en un archivo")
    print("6. Salir")

if __name__ == "__main__":
    main_menu()
```

4. Implémenter le module **file_handler.py** : Ce module se chargera d'enregistrer et de charger les tâches depuis un fichier. Commencez par définir deux fonctions : **save_tasks_to_file()** et **load_tasks_from_file()**.

```python
def save_tasks_to_file(tasks, filename="tasks.txt"):

def load_tasks_from_file(filename="tasks.txt"):
```

5. Implémenter les fonctionnalités de TaskMaster : Maintenant, ajoutez les fonctions nécessaires pour ajouter, afficher, marquer comme terminées et supprimer des tâches. Implémentez également la logique pour enregistrer les tâches dans un fichier et les charger au démarrage de l'application.

6. Ajouter la gestion des erreurs : Implémentez la gestion des erreurs pour les entrées utilisateur invalides, les problèmes d'entrée/sortie de fichiers et toute autre exception potentielle.

7. Tester l'application : Testez minutieusement l'application pour vous assurer qu'elle fonctionne correctement et qu'elle répond aux exigences du projet. Assurez-vous de corriger tout problème que vous rencontrez pendant la phase de test.

8. Refactoriser et optimiser le code : Passez en revue votre code, refactorisez-le si nécessaire et optimisez-le pour améliorer sa lisibilité, sa maintenabilité et ses performances.

Une fois ces étapes terminées, vous devriez avoir une application TaskMaster entièrement fonctionnelle qui permet aux utilisateurs de gérer leur liste de tâches via une interface en ligne de commande. Dans le prochain sujet, nous discuterons de la façon d'empaqueter et de distribuer l'application.

11.3 : Tests et Débogage du Projet TaskMaster

Dans ce sujet, nous discuterons de l'importance de tester et de déboguer le projet TaskMaster pour nous assurer qu'il fonctionne comme prévu et qu'il est exempt d'erreurs. Nous passerons en revue quelques stratégies de test de base et des techniques de débogage pour vous aider à identifier et à résoudre tout problème dans votre code.

11.3.1 : Tests unitaires :

Les tests unitaires consistent à tester des fonctions ou des composants individuels de votre application de manière isolée pour vous assurer qu'ils fonctionnent comme prévu. Pour TaskMaster, vous pouvez créer un fichier séparé appelé **test_taskmaster.py** et écrire des tests unitaires pour chaque fonction dans vos modules **taskmaster.py** et **file_handler.py**. Vous pouvez utiliser le module **unittest** intégré de Python pour créer et exécuter vos tests.

Exemple :

Créez un fichier **test_taskmaster.py** avec le contenu suivant :

```python
import unittest
from taskmaster import TaskMaster
from file_handler import FileHandler

class TestTaskMaster(unittest.TestCase):

    def test_create_task(self):
        taskmaster = TaskMaster()
        taskmaster.create_task('Buy milk')
        self.assertEqual(taskmaster.tasks[0]['task'], 'Buy milk')

    def test_save_tasks(self):
        taskmaster = TaskMaster()
        taskmaster.create_task('Buy milk')
        taskmaster.create_task('Walk the dog')
        FileHandler.save_tasks(taskmaster.tasks)
        saved_tasks = FileHandler.load_tasks()
        self.assertEqual(saved_tasks, taskmaster.tasks)

if __name__ == '__main__':
```

```
    unittest.main()
```

11.3.2 : Tests d'intégration :

Les tests d'intégration se concentrent sur le test de l'interaction entre les différents composants de votre application pour vous assurer qu'ils fonctionnent correctement ensemble. Pour TaskMaster, cela signifie tester l'interaction entre le menu principal, les fonctions de gestion des tâches et les fonctions d'entrée/sortie de fichiers. Vous pouvez également écrire des tests d'intégration dans votre fichier **test_taskmaster.py**.

Exemple :

Vous pouvez ajouter un test d'intégration au fichier **test_taskmaster.py** de la manière suivante :

```python
def test_add_and_complete_task(self):
    taskmaster = TaskMaster()
    taskmaster.create_task('Buy milk')
    taskmaster.mark_task_complete(0)
    self.assertTrue(taskmaster.tasks[0]['completed'])
```

11.3.3 : Tests manuels :

Bien que les tests automatisés soient essentiels, les tests manuels sont également importants pour vous assurer que votre application fonctionne comme prévu dans des scénarios d'utilisation réels. Pour effectuer des tests manuels, exécutez votre application TaskMaster et interagissez avec elle comme le ferait un utilisateur. Testez différentes combinaisons d'entrées, de cas limites et de scénarios inattendus pour identifier tout problème que les tests automatisés auraient pu manquer.

Exemple :

Pour les tests manuels, vous exécuterez l'application TaskMaster et interagirez avec elle, en simulant diverses entrées et scénarios utilisateur. Par exemple :

- Ajouter des tâches
- Terminer des tâches
- Enregistrer les tâches dans un fichier
- Charger les tâches depuis un fichier

11.3.4 : Débogage :

Si vous rencontrez un problème ou une erreur lors des tests, utilisez le débogueur intégré de Python, **pdb**, pour vous aider à identifier la cause du problème. Vous pouvez insérer des points d'arrêt dans votre code en utilisant la fonction **pdb.set_trace()**, qui vous permet de mettre en pause l'exécution de votre programme à un point spécifique et d'examiner l'état de vos variables, de parcourir votre code ligne par ligne et d'évaluer des expressions. Cela peut vous aider à retracer la source du problème et à le résoudre.

Exemple :

Supposons que vous ayez un problème dans le fichier **taskmaster.py** et que vous souhaitiez le déboguer. Ajoutez un point d'arrêt en utilisant **pdb.set_trace()** :

```
import pdb

def mark_task_complete(self, task_id):
    for task in self.tasks:
        if task['id'] == task_id:
            task['completed'] = True
            print(f"Task {task['task']} marked as complete.")
            break
    else:
        print("Task not found.")
        pdb.set_trace()  # Add the breakpoint here
```

11.3.5 : Refactorisation :

Après avoir identifié et corrigé tout problème dans votre code, examinez-le pour voir s'il existe des opportunités de refactorisation ou d'optimisation. Cela pourrait inclure la simplification de code complexe, l'amélioration de la lisibilité de votre code ou le rendre plus efficace.

Exemple :

Refactorisez le code de création de tâches pour le rendre plus lisible :

```
# Original code
task = {'id': self.task_counter, 'task': task_description, 'completed': False}

# Refactored code
task = {
    'id': self.task_counter,
    'task': task_description,
    'completed': False
}
```

11.3.6 : Refaire les tests :

Après avoir apporté des modifications à votre code, assurez-vous de réexécuter vos tests automatisés et d'effectuer des tests manuels supplémentaires pour vous assurer que vos modifications n'ont pas introduit de nouveaux problèmes ou de régressions.

Exemple :

Après la refactorisation, réexécutez vos tests pour vous assurer que tout fonctionne toujours comme prévu :

```
python test_taskmaster.py
```

Cela devrait afficher les résultats des tests, indiquant si les tests ont réussi ou échoué. Si un test échoue, vous devez déboguer et corriger les problèmes avant de continuer.

En suivant ces stratégies de test et de débogage, vous vous assurerez que votre application TaskMaster est fiable, robuste et exempte de problèmes critiques. Dans le prochain sujet, nous discuterons de la manière d'empaqueter et de distribuer votre application.

11.4 : Déploiement et Distribution :

Dans ce sujet, nous discuterons de la manière de déployer et de distribuer l'application TaskMaster aux utilisateurs.

Pour une application Python de petite échelle comme TaskMaster, il existe plusieurs façons de l'empaqueter et de la distribuer aux utilisateurs :

1. Distribuer le code source.
2. Créer un package Python.
3. Empaqueter l'application sous forme d'exécutable.

11.4.1 : Distribuer le code source :

C'est la méthode la plus simple. Vous pouvez compresser les fichiers de code source et partager le fichier compressé avec les utilisateurs. Ils devront avoir Python installé sur leurs systèmes pour exécuter l'application. Pour exécuter l'application TaskMaster, les utilisateurs devront exécuter la commande suivante :

```
python main.py
```

11.4.2 : Créer un package Python :

Une autre option consiste à créer un package Python pour l'application TaskMaster. De cette manière, les utilisateurs peuvent installer le package en utilisant **pip** et exécuter l'application depuis la ligne de commande. Pour créer un package, suivez ces étapes :

a. Installez **setuptools** et **wheel** :

```
pip install setuptools wheel
```

b. Créez un fichier setup.py dans le répertoire du projet avec le contenu suivant :

```
from setuptools import setup, find_packages
```

```
setup(
    name="taskmaster",
    version="0.1.0",
    packages=find_packages(),
    entry_points={
        "console_scripts": [
            "taskmaster = main:main",
        ],
    },
)
```

c. Construisez le package :

```
python setup.py sdist bdist_wheel
```

Cela créera un répertoire **dist** qui contiendra les fichiers de distribution.

d. Les utilisateurs peuvent ensuite installer le package en utilisant **pip** :

```
pip install /path/to/dist/taskmaster-0.1.0-py3-none-any.whl
```

Une fois installé, les utilisateurs peuvent exécuter l'application TaskMaster en tapant **taskmaster** dans la ligne de commande.

11.4.3 : Empaqueter l'application sous forme d'exécutable :

Vous pouvez empaqueter l'application TaskMaster sous forme d'exécutable autonome en utilisant des outils comme PyInstaller ou cx_Freeze. De cette manière, les utilisateurs n'auront pas besoin d'avoir Python installé sur leurs systèmes.

Par exemple, en utilisant PyInstaller :

a. Installez PyInstaller :

```
pip install pyinstaller
```

b. Empaquetez l'application :

```
pyinstaller --onefile main.py
```

Cela créera un fichier exécutable autonome appelé **main.exe** (ou **main** sur les systèmes basés sur Unix) dans le répertoire **dist**.

c. Distribuez le fichier exécutable aux utilisateurs, qui peuvent exécuter l'application TaskMaster en double-cliquant sur le fichier ou en l'exécutant depuis la ligne de commande.

En résumé, vous pouvez déployer et distribuer l'application TaskMaster en utilisant plusieurs méthodes, selon les besoins de vos utilisateurs et les exigences de votre projet.

11.5 : Conclusion du Chapitre 11

En conclusion, le Chapitre 11 a fourni un guide détaillé et complet sur la manière de construire une application Python simple mais fonctionnelle appelée TaskMaster. Le guide a commencé en soulignant l'importance de la planification et de la décomposition du projet en tâches plus petites et gérables. Ces tâches ont été mises en œuvre étape par étape, en veillant à ce que la fonctionnalité principale de l'application soit construite avant de passer à la conception d'une interface utilisateur simple.

Tout au long du guide, nous avons souligné l'importance des tests et du débogage pour garantir la fiabilité et l'exactitude de l'application. En suivant ces procédures, vous pouvez vous assurer que votre application Python atteint ses objectifs et fonctionne comme prévu.

De plus, le guide a également abordé plusieurs méthodes de déploiement et de distribution pour l'application TaskMaster. Ces méthodes comprenaient la distribution du code source, la création d'un package Python et l'empaquetage de l'application sous forme d'exécutable. Chacune de ces méthodes a été analysée minutieusement, et leurs avantages et inconvénients ont été discutés pour vous aider à prendre une décision éclairée sur la méthode la plus appropriée pour votre projet.

En outre, le guide a mis l'accent sur l'importance d'appliquer les principes et directives discutés tout au long du livre pour créer des applications solides, conviviales et efficaces qui atteignent vos objectifs. Il est essentiel de garder à l'esprit l'importance de la planification, de la mise en œuvre, des tests et du déploiement pour garantir le succès de vos futurs projets Python.

En suivant les meilleures pratiques et les connaissances que vous avez acquises tout au long du livre, vous pouvez créer des applications Python qui sont non seulement fonctionnelles et fiables, mais aussi faciles à utiliser et efficaces. Avec ce guide, vous avez maintenant les outils et les connaissances pour vous lancer dans vos propres projets Python avec confiance et succès.

Chapitre 12 : Prochaines Étapes dans votre Voyage avec Python

Félicitations pour avoir terminé ce livre, qui vous a fourni une base solide en programmation Python. Cela dit, le monde de Python est vaste et il reste encore de nombreux sujets que vous pouvez approfondir pour faire progresser votre compréhension et votre expérience. Dans ce chapitre, nous aborderons brièvement certains sujets avancés de Python et des ressources qui peuvent vous aider dans votre quête pour devenir un expert en Python. Nous espérons que ce chapitre servira d'aperçu de ces sujets et vous fournira un point de départ pour une exploration continue et un apprentissage permanent.

Un sujet avancé qui mérite d'être exploré est la programmation orientée objet (POO). La POO est un paradigme de programmation qui se concentre sur la création d'objets qui encapsulent des données et des fonctionnalités. C'est une technique puissante qui peut vous aider à créer du code plus modulaire et réutilisable. Un autre domaine d'intérêt est la visualisation de données. Python possède de nombreuses bibliothèques qui peuvent vous aider à créer des visualisations impressionnantes de vos données, telles que Matplotlib, Seaborn et Plotly.

En plus de ces sujets, il existe également de nombreuses ressources disponibles pour vous aider à poursuivre votre voyage avec Python. Des communautés en ligne comme Reddit et Stack Overflow peuvent être d'excellents endroits pour poser des questions et apprendre des autres. Il existe également de nombreux blogs, podcasts et chaînes YouTube dédiés à Python qui peuvent vous fournir des idées et des perspectives précieuses. Enfin, assister à des conférences et à des rencontres peut être un excellent moyen de réseauter avec d'autres développeurs Python et de découvrir les dernières tendances et avancées dans le domaine.

Nous espérons que ce chapitre vous a donné un aperçu des nombreuses possibilités passionnantes qui vous attendent dans le monde de Python. N'oubliez pas, l'apprentissage est un voyage qui dure toute une vie et il y a toujours plus à découvrir et à explorer. Continuez à programmer et amusez-vous !

Dans ce chapitre, nous discuterons brièvement de certains sujets avancés de Python et de ressources qui peuvent vous aider dans votre cheminement pour devenir un expert en Python. Ce chapitre vise à fournir un aperçu de ces sujets et à servir de point de départ pour votre apprentissage continu.

12.1 : Sujets Avancés de Python

1. **Structures de données avancées** : Bien que nous ayons couvert les listes, les dictionnaires, les ensembles et les tuples, il existe des structures de données plus spécialisées disponibles en Python, telles que defaultdict, OrderedDict, deque, namedtuple et heapq. Ces structures de données peuvent être utiles dans des scénarios spécifiques et peuvent vous aider à écrire du code plus efficace et plus propre.

2. **Décorateurs** : Les décorateurs en Python sont une fonctionnalité puissante qui vous permet de modifier le comportement de fonctions ou de classes sans changer leur code. Ils fournissent un moyen « d'envelopper » une fonction ou une méthode avec des fonctionnalités supplémentaires, comme la journalisation, la mémorisation ou le contrôle d'accès.

3. **Générateurs et coroutines** : Les générateurs sont un type d'itérateur qui vous permet de créer des séquences paresseuses de valeurs à la volée en utilisant le mot-clé **yield**. Les coroutines, quant à elles, sont une forme plus avancée de générateur qui peut être utilisée pour implémenter le multitâche coopératif et la programmation asynchrone.

4. **Gestionnaires de contexte et l'instruction with** : Les gestionnaires de contexte sont un moyen pratique de gérer des ressources telles que des gestionnaires de fichiers, des sockets ou des connexions de bases de données. Ils garantissent que les ressources sont acquises et libérées correctement, ce qui peut aider à éviter les fuites de ressources et à simplifier la gestion des erreurs.

5. **Métaclasses et génération de code dynamique** : Les métaclasses sont une fonctionnalité avancée et puissante qui vous permet de contrôler la création de classes en Python. Elles peuvent être utilisées à diverses fins, comme l'application de normes de codage, la génération de code à l'exécution ou l'implémentation de modèles de conception comme les singletons.

6. **Multithreading et multiprocessing** : Python offre plusieurs façons d'implémenter la programmation concurrente et parallèle, ce qui peut vous aider à tirer parti des processeurs multicœurs et à améliorer les performances de vos applications.

7. **Réseaux et développement web** : Python possède un riche écosystème de bibliothèques et de frameworks pour construire des applications web, travailler avec des API RESTful et des tâches de réseautage comme les sockets, HTTP et plus encore.

8. **Analyse de données et apprentissage automatique** : Python est un langage populaire pour l'analyse de données, l'apprentissage automatique et l'informatique scientifique. Des bibliothèques comme NumPy, pandas, scikit-learn et TensorFlow facilitent l'analyse et la manipulation de grands ensembles de données, la réalisation

d'opérations mathématiques complexes et l'entraînement de modèles d'apprentissage automatique.

Pour élargir davantage vos connaissances de Python et continuer à développer vos compétences en tant que programmeur, nous vous recommandons vivement d'explorer notre site web : **books.cuantum.tech**. Ici, vous aurez accès à une grande variété de livres très utiles et informatifs sur Python, ainsi que sur d'autres langages de programmation qui pourraient vous intéresser.

En plongeant dans le monde de la programmation à travers nos ressources, vous pourrez acquérir une compréhension plus approfondie des subtilités de Python et d'autres langages, ce qui vous permettra de développer des programmes plus complexes et sophistiqués avec plus de facilité et d'efficacité. Alors, pourquoi attendre ? Visitez notre site web dès aujourd'hui et franchissez la prochaine étape de votre parcours de programmation !

12.2 : Bibliothèques Python Populaires

Python est un langage de programmation qui a gagné une immense popularité ces dernières années. L'une des raisons de sa popularité est son vaste écosystème de bibliothèques et de packages. Ces bibliothèques sont un ensemble de codes préécrits que les développeurs peuvent utiliser dans leurs projets pour effectuer des tâches et résoudre des problèmes spécifiques. Les développeurs Python peuvent économiser beaucoup de temps et d'efforts en utilisant ces bibliothèques, car elles fournissent des solutions prêtes à l'emploi pour diverses tâches et problèmes. Dans cette section, nous présenterons brièvement quelques bibliothèques Python populaires qui peuvent vous être utiles dans vos projets.

1. **NumPy (Numerical Python)** : NumPy est la bibliothèque fondamentale pour le calcul numérique en Python. Elle fournit un support pour travailler avec des tableaux et des matrices grandes et multidimensionnelles, ainsi qu'une collection de fonctions mathématiques pour opérer sur ces tableaux.

2. **pandas** : pandas est une bibliothèque puissante pour la manipulation et l'analyse de données. Elle fournit des structures de données comme Series et DataFrame, conçues pour gérer et manipuler efficacement de grands ensembles de données. pandas est particulièrement utile pour des tâches telles que le nettoyage, l'agrégation et la transformation de données.

3. **matplotlib** : matplotlib est une bibliothèque largement utilisée pour créer des visualisations statiques, animées et interactives en Python. Elle fournit une interface de haut niveau pour dessiner des graphiques statistiques attrayants et informatifs, ainsi qu'une interface de bas niveau pour personnaliser l'apparence des graphiques.

4. **seaborn** : seaborn est une bibliothèque de visualisation de données construite sur matplotlib. Elle fournit une interface de haut niveau pour créer des graphiques

statistiques informatifs et attrayants, en mettant l'accent sur la visualisation d'ensembles de données complexes en utilisant une syntaxe concise et claire.

5. **scikit-learn** : scikit-learn est une bibliothèque d'apprentissage automatique populaire qui fournit des outils simples et efficaces pour l'exploration et l'analyse de données. Elle offre divers algorithmes de classification, de régression, de regroupement et de réduction de dimensionnalité, ainsi que des utilitaires pour la sélection de modèles, l'évaluation et le prétraitement.

6. **TensorFlow et PyTorch** : TensorFlow et PyTorch sont deux bibliothèques populaires pour l'apprentissage automatique et l'apprentissage profond. Les deux bibliothèques offrent une plateforme flexible et efficace pour construire et entraîner des réseaux de neurones, avec un support pour l'accélération GPU et diverses fonctionnalités avancées.

7. **Flask et Django** : Flask et Django sont des frameworks de développement web populaires pour construire des applications web en Python. Flask est un framework léger et facile à apprendre, tandis que Django est un framework plus complet et exhaustif qui inclut un ORM intégré, une interface d'administration et plus encore.

8. **requests** : requests est une bibliothèque populaire pour effectuer des requêtes HTTP en Python. Elle fournit une API simple et conviviale pour envoyer et recevoir des données sur Internet, ce qui facilite le travail avec les API RESTful et les services web.

9. **Beautiful Soup et lxml** : Beautiful Soup et lxml sont des bibliothèques pour analyser et naviguer dans des documents HTML et XML. Elles sont particulièrement utiles pour le web scraping, ce qui vous permet d'extraire des informations de sites web et de les traiter de manière programmatique.

10. **SQLAlchemy** : SQLAlchemy est un ORM (Object Relational Mapper) puissant et flexible pour Python. Il fournit une gamme complète de modèles de persistance de niveau entreprise bien connus, conçus pour un accès efficace et performant aux bases de données.

Ces bibliothèques ne sont que quelques exemples du vaste écosystème de Python, qui est en constante croissance et évolution. Au fur et à mesure que vous poursuivrez votre voyage avec Python, il est probable que vous rencontriez beaucoup d'autres bibliothèques qui correspondent à vos besoins et intérêts spécifiques.

Par exemple, si vous vous intéressez au développement web, vous voudrez peut-être explorer Flask ou Django, deux frameworks web populaires. Ou si vous travaillez avec des données, vous trouverez peut-être utiles des outils comme NumPy, Pandas ou SciPy. Explorez toujours les bibliothèques disponibles avant de mettre en œuvre une solution à partir de zéro, car cela peut vous faire économiser beaucoup de temps et d'efforts. De cette façon, vous pouvez tirer parti des connaissances collectives et de l'expérience de la communauté Python et construire des programmes plus robustes et efficaces.

12.3 : Python dans le Développement Web, la Science des Données et Plus Encore

La polyvalence et la simplicité de Python en font un choix populaire dans une variété de domaines. Dans cette section, nous explorerons brièvement certains des domaines clés dans lesquels Python excelle, tels que le développement web, la science des données, l'automatisation et bien plus encore.

Développement Web :

Python est largement utilisé dans le développement web, grâce à sa lisibilité, sa facilité d'utilisation et ses bibliothèques puissantes. Flask et Django sont deux frameworks web populaires qui permettent aux développeurs de construire des applications web rapidement et efficacement. Flask est léger et idéal pour les projets petits et moyens, tandis que Django est un framework complet adapté aux applications plus grandes. Les deux frameworks sont bien documentés et bénéficient d'un large soutien de la communauté.

Science des Données :

Python est devenu le langage de prédilection pour la science des données, grâce à son vaste écosystème de bibliothèques et de packages conçus pour la manipulation, l'analyse et la visualisation de données. NumPy et pandas fournissent des structures de données et des opérations efficaces, tandis que matplotlib et seaborn permettent la création de visualisations pour explorer et présenter les données. Pour l'apprentissage automatique et l'apprentissage profond, scikit-learn, TensorFlow et PyTorch sont des choix populaires, offrant une large gamme d'outils et d'algorithmes pour la construction, l'entraînement et l'évaluation de modèles.

Automatisation et Script :

La simplicité de Python et sa vaste bibliothèque standard en font un excellent choix pour les tâches d'automatisation et de script. Vous pouvez utiliser Python pour automatiser des tâches répétitives, interagir avec des API, manipuler des fichiers et des répertoires, et bien plus encore. La compatibilité multiplateforme de Python facilite également l'exécution de scripts sur différents systèmes d'exploitation, tels que Windows, macOS et Linux.

Réseaux et Sécurité :

Python est un langage populaire parmi les professionnels des réseaux et de la sécurité, grâce à ses bibliothèques puissantes et sa syntaxe facile à lire. Des bibliothèques comme Scapy, Nmap et Paramiko permettent aux développeurs de créer des outils réseau, d'automatiser les tests de sécurité et de construire des applications de sécurité personnalisées.

Développement de Jeux :

Bien qu'il ne soit pas aussi populaire que des langages comme C++ pour le développement de jeux, Python est toujours utilisé dans ce domaine, en particulier pour les prototypes et les jeux petits et moyens. Pygame est une bibliothèque populaire qui fournit un framework pour le développement de jeux, permettant aux développeurs de créer des jeux 2D avec facilité.

Développement d'Applications de Bureau :

Python peut être utilisé pour développer des applications de bureau multiplateformes en utilisant des bibliothèques comme Tkinter, PyQt ou Kivy. Ces bibliothèques fournissent des composants d'interface graphique utilisateur (GUI) qui permettent aux développeurs de créer des applications interactives et visuellement attrayantes qui s'exécutent sur plusieurs systèmes d'exploitation.

Internet des Objets (IoT) :

Python convient également au développement IoT en raison de sa lisibilité, de sa facilité d'utilisation et de son support pour diverses plateformes. Avec des bibliothèques comme Raspberry Pi GPIO et MicroPython, les développeurs peuvent construire et contrôler des dispositifs IoT, collecter des données de capteurs et interagir avec d'autres appareils connectés.

Conclusion

Python est un langage de programmation incroyablement polyvalent qui peut être utilisé dans un large éventail d'industries et d'applications. Sa popularité continue de croître, ce qui en fait un excellent choix tant pour les débutants que pour les programmeurs expérimentés.

L'un des principaux avantages de Python est sa simplicité, qui le rend facile à apprendre et à utiliser. De plus, Python dispose d'un vaste écosystème de bibliothèques, de frameworks et d'outils qui peuvent être exploités pour construire des applications complexes rapidement et efficacement. Cela, combiné à son adaptabilité, fait de Python un choix idéal pour les développeurs dans divers domaines.

À mesure que vous poursuivez votre voyage avec Python, vous découvrirez qu'il existe d'innombrables domaines dans lesquels Python brille. Que vous vous intéressiez à la science des données, au développement web, à l'apprentissage automatique ou à tout autre domaine où Python est applicable, Python a quelque chose à offrir. En explorant les différents domaines, vous pourrez identifier ceux qui vous intéressent le plus et exploiter la polyvalence de Python pour aborder des projets dans ces domaines. Avec Python, les possibilités sont infinies.

12.4 : Ressources en Ligne et Communautés

À mesure que vous poursuivez votre voyage avec Python, il est essentiel de connaître le large éventail de ressources en ligne et de communautés qui peuvent vous aider à apprendre, résoudre des problèmes et collaborer avec d'autres développeurs. Dans cette section, nous vous présenterons quelques ressources et communautés populaires qui seront inestimables au fur et à mesure que vous progresserez dans votre carrière avec Python.

Livres de Quantum

Chez Quantum Technologies, nous sommes fiers de compter sur une équipe de programmeurs experts qui repoussent constamment les limites de ce qui est possible grâce au codage. Notre entreprise repose sur la conviction qu'une communauté solide de programmeurs est cruciale pour le succès de tout projet, c'est pourquoi nous avons fait de notre mission de favoriser un environnement de créativité et de collaboration.

Pour aider à accomplir cette mission, nous avons produit une grande variété de livres conçus pour guider aussi bien les débutants que les experts à travers les complexités de divers langages de programmation et bibliothèques. Nos livres couvrent tout, des bases du HTML et du CSS au fonctionnement plus complexe de frameworks comme Django et Three.js.

En plus de nos livres, nous offrons également une large gamme de services pour les programmeurs souhaitant améliorer leurs compétences. Que vous cherchiez à apprendre JavaScript, PHP, Python ou un autre langage de programmation, notre équipe d'instructeurs experts peut vous fournir l'orientation et le soutien dont vous avez besoin pour porter vos compétences au niveau supérieur.

Alors, pourquoi ne pas nous rejoindre dans votre parcours pour devenir un programmeur expert ? Visitez books.quantum.tech dès aujourd'hui pour découvrir notre large gamme de livres et de services, et commencez à porter vos compétences au niveau supérieur.

Documentation Officielle de Python :

La documentation officielle de Python (https://docs.python.org/) est un excellent point de départ pour comprendre les caractéristiques de base du langage Python et de la bibliothèque standard. Elle fournit des informations complètes et à jour sur la syntaxe de Python, les fonctions intégrées, les modules et plus encore. La documentation est disponible pour plusieurs versions de Python et peut être téléchargée pour une utilisation hors ligne.

Index des Packages Python (PyPI) :

PyPI (https://pypi.org/) est le dépôt officiel de packages Python. Vous pouvez rechercher, télécharger et installer des packages créés par la communauté Python en utilisant l'outil 'pip'. PyPI contient des packages pour un large éventail d'applications, du développement web à l'analyse de données et plus encore.

Stack Overflow :

Stack Overflow (https://stackoverflow.com/) est une ressource inestimable pour les développeurs de tous niveaux de compétence. C'est une plateforme de questions-réponses où vous pouvez rechercher des réponses à vos questions liées à Python ou publier vos propres requêtes. Il est probable que quelqu'un ait déjà rencontré un problème similaire, et vous pouvez bénéficier de son expérience et de la connaissance collective de la communauté.

GitHub :

GitHub (https://github.com/) est une plateforme de contrôle de version et de collaboration qui héberge des millions de projets open source, dont beaucoup sont basés sur Python. Vous pouvez rechercher des projets, apprendre de leur code, y contribuer ou même créer vos propres dépôts pour présenter votre travail et collaborer avec d'autres.

Real Python :

Real Python (https://realpython.com/) est une plateforme d'apprentissage complète qui propose des tutoriels, des articles et des cours sur divers sujets Python. Ils couvrent des sujets allant du niveau débutant au niveau avancé, y compris le développement web, la science des données et plus encore. La plateforme fournit des exemples pratiques et des explications claires, ce qui en fait une ressource précieuse pour les apprenants de Python.

Communauté Python.org :

Le site web officiel de Python (https://www.python.org/community/) offre de nombreuses ressources, y compris des listes de diffusion, des forums de discussion et une liste de Groupes d'Utilisateurs Python (PUG) dans le monde entier. Rejoindre un PUG local est un excellent moyen d'établir des contacts avec d'autres passionnés de Python, d'apprendre de leurs expériences et de collaborer sur des projets.

Reddit :

Le subreddit Python (https://www.reddit.com/r/Python/) est une communauté active où vous pouvez trouver des actualités, des articles, des discussions et des ressources liées à Python. Vous pouvez également poser des questions, partager vos projets et interagir avec d'autres développeurs Python.

YouTube :

De nombreux développeurs et éducateurs Python maintiennent des chaînes YouTube avec des tutoriels et des explications sur divers sujets Python. Quelques chaînes populaires incluent Corey Schafer (https://www.youtube.com/user/schafer5) et Programming with Mosh (https://www.youtube.com/user/programmingwithmosh), entre autres. Ces chaînes offrent des tutoriels vidéo qui peuvent vous aider à comprendre des concepts complexes grâce à des explications visuelles.

Ce ne sont là que quelques exemples des nombreuses ressources en ligne et communautés disponibles pour les développeurs Python. À mesure que vous continuerez à apprendre et à développer vos compétences en Python, n'hésitez pas à explorer ces ressources, à poser des questions et à participer à la communauté. L'écosystème Python est vaste et solidaire, et vous découvrirez que d'autres développeurs sont plus que disposés à aider et à partager leurs connaissances. Bonne chance dans votre voyage avec Python et bon codage !

Conclusion du Chapitre 12

Félicitations pour avoir terminé ce livre ! Vous avez acquis une compréhension complète des sujets Python, des concepts fondamentaux du langage aux sujets avancés comme la programmation orientée objet et la gestion des erreurs. Non seulement vous avez appris les meilleures pratiques, mais vous avez également travaillé sur un projet et découvert des ressources pour vous aider à poursuivre votre voyage avec Python.

À mesure que vous continuerez à explorer et à développer vos compétences en tant que développeur Python, il est important de se rappeler que la programmation est un processus d'apprentissage continu. L'écosystème Python est vaste, et il existe de nombreuses bibliothèques, outils et applications dans divers domaines. Avec la base que vous avez construite grâce à ce livre, vous êtes maintenant bien équipé pour plonger plus profondément dans les domaines qui vous intéressent, comme le développement web, la science des données, l'automatisation ou tout autre domaine où Python est applicable.

N'oubliez pas que la communauté Python est solidaire et toujours prête à aider. Profitez des ressources en ligne, interagissez avec d'autres membres de la communauté et n'hésitez pas à poser des questions. Au fur et à mesure que vous gagnerez en expérience, envisagez de rendre la pareille à la communauté en aidant les autres, en contribuant à des projets open source ou en partageant vos connaissances par le biais d'articles, de tutoriels ou de conférences.

Enfin, efforcez-vous de vous améliorer continuellement. Continuez à apprendre, restez curieux et acceptez les défis comme des opportunités de croissance. Au fur et à mesure que vous progresserez dans votre voyage avec Python, vous découvrirez que les compétences que vous avez acquises peuvent vous ouvrir des portes vers de nouvelles opportunités passionnantes et peuvent vous aider à avoir un impact significatif dans le domaine que vous choisissez.

Nous vous remercions d'avoir choisi ce livre comme tremplin dans votre voyage avec Python, et nous vous souhaitons beaucoup de succès dans vos futurs projets tout en continuant à explorer le monde captivant de la programmation Python. Bon codage !

À bientôt !

Alors que nous arrivons à la fin de ce guide complet de programmation en Python, il est temps de réfléchir au parcours que nous avons entrepris ensemble. Tout au long de ce livre, nous avons exploré divers aspects de Python, construisant une base solide en concepts de programmation et meilleures pratiques, tout en vous fournissant les outils et les connaissances pour aborder des projets concrets.

Au Chapitre 1, nous avons commencé par vous présenter le monde de Python et son histoire. Vous avez découvert le créateur de Python, Guido van Rossum, la Philosophie de Python et les raisons de la grande popularité de Python. Nous avons également discuté des applications de Python dans divers domaines, tels que le développement web, l'analyse de données et l'intelligence artificielle.

Le Chapitre 2 s'est concentré sur la configuration de votre environnement Python. Nous vous avons guidé à travers le processus d'installation et vous avez découvert les Environnements de Développement Intégrés (IDE) et leurs avantages. Nous vous avons également présenté Jupyter Notebook, un outil puissant pour la programmation interactive, particulièrement dans le domaine de la science des données.

Au Chapitre 3, nous avons plongé dans la syntaxe de base de Python et les types de données. Nous avons couvert les variables, les chaînes de caractères, les nombres, les listes, les tuples, les ensembles et les dictionnaires. Vous avez également appris les diverses opérations que vous pouvez effectuer sur ces types de données, vous fournissant une base solide pour écrire des programmes plus complexes.

Le Chapitre 4 a exploré le flux de contrôle et les boucles. Nous avons discuté des instructions if-else, des boucles for et while, qui sont essentielles pour contrôler le flux de vos programmes. Vous vous êtes exercé à écrire du code plus avancé, incorporant la logique et l'itération, ce qui vous a permis de résoudre des problèmes plus complexes.

Au Chapitre 5, nous vous avons présenté les fonctions, un aspect crucial de la programmation qui favorise la réutilisation du code et la modularité. Nous avons discuté de l'importance des fonctions, comment les définir et comment les utiliser efficacement dans vos programmes. Nous avons également couvert les fonctions intégrées de Python et les fonctions lambda.

Le Chapitre 6 s'est penché sur la manipulation de fichiers, qui est essentielle pour travailler avec des données stockées dans des fichiers. Vous avez appris comment lire et écrire dans des fichiers, manipuler des chemins de fichiers et travailler avec divers formats de fichiers, comme CSV et JSON.

Au Chapitre 7, nous avons exploré les modules et paquets de Python. Nous avons discuté du concept de modules, de leurs avantages et de comment les créer et les importer. Nous avons également couvert les paquets Python, comment les créer et les utiliser, et comment installer des paquets externes via pip.

Le Chapitre 8 vous a introduit au monde de la programmation orientée objet (POO). Nous avons discuté des concepts fondamentaux de la POO, tels que les classes, les objets, l'héritage, le polymorphisme et l'encapsulation. Vous avez appris comment créer des classes, définir des méthodes et travailler avec l'héritage pour modéliser des scénarios du monde réel.

Au Chapitre 9, nous avons abordé la gestion des erreurs et des exceptions. Nous avons couvert les erreurs courantes en Python, comment gérer les exceptions via des blocs try-except, comment lever des exceptions et comment créer des exceptions personnalisées. Cette connaissance est vitale pour construire des applications robustes et résilientes.

Le Chapitre 10 s'est concentré sur les meilleures pratiques de Python. Nous avons discuté du guide de style PEP 8, des commentaires et de la documentation du code, des conventions de nommage et de l'importance de la réutilisation et de la modularisation du code. En suivant ces meilleures pratiques, vous pouvez écrire du code propre, maintenable et efficace qui est plus facile à comprendre et à utiliser pour les autres.

Au Chapitre 11, nous vous avons guidé à travers le processus de construction d'une application simple à partir de zéro. Nous avons couvert la planification du projet, l'implémentation, les tests, le débogage, le déploiement et la distribution. En travaillant sur le projet TaskMaster, vous avez appliqué les concepts et compétences que vous avez appris tout au long du livre, renforçant votre compréhension et acquérant une précieuse expérience pratique.

Enfin, au Chapitre 12, nous avons exploré les prochaines étapes de votre parcours Python. Nous vous avons présenté des sujets avancés de Python, des bibliothèques populaires de Python et les diverses applications de Python dans différents domaines. Nous vous avons également fourni une liste de ressources en ligne et de communautés pour vous aider à continuer d'apprendre et de progresser en tant que programmeur Python.

En résumé, ce livre vous a fourni une compréhension complète de la programmation en Python, des bases aux sujets plus avancés. Vous avez exploré le riche écosystème de Python, appris les meilleures pratiques et appliqué vos connaissances pour construire une application du monde réel. Nous espérons que ce parcours a été agréable, informatif et inspirant, et que vous vous sentez maintenant confiant dans votre capacité à aborder une large gamme de projets Python.

À mesure que vous continuez votre parcours en Python, rappelez-vous que l'apprentissage est un processus continu. Le monde de la programmation est en constante évolution et il y a toujours plus à découvrir. Restez curieux, continuez d'explorer et n'hésitez pas à poser des questions ou à chercher de l'aide auprès de la vibrante communauté Python. Engagez-vous avec les autres, partagez vos expériences et apprenez de la sagesse collective des autres programmeurs.

De plus, à mesure que vous acquérez de l'expérience, envisagez de redonner à la communauté en contribuant à des projets open source, en encadrant des débutants ou en partageant vos connaissances à travers des articles de blog, des tutoriels ou des présentations. Ce faisant, non seulement vous aiderez les autres à progresser, mais vous renforcerez également votre propre compréhension et acquerrez une précieuse expérience.

En conclusion, nous aimerions vous remercier d'avoir entrepris ce parcours Python avec nous. Nous espérons que les connaissances et compétences que vous avez acquises vous permettront de créer des solutions innovantes, de faire progresser votre carrière et d'avoir un impact significatif sur le monde. Continuez d'apprendre, continuez de progresser et profitez de l'aventure passionnante qui vous attend.

Bonne programmation !

Apprenez-en plus sur nous

Chez Cuantum Technologies, nous nous spécialisons dans la création d'applications web qui offrent des expériences créatives et résolvent des problèmes concrets. Nos développeurs ont de l'expérience dans une large gamme de langages de programmation et de frameworks, notamment Python, Django, React, Three.js et Vue.js, entre autres. Nous explorons constamment de nouvelles technologies et techniques pour rester à la pointe de l'industrie, et nous sommes fiers de notre capacité à créer des solutions qui répondent aux besoins de nos clients.

Si vous souhaitez en savoir plus sur Cuantum Technologies et les services que nous offrons, veuillez visiter notre site web à l'adresse books.cuantum.tech. Nous serons ravis de répondre à toutes vos questions et de discuter de la façon dont nous pouvons vous aider avec vos besoins en développement de logiciels.

Où continuer ?

Si vous avez terminé ce livre et que vous avez soif de nouvelles connaissances en programmation, nous aimerions vous recommander d'autres ouvrages de notre société de logiciels que vous pourriez trouver utiles. Ces livres couvrent un large éventail de sujets et sont conçus pour vous aider à continuer à développer vos compétences en programmation.

- **"ChatGPT API Bible : Maîtriser la programmation Python pour l'IA conversationnelle"** : Un guide pratique, étape par étape, pour utiliser ChatGPT, couvrant tout, de l'intégration de l'API à l'ajustement du modèle pour des tâches ou secteurs spécifiques.
- **"Traitement du langage naturel avec Python : Créez votre propre chatbot de service client"** : Cet ouvrage approfondi explore le traitement du langage naturel (NLP). Il simplifie des concepts complexes grâce à des explications claires et des exemples intuitifs.
- **"Analyse de données avec Python"** : Python est un langage puissant pour l'analyse de données, et ce livre vous aidera à en exploiter tout le potentiel. Il aborde le nettoyage, la manipulation et la visualisation des données, avec des exercices pratiques pour mettre en œuvre vos apprentissages.
- **"Apprentissage automatique avec Python"** : L'apprentissage automatique est l'un des domaines les plus passionnants de l'informatique, et ce livre vous initiera à la création de vos propres modèles avec Python. Il couvre des sujets tels que la régression linéaire, la régression logistique et les arbres de décision.
- **"Maîtriser ChatGPT et le prompt engineering"** : Ce livre vous propose un parcours complet dans le monde du prompt engineering, en couvrant les bases des modèles linguistiques d'IA jusqu'aux stratégies avancées et applications concrètes.

Tous ces ouvrages sont conçus pour vous aider à approfondir vos compétences en programmation et votre maîtrise du langage Python. Nous croyons que la programmation est une compétence qui s'apprend et se développe avec le temps, et nous nous engageons à fournir des ressources pour vous aider à atteindre vos objectifs.

Nous aimerions également profiter de cette occasion pour vous remercier d'avoir choisi notre société de logiciels comme guide dans votre parcours d'apprentissage. Nous espérons que ce livre de Python pour débutants vous a été utile, et nous avons hâte de continuer à vous fournir des ressources de qualité dans le futur. Si vous avez des suggestions ou des retours concernant nos futurs livres ou ressources, n'hésitez pas à nous contacter. Nous serions ravis d'avoir de vos nouvelles !

En savoir plus sur nous

Chez Cuantum Technologies, nous sommes spécialisés dans le développement d'applications web qui offrent des expériences créatives et répondent à des problèmes concrets. Nos développeurs possèdent une expertise dans un large éventail de langages et frameworks, notamment Python, Django, React, Three.js et Vue.js, entre autres. Nous explorons en permanence de nouvelles technologies et techniques pour rester à la pointe de l'industrie, et nous sommes fiers de notre capacité à créer des solutions adaptées aux besoins de nos clients.

Si vous souhaitez en savoir plus sur Cuantum Technologies et les services que nous proposons, veuillez visiter notre site web à l'adresse suivante : www.cuantum.tech/books. Nous serions ravis de répondre à vos questions et de discuter de la manière dont nous pouvons vous accompagner dans vos projets de développement logiciel.

CUANTUM

TECHNOLOGIES

www.cuantum.tech

www.ingramcontent.com/pod-product-compliance
Lightning Source LLC
Chambersburg PA
CBHW082110220326
41598CB00066BA/6058